Gustav Weth

Chinas rote Sonne

Unsere Welt
zwischen Mao und Jesus

R. BROCKHAUS VERLAG WUPPERTAL

Copyright © 1972 by R. Brockhaus Verlag Wuppertal
Umschlaggestaltung: Harald Wever, Wuppertal
Druck: Herm. Weck Sohn, Solingen
ISBN 3-417-00406-3

Inhaltsverzeichnis

B. Wurzeln und Werden der chinesischen Revolution

D. Mao gegen Jesus. Die zwiefache Wandlung der chinesischen Christen im Schmelztiegel der Revolution

8

Schluß

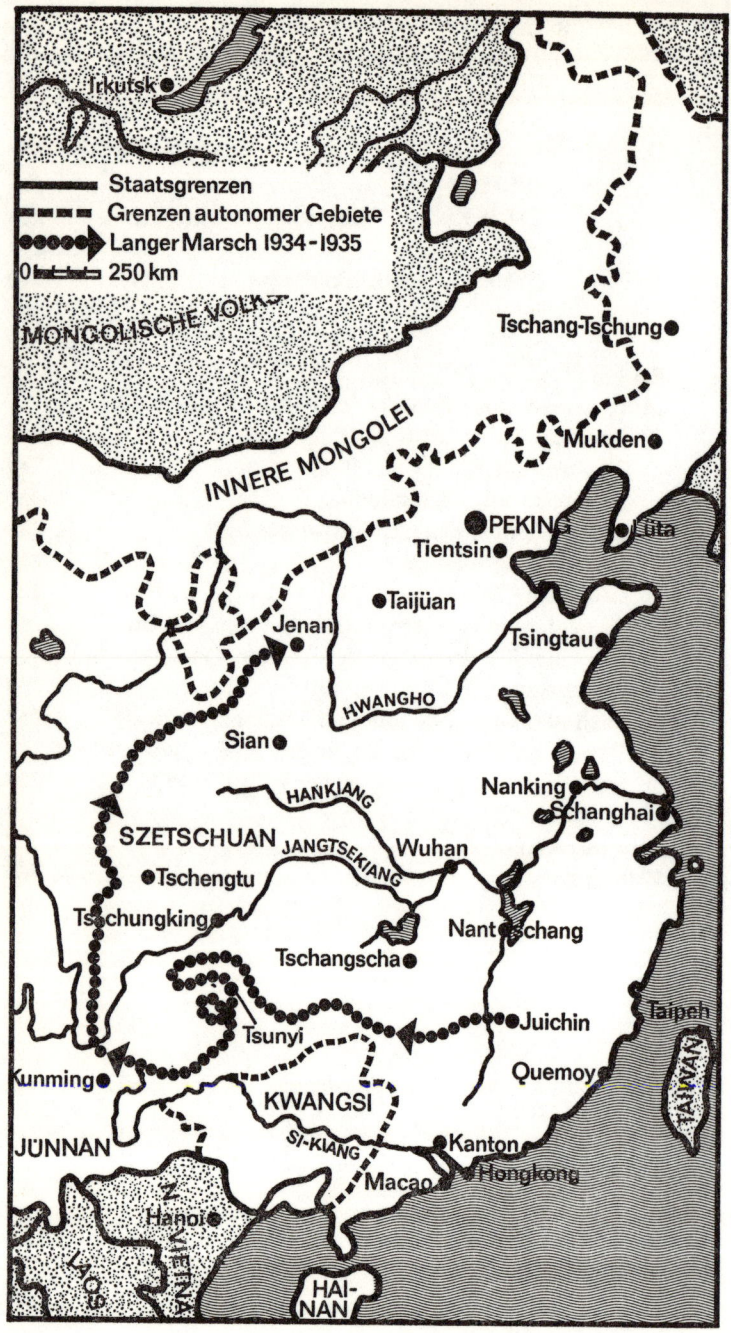

Staatsgrenzen
Grenzen autonomer Gebiete
Langer Marsch 1934–1935
0 ⊢⊣⊢⊣⊢⊣ 250 km

MONGOLISCHE VOLK-

INNERE MONGOLEI

Irkutsk

Tschang-Tschung

Mukden

PEKING Lüta
Tientsin
Taijüan
Tsingtau

Jenan

HWANGHO

Sian

HANKIANG

Nanking Schanghai

SZETSCHUAN JANGTSEKIANG Wuhan

Tschengtu

Tschungking Nantschang

Tschangscha

Tsunyi Juichin Taipeh

Kunming Quemoy

TAIWAN

KWANGSI

JÜNNAN SI-KIANG Kanton

Macao Hongkong

N. VIETNAM

LAOS

Hanoi

HAI-NAN

„Gebt Mao, was Maos ist . . . !"

Was die Mao-Revolution uns als Christen angeht

Leuchtende Sonne erhebt sich im Osten.
Ihre Strahlen überall.
Ostwind streicht über das Land, Blumen blühen.
Rote Fahnen wehen, wogen wie ein riesiges Meer.
Großer Lehrer, großer Führer, hochverehrter
und geliebter Vorsitzender Mao!
Du bist die Sonne in den Herzen aller Revolutionäre,
die rote Sonne in ihren Herzen!
Die Nebel sind gewichen,
die dunklen Wolken vorübergezogen;
der Himmel ist hell geworden.
Das Schiff der Revolution, Wind und Wellen trotzend,
läuft einer hellen Zukunft entgegen!
Großer Oberbefehlshaber, großer Steuermann,
hochverehrter und geliebter Vorsitzender Mao!
Bist du der Führer, verlieren die revolutionären
Volksmassen niemals die Richtung.
Sturm jagt über die fünf Erdteile und vier Meere,
bringt Freiheit und Befreiung.
Die üble Gesellschaft werde vernichtet!
Kein Platz bleibe den finsteren Gestalten, sich zu verbergen.
Für glänzende Zukunft, für Glück, für Vorsitzenden Mao!
Die revolutionären Volksmassen folgen dir vorwärts,
zum Ziel des Kommunismus!
Ein langes Leben dir, Vorsitzender Mao!
Ein langes Leben dir, Vorsitzender Mao!
Vorsitzender Mao lebe zehntausend Jahre!
Zehntausend Jahre, Vorsitzender Mao!

So wird in China geglaubt, bekannt, eingehämmert, geschrien, gesungen, getanzt. Noch im Sommer 1972, im „China nach dem Sturm" der großen Kulturrevolution, im China eines gemäßigten Mao-Kultes, in dem man sich darauf einrichtet, daß die sichtbaren Erdentage seines Führers gezählt sind. Und nicht nur in China und von Chinesen wird so geglaubt, bekannt, gesungen, getanzt, sondern von Menschen vieler Völker, besonders der Dritten Welt. Neben den beiden älteren Hymnen vom „roten Osten" und vom „Steuermann" Mao Tse-tung spricht dieser jüngere Lobpreis besonders stark den weltüberwindenden Glauben des neuen China aus. Ein Feuerbrand ist hinausgeworfen worden in die Seelen von Asiaten und Afrikanern, auch in die von Menschen des Westens. Waren es nicht die Vertreter einer europäischen Nation (Albanien!), die in der UNO im Oktober 1971 mit ihrer Resolution für die Aufnahme der Volksrepublik China und ihre chinesische Alleinvertretung unter den Vereinten Nationen durchdrangen? Eine afrikanische Gruppe tanzte vor Freude! Und erlebte nicht der amerikanische Präsident selbst, noch wenige Tage zuvor und kurz darauf wieder vom offiziellen China beschimpft, im Februar 1972 die Faszination dieses Glaubens?

Die *„permanente Revolution"* Maos ging über die „bisher höchste Stufe" der Kulturrevolution hinaus und immer weiter über die Grenzen Festland-Chinas hinweg. Dabei können wir *mehrere neue Phasen* der Entfaltung in den letzten Jahren erkennen, und es stellt sich die spannende Frage, ob sie einander etwa nach einem der Mao-Revolution innewohnenden Gesetz ablösen. Der Übergang von der einen zur anderen Phase überrascht, fasziniert oder schockiert immer neu, um so mehr, je weniger das eigentliche Wesen dieser großen Revolution erforscht und zur Kenntnis genommen wurde — besonders aufmerksam ist man seit Nixons persönlicher Begegnung mit der wuchtigen, denkmalhaft gewordenen Gestalt des alten Mao und dem diplomatischen Charme seines alten Mitkämpfers Tschu En-lai (En-lai — das heißt zu deutsch: Der Gnadenbringende!).

Nun ist auch für den oberflächlichen Beobachter nicht mehr zu verkennen, von welcher Bedeutung für die Welt der „lange Marsch" der 750 Millionen, eines guten Viertels der Weltbevölkerung, unter dem Maoismus ist. Der „schlafende Riese", den zu wecken Napoleon I. warnte, ist selber zum Erwecker der Völker geworden. Ungemein anschaulich ist inzwischen die Prophezeiung von Karl Marx aus dem Jahre 1855 geworden, daß *„die nächste Erhebung der Völker in Europa wahrscheinlich mehr von dem abhängen dürfte, was sich jetzt im Reich des Himmels — dem direkten Gegenpol Europas — abspielt, als von jeder anderen zur Zeit bestehenden politischen Ursache".* Was wird es erst bedeuten, wenn sich in Zukunft kein China mehr von der Welt isoliert und keine Welt mehr China isolieren kann?

Wer also ist Mao? Der eigentliche, der ganze Mao, als Person wie als weltgeschichtliches Symbol — über seinen biologischen Tod hinaus? Was ist „Maoismus?"

Das sind Fragen, die uns als Christen zutiefst angehen. Dieses vielen deutlich und wichtig zu machen, ist das erklärte Ziel der folgenden Darstellung.

Im Jahre 1968 erschien zum ersten Mal — 1971 in 4. Auflage — meine Schrift: *„Zwischen Mao und Jesus. Die große chinesische Revolution fordert die Christenheit".* Seitdem geschahen im wahrsten Sinne des Wortes weltbewegende Ereignisse. Tiefere Erkenntnisse des Wesens und der Wurzeln der Mao-Revolution wurden uns von sachkundigen Forschern und Journalisten aufgeschlossen, und ihre Bedeutung auch für die christliche Besinnung ist nicht zu verkennen, obwohl meist sie mit keinem Wort von diesen Forschern angesprochen wird. Ihre Berichte enden mit elementaren Aussagen, die bis in die Formulierung hinein die Christenheit herausfordern müssen: *„Dieses China will mehr, als den Westen einholen; Mao hat über sein Land hinaus neue Ziele gesetzt — den neuen Menschen, die neue Gesellschaft der Gleichen, der Selbstlosen, der ‚glücklichen Schräubchen' und ‚willigen Ochsen' — eine Gesellschaft, die als Modell dienen soll, vor allem für die Dritte Welt, aber auch für die Menschheit überhaupt. Dieses maoistische China kann man zwar beobachten und kommentieren, aber letzten Endes muß jeder für sich entscheiden, ob er an das Ideal und die Möglichkeit dieses neuen Menschen glaubt oder nicht",* schreibt Klaus Mehnert.[*]

Wer ist dieser neue Mensch der chinesischen Revolution? Wie entscheiden wir? Wir, die wir selbst von soviel schnellen und bestürzenden Wandlungen der Völker und Kirchen, der Theologien und Sitten ergriffen sind?

Wir wenden uns auf den folgenden Seiten den drei wesentlichen Vorgängen der maoistischen Weltrevolution zu, die der alle Menschen verbindenden dreifachen Schicksalsfrage entsprechen: Wem gehört die Zukunft der Welt, wo findet die menschliche Gesellschaft, wo der einzelne Sinn und Heil? Wie kann man überleben?

1. *Die maoistische Weltrevolution hat globale Bedeutung und Auswirkung.* Maos Name ist Inbegriff unserer großen Weltveränderung. Seine Funktionäre sind überall wirksam. Auch wir in der westlichen Welt sind ihr Operations- und Missionsgebiet — das bedeutet Schock für die alte Weltgesellschaft, Faszination, Zukunftsvision für die Jugend aller Völker.

---

[*] China nach dem Sturm, Stuttgart 1971, S. 261.

2. *Der religiöse Charakter der Mao-Revolution stellt ein faszinierendes Gegenbild zu Christusglauben und Christusgemeinde dar.* Das Heilsverständnis der Maoisten und ihre Sinngebung von Leben, Welt und Geschichte fragt uns nach dem unseren. Wen beschäftigt diese Herausforderung? Die Welt- und Umweltprobleme, die Veränderungen im Leben des Menschen durch Technik und Psychologie, seine Bedrohung, die großen sozialen Fragen, aber auch die Herrlichkeit und Kraft der biblischen Botschaft werden bis auf wenige Ausnahmen verhandelt wie in einem von der chinesischen Revolution unberührten Raum, obwohl wir doch alle keineswegs unberührt sind!

3. *Die Mao-Revolution wurde zum schärfsten und feindseligsten Test des Christentums im zwanzigsten Jahrhundert.* In China stehen die Christen nicht mehr vor der revolutionären Gewalt, sondern mitten drin. Sie wurden von ihr vorwärtsgetragen, durchdrungen, umklammert, beseelt und zerrissen. Ihnen ist keine Freiheit geblieben, die Anfrage der Revolution aufzunehmen oder abzulehnen. Deshalb blieb nur die Kirche als Kirche bestehen, die bereit war, nicht mehr nach ihrer öffentlichen Gestalt zu fragen, und leidende Kirche im „Untergrund" wurde, ganz auf ihre Verbindung mit Jesus Christus geworfen. Hier war ihre Zeit angebrochen. Untergang und Aufbruch der Kirche in China — beides hat für uns eine ungeheure Bedeutung.

Wohin steuert die Kirche? Ist es ihre Bestimmung, in der großen Weltrevolution auf- und unterzugehen? Oder wird sie sich ihres Wesens und ihrer Gestalt als Gemeinde Jesu Christi im Schmelztiegel der umstürzenden Weltveränderung erst bewußt und gewiß? Das neue China hat eine Antwort bereit, die an Deutlichkeit nichts zu wünschen übrig läßt: Nur wer mit seinen Fragen über die Zukunft der Welt und den Sinn des Lebens zu Mao kommt und nach seiner Lehre fragt, kann sachgemäße Antwort erhalten — alles andere gilt dort als überholt. Nicht minder klar ist das Zeugnis von Christen aus der maoistischen Feuerprobe von der Verbundenheit Christi mit den Seinen. Uns ziemt, Mao zu geben, was Maos ist — und Gott, was Gottes ist.

A. „Brüder, hört die Signale!"

Mao-China, Faszination der ganzen nachchristlichen Welt

Die chinesische Revolution durchdringt und beansprucht einen weltweiten Bereich. Ihr Schwerpunkt liegt praktisch und ideologisch in der sog. Dritten Welt, aber keineswegs ausschließlich. Über die Maoisten im Westen lassen sich Bücher schreiben.* Hier soll es zuerst nur um einen Ausschnitt gehen, um einen Achtungsruf gegenüber Freuden-, Alarm-, Triumph- und Schreckenssignalen von der Allgegenwart des neuen China in der ganzen Welt. Der klassische Alarmruf der revolutionären Internationale geht auf neue Adressaten aus. Er hat hier eine doppelte Funktion: Er ist die Stimme des kommunistischen China, die zur Gefolgschaft ruft, und eine sie begleitende Stimme, die fragt: Warum solche Faszination?! Hört, seht die Signale!

I. Der „fremde Stern" China.
Ein atemberaubendes Forschungsobjekt

Zur Zeit der ersten Mondbefahrung im Spätjahr 1968 erschien in einer englischen Zeitung Hongkongs eine Karikatur: Präsident Nixon bei der Bedienung zweier Telefonapparate. Das eine verbindet mit dem Mond, das andere mit China. Darüber links der Mond, rechts das Vollmondgesicht Maos mit den Einzeichnungen eines „Meeres der Unerforschlichkeit", eines „Meeres von Rätseln" und eines „Meeres der Undurchdringlichkeit". „Es ist leichter, auf den Mond zu kommen, als hinter den Planeten Mao!" Drei Jahre später fand sich Nixons Berater Kissinger auf dem Wege einer diplomatischen Krankheit in Pakistan durch die Hintertüre in Peking ein. Er ver-

---

* Vergl. F. W. Schlomann und P. Friedlingstein: Die Maoisten, Pekings Filialen in Westeuropa; Frankfurt 1970.

mittelte eine Begegnung zwischen Nixon und Mao, welche die ganze übrige Welt aufwirbelte. Das war gut. Aber kamen Nixon und die gebannt teilnehmende Welt nun wirklich „dahinter"?

Zur gleichen Zeit wie Kissinger kehrte der bekannte deutsche Chinakenner und Publizist Klaus Mehnert von einem ihm durch glückliche Umstände ermöglichten Besuch Chinas zurück. „China", meint er, „ist seit der Kulturrevolution fast so unbekannt wie vor kurzem der Mond." Und der Fremdling und Forscher selbst ist den Leuten dort so unvertraut geworden wie ein seltener Affe! „In China kam ich mir so auffällig vor wie ein Kahlkopf unter den Beatles, wie ein Nackter unter Bekleideten.*

Andererseits hat das China der Mao-Revolution seit dem Siege der KPC im Jahre 1949 nicht aufgehört, die Umwelt mit Staunen zu erfüllen. China erhob sich aus der Fesselung einer hundertjährigen Fremdherrschaft. Es erholte sich fast ohne fremde Hilfe von den Schrecken und Zerstörungen durch die Japaner und einen mörderischen Bürgerkrieg. Es wurde die stärkste, geschlossenste Nation des neuen Asiens. Zugleich erlebte China eine große innere Wandlung, und wir kennen kein Volk, das einen solchen Prozeß in so kurzer Frist durchgemacht hätte. Nach vielen Vorformen gescheiterter reformerischer und revolutionärer Erneuerungsbewegungen siegte in der Mao-Revolution eine kommunistische Gesellschaftsordnung von beispielloser Kraft und Geschlossenheit. Eine uralte religiöse Welt-, Kultur- und Gesellschaftsordnung, die Fesselung des Bauernvolkes durch die herrschenden Schichten, wurde zerschlagen. Der Abstand zwischen arm und reich wurde abgeschafft. Trotz schwerer Naturkatastrophen und noch schwererer Fehlgriffe der Regierung im Zusammenhang mit dem „großen Sprung nach vorn", trotz des jähen Rückzugs der technischen und politischen Hilfe Rußlands entstand durch den Fleiß der Arbeitsheere der „blauen Ameisen" ein neues China, das sich der modernen Technik langsam, aber systematisch erschloß. Auch der Atomenergie bemächtigte sich das neue „Reich der Mitte".

Ein Volk, das in seiner Mehrheit aus Analphabeten bestand, lernte lesen und schreiben. Jahrelang gab es riesige Studenten-

---

* K. Mehnert, China nach dem Sturm; Stuttgart 1971, S. 7 u. 36.

zahlen an Universitäten und Technischen Hochschulen. Auch auf den Weltmärkten drang China langsam, aber unaufhaltsam nach vorn. Die Kaufleute aus Ost und West fanden so höfliche Vertragspartner, einen so aufmerksamen Service wie nur irgend in der Welt. Vor allem aber: Es wuchs eine Generation heran, deren Glaube an die Revolution und ihre Führung, deren Selbstgewißheit und opferfähiger Einsatz unvergleichbar waren. Peking wurde Ratgeber und Helfer für unterdrückte Völker, strahlte aus in alle Winkel Asiens und Afrikas und zog Freundschaft- und Ratsuchende aus den sich erhebenden Ländern zu jubelnden Empfängen in seine Hauptstadt. Im ideologischen Zwist wurde nicht das europäische Moskau, sondern das asiatische Peking für viele das Mekka des Weltkommunismus.

Der Preis für die Wandlung war hoch: „Liquidierung" von Hunderttausenden oder Millionen. Unzählige und nicht nachlassende planmäßige Bekehrungsvorstöße der kommunistischen Kader, die mit missionarischer Wucht in das Leben des Volkes eindrangen. Sie zerfaserten das dichte Geflecht der alten sozialen, sittlichen und religiösen Traditionen und Bindungen in Köpfen und Herzen. Aus unzähligen Diskussionen, Anklageversammlungen, Gehirnwäschen, Selbstkritiken, Umerziehungen und Vernichtungen ging ein verwandelter chinesischer Mensch hervor. So überraschend anders, daß in Ost und West Stimmen ertönten: „Das ist der wahre, der humane Christ!"

Für den oberflächlichen Blick schien es nun Jahre hindurch so, als gehörten die radikalen, das ganze Volk umstürzenden Eingriffe zurückliegenden Epochen an. Der neue Chinese, der unter so harten Meißelschlägen erstanden war, war sauber und dienstbereit, jenseits aller sprichwörtlichen Konvention und Korruption, befreit von den vier traditionellen Lastern des Spiels und Opiumrauchens, der Hurerei und Dieberei. Das so lange gelähmte uralte Sendungsbewußtsein des „Reiches der Mitte" erlebte trotz erdbebenartigen Schwankungen eine Erneuerung, der sich niemand verschließen konnte. Sie faszinierte aufmerksame Menschen der ganzen Welt.

In der Zeit der sog. „Großen proletarischen Kulturrevolution" (1966–1968) befiel die Welt wieder Entsetzen. Funktion und Funktionäre, Glieder und Gliederungen der KPC wurden durch eine zweite „Revolution nach der Revolution" von oben bis unten zerschlagen. In den „Roten Garden" erlebte sie eine neue Geburt, als finge alles noch einmal von vorne an! Dann wieder wurde die überschäumende Jugend — eine weithin enttäuschte „Junge Linke" — in die Wüste, in irgendein chinesisches Sibirien, geschickt. Sie verschwand im kräftigen, ruhiger fließenden Wasser eines neuen Strombetts der Revolution.

Die Volksbefreiungs-Armee bestimmte Jahre hindurch die weitere Entwicklung. Überall schlossen sich Bauern und Arbeiter, ländliche Kommunen und Industriewerke zusammen unter der gewaltigen Prägekraft der Losung: „Alles zur Ehre des großen Vorsitzenden Mao und für unser chinesisches Vaterland!" Die wachsende Produktionskraft, die Verdrängung der Spezialisten durch die Erfindungskraft des Volkes, die Werksuniversitäten, die vom Vorrang der Praxis vor der Theorie bestimmten Schulen, das radikal erwartete und radikal praktizierte Selbsthilfeprinzip: — eine Kette von Lichtsignalen eines anderen Sterns.

Neben der Sammlung im Innern beobachten wir eine weithin verborgene und weithin sehr öffentliche Propaganda nach außen — das Rote Buch der *Mao-Gedanken und Worte"* und die „Ping-Pong-Offensive des Lächelns" bezeichnen einander folgende Wenden, die Aufnahme Mao-Chinas in die UNO aber einen Welttriumph — Sieg über das andere China Tschiang Kai-scheks! Mao-China steht da im Vollbewußtsein seiner Sendung als „einzige" sozialistische, antiimperialistische und antirevisionistische Hoffnung der Völker und Vorkämpferin gegen die großen Rivalen USA und UdSSR. Der neue Nabel der Welt, das wiedererstandene Reich der Mitte! Es wechselt im Lauf von Tagen, ja Stunden einen jahrzehntelangen Kurs. Wenigstens sieht es so aus. Wie ein Schmetterling der Puppe entfliegt, so China der noch vor Stunden betätigten radikalen Verschließung gegen den Feind. Und mit welch faszinierender Eleganz!

In seinen Privatgemächern drückt der „große Vorsitzende" dem amerikanischen Präsidenten die Hand. Tschu En-lai erklärt „die Tür zu freundschaftlichen Kontakten endlich geöffnet".

Und Nixon, der sich wohl noch nie so tief verbeugte wie vor dem großen Bauern- und Weltrebell, erwidert: „Es gibt keinen Grund für uns, Feinde zu sein ... Das ist die Stunde, das ist der Tag!"

Eine Sternstunde der Weltgeschichte? Chinas letzte große

Wandlung? Oder eine globale „Hundert-Blumen"-Stunde, der ein globaler „Sprung nach vorn" folgen soll, folgen wird?

Lin Piao, Maos engster Kampfgefährte und erwählter und geehrter Nachfolger, nahm nicht mehr an der Wende teil. Verdientermaßen oder als beseitigtes Opfer des neuen Kurses? Tschu En-lai ist weder an Lebensalter, noch Parteizugehörigkeit, noch an Regierungszeit jünger als beide. Aber der kluge, oft gefährdete, weltzugewandte Ministerpräsident sitzt nun am Schalthebel der Macht mit einem neuen — mit seinem nüchternen realistischen Konzept. Wie lange? Wer schaut hinter sein Gesicht, sein höfliches Lächeln? „Weder geradeheraus noch jovial, von ausgezeichnetem Benehmen, verhalten wie eine Katze", charakterisiert ihn der ausgezeichnete Kenner und einstige Mitverschworene der chinesischen Revolution, der Franzose André Malraux.* Leitet er, der alte Maoist, schon etwas wie ein nachmaoistisches Zeitalter ein? Man vergesse nicht, wie stark Mao im Hintergrund immer noch wirkt und wohl auch noch lange wirken wird! Schon vor 40 Jahren nahm einmal Tschu En-lai für Jahre Mao die militärische und politische Führung aus der Hand!

Wir tun gut, den Wandlungen von vorgestern und gestern noch einmal nachzuforschen, um das Heute zu verstehen und uns für das Morgen zu rüsten. Und bei dem allen sollten wir einen Maßstab nicht beiseitelegen, den fast jedermann vergißt oder verschmäht: Was geschah und geschieht mit Chinas Christen? Wo ist jetzt ihr Platz?

II. Die maoistische Allgegenwart im Umsturz der Völkerwelt

1. Ein europäischer Christ notiert die China-Signale einer November-Woche des Jahres 1970:

> „Heute vor einer Woche hörte ich einen leidenschaftlichen Vortrag mit dem Thema: ‚Reformation — Revolution': ‚Jesus ist der Kern der Revolution, die Revolution in der Revolution

---

* Antimemoiren, Frankfurt 1968, S. 449.

... Wir müssen alle lernen, wie revolutionär das Evangelium ist ... Wir müssen die revolutionären Gaben Gottes endlich weitergeben!' Vielleicht auch unter Bejahung von Gewalt gegenüber der etablierten Ungerechtigkeit, wie es durch Dietrich Bonhoeffer geschah. Neben ihm wurde auch der Sohn eines frommen Wuppertaler Hauses, Friedrich Engels, Mitstreiter von Karl Marx, genannt. Warum fehlte Maos Name?

Tage darauf wurde er laut. Eine Stimme im Westdeutschen Rundfunk tadelte die Auswahl der Nobel-Friedenspreisträger: ,Warum teilte man ihn nicht Mao Tse-tung zu? Gehört nicht zu den von ihm durchgehaltenen Grundsätzen, die Grenzen der anderen Völker strikte zu achten? Geht nicht völkerverbindende Macht von ihm aus?'

Am Montag und Dienstag las ich in der deutschsprachigen Ausgabe der ,Peking-Rundschau' von den triumphalen Empfängen der Vertreter Kambodschas, Albaniens, Vietnams und Pakistans durch Mao Tse-tung. Vom Loblied der Uiguren, einem Volksstamm im abgelegensten Bergland der riesigen Provinz Singkiang, auf ihren ,Befreier Mao' wurde berichtet. Auch sie sind entschlossen, einen Beitrag zur Weltrevolution zu leisten.

Dazu Nachrichten von der Revolution am arabischen Golf: ,Die große Wahrheit hat in den Herzen unserer Volksmassen Wurzel geschlagen: Die politische Macht kommt aus den Gewehrläufen.' Ein Mao-Zitat! ,Wir, das Volk im arabischen Golf, glauben an keinen Unsinn wie ,parlamentarischer Weg' und ,friedlicher Übergang'. Empörte Verurteilung des ,skrupellosen Imperialismus' und seiner Politik in den Palästina-Kämpfen. Dazu die telegrafische Ankündigung einer Spende von Medikamenten, Wolldecken, Nahrungsmitteln u. a. im Wert von einer Million Yüan durch das chinesische Rote Kreuz an den palästinensischen roten Halbmond für Verwundete und Kranke in Jordanien.'

Am Mittwoch Hauptversammlung unseres Missionswerkes. U. a. wird berichtet von Tansania, dem afrikanischen Land großzügiger Hilfe und planmäßiger Werbung Chinas für die Weltrevolution, doch auch der Christen Sorge: ,Es wird immer chinesischer'! Später beanstandet ein Versammlungsteilnehmer die geplante Entsendung eines deutschen Theologen nach Hongkong, welche die dortige chinesische Kirche erbat: ,Ist das nicht ein unzeitgemäßer Akt des westlichen Imperialismus?' Der Vater einer jungen China-Missionarin in Hongkong widerspricht und widerlegt. Von anderen wird der Glaube an die Macht Jesu Christi unter den schwer leidenden, aus der Öffentlichkeit vertriebenen Christen Chinas bezeugt. Ich weise auch auf die Notwendigkeit hin, daß mehr christliche Sinologen zu Helfern und Mittlern für uns alle heranreifen sollten, an denen es bitter fehlt in der Auseinandersetzung Hongkongs mit seinen vielen sozialen Nöten, mit den neuen Umformungen des Buddhismus und Konfuzianismus und in der von der Nähe Festland-Chinas bestimmten Atmosphäre. Während einer Pause ein privater Teilnehmerbericht über eine kurz vorher stattgefundene Missionskonferenz in Westfalen mit dem Thema: ‚Maoismus — Sehnsucht nach dem neuen Menschen und der heilen Welt.‘ Auch erzählt ein Pfarrer von dem von ihm vorgefundenen Wandspruch in einer süddeutschen Akademie mit dem Wortlaut: ‚Mao lebt und Mao siegt!‘, einer Umwandlung des bekannten Blumhardt-Wortes vom Sieg Jesu. Er sah andernorts ein Plakat, das Mao einer nackten Frau gegenüberstellte. Auf der Heimfahrt dann ein Gespräch mit einem chinesischen Theologen, der sich hauptamtlich um seine Landsleute in Deutschland kümmert. Wir freuen uns auf eine Zusammenkunft mit ca. 30 christlichen Chinesen am Ende dieses Monats, die er in den letzten Wochen aufgefunden hat.

Am Donnerstag kommt ein dringender Anruf aus einer Nachbarstadt: Der Besitzer eines China-Restaurants erbittet sofortigen Beistand. Bei einer Prüfung der Papiere der chinesischen Angestellten durch die Polizei hat sich ein illegal eingewanderter Chinaflüchtling in ein Zimmer eingeschlossen und droht mit Selbstmord, falls die Polizei die Tür gewaltsam öffnet. Er versteht kein Wort deutsch, die Polizei kein Wort chinesisch. Ein Sprachmittler und Berater ist sofort nötig. Es gelang zu helfen.

Am Abend des gleichen Tages nahm ich teil an einem Gespräch in einer Düsseldorfer Gemeinde. Ein junger Teilnehmer weist auf das Vorbild Maos im Kampf um die soziale Gerechtigkeit hin, der auch uns Christen in Deutschland geboten sei. Ein älterer Christ aber rückt das China-Geschehen ins Licht des 13. Kapitels der Johannes-Apokalypse, des großen Gesichts vom Antichrist!

Am Freitag meldet der Rundfunk eine ansteigende Zahl von westlichen Ländern, die diplomatische Beziehungen mit der Volksrepublik China aufgenommen haben. Die nationalchinesischen Konsuln in diesen Ländern schließen ihre Räume und kehren nach Taiwan (Formosa) zurück. Nicht ohne Bedauern wird mitgeteilt, daß die Bundesrepublik einen ähnlichen Schritt nicht unternehmen könne, da sie durch den Vertrag mit der Sowjet-Union in ihrer Ostpolitik gebunden sei. — Woher dieser Ruck? Ist irgendwo auch etwas davon zu spüren, daß über die Religions-Politik Chinas nachgedacht würde? Ich denke zurück an ein Gespräch mit Christen in Taiwan vor einigen Jahren: ‚Vergessen Sie uns doch nicht!‘

Heute, am Samstag, nennt ein Conferencier seinen Hörern die neueste Unterscheidung von Optimist und Pessimist: ‚Der Optimist sagt: Wir werden alle russisch. Der Pessimist sagt: Wir werden alle chinesisch!‘ Und heute abend das Thema: ‚Mao und wir Christen!‘ ...“

Gewiß eine Wochenübersicht besonderer Art, bedingt durch besondere Voraussetzungen und Verpflichtungen des Aufzeichners. Aber das Vordringen und Eindringen der maoistischen Revolution in die Völker- und Geisteswelt geschieht in einer solchen Vielzahl, Vielgestalt und Energie, daß davon zwar ein Eindruck, aber doch nur ein kleiner und in jeder Hinsicht unvollständiger Ausschnitt gebracht werden kann.

2. Widerspruchsvolle Signale in der Dritten Welt

Die Entwicklungshilfe, die China den Völkern Asiens und Afrikas leistet, entspricht in ihrer Propagandaaufmachung nicht immer ihrem verhältnismäßig bescheidenen materiellen Wert. Sie kennzeichnet aber in vielen Entwicklungsländern ein neues Zeitalter unter dem repräsentativen Sozialhelfer China. Anders ist es mit der chinesischen Friedenspolitik. *„Kein chinesischer Soldat auf fremden Boden!"* Dieser Slogan stimmt, wenn man den chinesischen Einsatz in Korea vergißt, den Kampf gegen die Russen am Ussuri, den Einfall in Tibet und die immer wieder aufflackernden Kämpfe im indischen Grenzland. Er stimmt, denn die Nichtanwesenheit chinesischer Heeresgruppen in revolutionären Kampfgebieten ist in der Tat beachtenswert. Sie entspricht einer grundsätzlichen Achtung der selbständigen Nationen und Befreiungsgruppen in der Welt. Aber sie hindert nicht die Anwesenheit von Ausbildern zum Volksbefreiungskrieg und anderen Funktionären, nicht eine vielfach undurchsichtige Betätigung an vielen Unruheherden der Erde, und die Frage ist berechtigt, ob die chinesische Einflußnahme nicht darin doch der Untergrundtätigkeit der sowjetischen Geheimdienste entspricht.

In *Ghana* stieß man nach Kwame Nkrumahs Sturz, der während seines Pekingbesuches erfolgte, auf sorgsam versteckte Ausbildungslager. In ihnen wurden Kurse in Guerillataktik, Waffenkunde, Herstellung von Kokosnußbomben und anderem gegeben. Hunderte von Afrikanern aus Nachbarstaaten nahmen daran teil.

Im selbständigen sozialistischen, aber nicht kommunistischen *Tansania* wurden, wie jeder wissen kann, Polizisten und Soldaten nach chinesischem Muster ausgebildet. Trotz befohlener Selbstisolierung der chinesischen Ingenieure und Arbeiter, die hier an dem großen Bahnbau, den der Westen versagte, beteiligt sind, gab es an einer einzigen Straße von Daressalam zwei Buchläden mit dem revolutionären Schrifttum Mao-Chinas. Das Ausrücken der Schulkinder zu Märschen mit geschultertem Holzgewehr und dem „Schlagt-tot"-Ruf gegen Südafrika und andere Gegner erinnert an das chinesische Vorbild. Nyerere, der katholische Staatspräsident, hat den chinesischen Freunden aber zu verstehen gegeben, daß Tansania zwar ein sozialistisches Land sei, niemals aber ein atheistisches werden wolle. Seine Feinde und Freunde bestimme es selbst.

Verschleiert, aber unbestreitbar und besonders folgenreich war die chinesische Mithilfe bei dem Versuch, *Indonesien* über Nacht in eine kommunistische Volksrepublik zu verwandeln. In China sprach man später von der „Bewegung des 30. September". Nach dem Scheitern des Umsturzes wurde die chinesische Botschaft Gegenstand heftiger Demonstrationen, Beschimpfungen und Mißhandlungen. Das an sich schon gespannte Verhältnis zur chinesischen Minderheit in Indonesien erhitzte sich zu leidenschaftlichen Verfolgungen. Unter den Hunderttausenden blutiger Opfer und Verhafteter war eine auffallend große Zahl von schuldigen und unschuldigen Chinesen, auch chinesischen Christen!

Es mag wenigen bekannt sein, in welchem Ausmaß das Modell der chinesischen Religionspolitik die *vietnamesischen Christen* überschattet — wer denkt an sie? Im International Idoc", Dokumentation 9, 1970 (S. 9 ff.), sind folgende „Gedanken" eines katholischen Nordvietnamesen zu lesen, die fast Wort für Wort an ähnliche Veröffentlichungen in China erinnern:

> „Von der Unterdrückung und Ausbeutung durch den Imperialismus und Feudalismus befreit, eröffnen sich den Gläubigen unseres Landes Tag für Tag mehr Möglichkeiten, sich an der Staatsführung, am Aufbau und an der Verteidigung des Vaterlandes zu beteiligen."

> „Jede Aktion, die die normale religiöse Tätigkeit der Masse zu behindern droht, sowie jedes Manöver, das die Nichtgläubigen angreift, jeder Druck, diejenigen, die ihr religiöses Leben vernachlässigen, zum Kirchgang, zur Beichte und zur Kommunion zu nötigen, jede ungeordnete Steigerung der religiösen Tätigkeit mit unheilvollen Folgen für das Leben der Masse läuft dem Geist der demokratischen Freiheiten unserer Gesellschaft zuwider. Wir müssen die Kader, die Parteimitglieder, die Gläubigen und den Klerus dazu erziehen, die Politik der

Religionsfreiheit des Staates richtig anzuwenden. (!) Gleichzeitig müssen wir entschlossen die Listen der Imperialisten und ihrer Handlanger bloßstellen und zerstören, die die Religion dazu zu benutzen suchen, Zweifel unter den Gläubigen zu säen und sie auf den Weg ihrer schuldbeladenen Politik zu ziehen . . .“

Unübersehbar ist der Einsatz für den Sieg des Kommunismus im benachbarten *Kambodscha*, für den sich Prinz Sihanouk, das Staatsoberhaupt, im Pekinger Exil eingesetzt hatte. In seiner Glückwunschrede zum 23. März 1972 an den Prinzen zitierte Tschu En-lai den Satz Maos: „Ein schwaches Land kann ein starkes Land besiegen. Ein kleines Land kann ein großes Land besiegen.*

Nachdenklich stimmte auch die Stellungnahme Fu Haos, des ersten Vertreters der Delegation der chinesischen Volksrepublik in der UNO, zum Krieg zwischen Indien und *Pakistan*, das man oft der unverbrüchlichen Verbundenheit und Hilfe versicherte:

> „Die Regierung und das Volk haben immer die Ansicht vertreten, daß die inneren Angelegenheiten jedes Landes von dem Volk des Landes selbst geregelt werden sollten. Die in Ost-Pakistan aufgetauchte Frage ist ausschließlich Pakistans innere Angelegenheit, die nur von dem pakistanischen Volk selbst gelöst werden kann, und kein Land hat das Recht, sich unter irgendeinem Vorwand in sie einzumischen.“

Das sei aber durch die „Intervention eines gewissen Landes“ geschehen. Von dem gleichen *Indien* wird dann auch gesagt:

> „Unseren Erfahrungen nach stiftete ein gewisses Nachbarland eine Rebellion im Tibetgebiet unseres Landes an und betrieb dort Umsturzaktivitäten. Als die von ihm angestiftete Rebellion von dem chinesischen Volk verurteilt wurde, zwang (!) dieses Land Zehntausende von chinesischen Bewohnern, in sein Land zu gehen und schuf so in tollwütiger Opposition gegen China eine Frage sog. tibetischer Flüchtlinge. . . . Die chinesische Regierung hat sich immer an die fünf Prinzipien der friedlichen Koexistenz gehalten und sich niemals in die inneren Angelegenheiten anderer Länder eingemischt.“**

---

* Peking-Rundschau 1966, Heft 6, S. 5 f.
** Peking-Rundschau vom 30. 11. 1971, S. 24.

3. Der öffentliche ideologische Feldzug in die asiatisch-afrikanische Welt

Durch seinen Sitz in der UNO hat Mao-China inzwischen eine Propaganda-Möglichkeit von großem Ausmaß erhalten. Die Begegnung mit Mao selbst hat bei alledem besondere Bedeutung. Gelegentlich gibt er fremden Delegationen direkte öffentliche Weisung mit. So ging im September 1962 ein Nachdruck der handschriftlichen Widmung Maos an japanische Arbeiter in die Welt:

> „Nur wenn man wirklich die allgemein gültigen Wahrheiten des Marxismus-Leninismus mit der konkreten Praxis der japanischen Revolution verbindet, dann steht der Sieg der japanischen Revolution außer jedem Zweifel. Auf Ersuchen der Freunde, die als Delegation von Aktivisten des Studiums unter den Arbeitern China besuchen, fertige ich für unsere Freunde, die japanischen Arbeiter, diese Handschrift an."

Die Verbreitung des *maoistischen Schrifttums* ist mächtig angewachsen. In Abermillionen Exemplaren gingen in den letzten Jahren Maos Bücher und anderes Propagandamaterial in die Welt, nach chinesischen Angaben in 22 Sprachen und mehr als 130 Länder. 1968 wird eine Zahl von 740 Millionen genannt. (Dahinter bleibt die Verbreitung unserer Bibel weit zurück.)

Besondere Verbreitung fand die *Volkskriegs-Lehre* Maos in Afrika und Asien. Sie ist keine Geheimwissenschaft, auch keineswegs nur auf Chinas Nachbarland Vietnam anwendbar. „Je mehr sich der revolutionäre bewaffnete Kampf in den Räumen Asiens, Afrikas und Latein-Amerikas in die Tiefe entwickelt, umso größere Popularität erlangt die Theorie des großen Lehrers des Proletariats, des Vorsitzenden Mao, über den Volkskrieg. Die revolutionären Volksmassen in der ganzen Welt verlangen danach, die militärischen Schriften des Vorsitzenden Mao zu studieren ..."! Die kommunistische Partei Indonesiens hält sie für *„die umfassendste, systematischste und vollständigste marxistisch-leninistische Militär-Theorie".* Sie weise den unterdrückten Völkern der Welt, besonders den Völkern Asiens, Afrikas und Latein-Amerikas, den einzig möglichen Weg für ihren Kampf um Befreiung. Genauer formuliert die kommunistische Partei Burmas ihre Zustimmung zu Maos Satz: „Die politische Macht kommt aus den Gewehrläufen": „Wenn irgendwo diese Lehre bezweifelt oder gegen sie gehandelt wird, wird die Revolution auf Schwierigkeiten stoßen und Rückschläge erleiden." Das Gleiche bestätigen palästinensische Guerilla-Kämpfer und Freiheitskämpfer im Kongo und in Südafrika.

Wo diese Ideen Maos Fuß faßten und den Befreiungsbewegungen noch abhängiger, verelendeter oder unter ihrer Rassendiskriminierung leidender Völkergruppen zur Erhebung in Maos Namen und mit maoistischer Praxis verhalfen, rüttelte diese auch an den beunruhigten Gewissen vieler Christen in der ganzen Welt. Man denke an die Hilfsaktionen des ökumenischen Rates und mancher Kirchen für die unter dem Rassismus leidenden Menschen. Gewiß wird es in der innerchristlichen Auseinandersetzung nicht darum gehen, Maoisten mit kirchlichen Geldern in ihrem gewaltsamen Befreiungskampf zu helfen. Dennoch — im umstrittenen *Mozambique* ist der Konflikt da: Die portugiesischen Christen empören sich über den Beschluß des ökumenischen Rates, der Freiheitsbewegung (sog. Frelimo) in ihren kulturellen Aufgaben zu helfen, und stellen fest, die Kirche mache sich so zum Bundesgenossen der aus Tansania einsickernden „Maoisten"! „Mao und die Kirche" werden gemeinsamer Zerstörungspläne bezichtigt!*

4. Die maoistische Werbung im Westen

Es ist charakteristisch für die maoistische Revolution, daß sie im Gegensatz zu der von den Russen vertretenen Tradition zunächst den Schwerpunkt ihres Handelns in die Länder Asiens, Afrikas und Latein-Amerikas verlegt und nicht in den sozialisierungsreifen kapitalistischen Westen. Nach ihrer These muß der missionarische Feldzug von den Völkern ausgehen, die mitten in der Loslösung vom kolonialen Zeitalter stehen. Sie sind die „Sturmzentren der Welt-Revolution", sie stehen seit dem zweiten Weltkrieg im Brennpunkt der „Widersprüche" der Welt. Dadurch wird eine „ausgezeichnete Lage" geschaf-

---

* Thielicke in seinem Reisebericht „So sah ich Afrika" Gütersloh 1971, S. 87.

fen: *Vom „Land" der Welt her* (Asien, Afrika, Latein-Amerika) *wird die „Stadt" der Welt* (Nord-Amerika und West-Europa) *eingekreist.**

Und dieser Prozeß ist nun in vollem Gang. Auch Pekings neue Amerika-Politik gehört dazu, ebenfalls die Untergrundtätigkeit des Maoismus bei uns, besonders seit dem öffentlichen Ausbruch der schon lange schwärenden Feindschaft der kommunistischen Großmächte. Moskau und Peking ringen von Monat zu Monat stärker auf unserem Boden um ihren Einflußbereich. Und hier war eines der wichtigsten Kampfmittel *Maos kleines rotes Buch.*

Man schätzt, daß vom *Roten Buch* der Mao-Gedanken, „dem Buch mit einer größeren Macht als jede Atombombe", schon im April 1968 in Frankreich mehrere 100 000 Exemplare, in der deutschen Bundesrepublik bis Ende 1967 etwa 100 000, in Italien schon im Januar 1967 500 000 Exemplare verkauft waren. Daneben findet auf vielerlei Wegen, von Peking oder von Tirana, der europäischen Filiale des Maoismus, eine rege Ausbreitung der anderen Mao-Schriften und chinesischen Zeitschriften statt.**

Genauere Untersuchungen machen es wahrscheinlich, daß die Studentenunruhen in Westeuropa unmittelbare, bis in den Wortlaut zu verfolgende Einwirkungen der chinesischen Kulturrevolution zeigen.

Volle Aufmerksamkeit verdient neben dieser öffentlich geschehenden und öffentlich zu verfolgenden Einflußnahme Pekings die in den meisten westlichen Ländern begonnene halböffentliche Bildung von Splittergruppen und Nebenparteien der nationalen kommunistischen Parteien. Gerade weil die Zahl ihrer Mitglieder meist gering ist, entwickeln sie eine erstaunliche Stoßkraft. Bei uns bezeichnen etwa die hektografierten Zeitungen und Aufrufe *„Roter Morgen", „Rebell"* und *„Rote Garde"* mit ihrer Bekämpfung der russischen „Revisionisten" und der sich ihnen anschließenden deutschen Kommunisten den Weg. Der Anführer der sog. *Baader-Meinhof-Gruppe*, in ihrer Selbstbezeichnung *„Rote-Armee-Fraktion"*, sagte im Januar 1972 den Polizeikräften verstärkten Kampf und endgültigen Erfolg mit einem von Mao Tse-tung

---

* Peking-Rundschau 1967, Nr. 3. S. 16.
** Näheres bei Schlomann-Friedlingstein: „Die Maoisten".

viel gebrauchten Sprichwort an: „Wer einen Stein aufhebt, dem wird er auf die Füße fallen." Bei der Verhaftung von Ulrike Meinhof fand man Maoschriften. Zuvor wird in Frankreich ein „Maoist" erschossen und ein Abteilungsleiter der staatlichen Renault-Werke entführt — beides auf dem Hintergrund heftiger Kämpfe zwischen Mitgliedern der KPF und Maoisten.

Und immer wieder tauchen in Ländern des Westens „Volksbefreiungsgruppen" auf, deren Terrorhandlungen, Entführungen, Morde, Bedrohung der öffentlichen Ordnung ihrem ideologischen und methodischen Charakter nach auf ein Erfaßtsein von den Zielen maoistischer Weltveränderung schließen lassen. Es ist schwer zu sagen, welche Gesamtwirkung das maoistische Werben in und um den Westen hat. Statistisch läßt sich bisher nur eine geringe Zahl von Bekennern erfassen. Um so wichtiger ist es, auf die Zeichen eines in tiefere Schichten eindringenden Einflusses des aktiven Maoismus zu achten. Das Tempo der Anpassungsbereitschaft, die Zustimmung zu einer „Normalisierung" des Verhältnisses zur Volksrepublik China, die Freigabe weitgehender politischer, wirtschaftlicher und kultureller Beziehungen sind allgemeine Anzeichen einer Veränderung, die nach außen hin seltsam plötzlich, für den Beobachter aber wohl vorbereitet erscheint.

Die Offensive des Lächelns gewinnt auch über die deutschen Gemüter Gewalt. Nicht nur mit Asiaten und Afrikanern werden wahre Hochzeitsfeste und Freundschafts-Kampagnen völkerverbindenden Spieles in Peking veranstaltet. Diese neue Offensive wird auch in unsere Länder vorgetragen und findet vorbereiteten Boden. Während des Tischtennis-Länderkampfes von Chinesen und Deutschen in der Hoechster Jahrhunderthalle in den ersten Januartagen 1972 erklang leise, aber entschlossen die „Internationale". Urplötzlich tauchten aus der 2500 Zuschauer zählenden Menge riesige Transparente auf: „Für den Befreiungskampf der unterdrückten Völker gegen den US-Imperialismus" — „Der Spielausgang wechselt. Die Freundschaft bleibt!" — "Es lebe die Kampffreundschaft des chinesischen Volkes mit der Arbeiterklasse und den Werktätigen der BRD!" — „Das Aktionskomitee Freundschaft mit der Volksrepublik China begrüßt die chinesische Tischtennis-Mannschaft." (So der Sportbericht.) Wie kommt es zu so schneller Faszination? Spielt sie auch mit bei den politischen Bemühungen um die Normalisierung des Verhältnisses zur

Chinesischen Volksrepublik seit Gerhard Schröders Peking-Besuch?

5. Maos Erscheinen in der christlichen Kirche

Der ideologische Vorstoß Maos macht nicht halt vor der christlichen Kirche. Er gehört zu unserer Wirklichkeit trotz der fehlenden theologischen Pro-und-contra-Diskussion. Wiederum hier nur einige Hinweise:

— In Bochum sammelten sich 1969 Theologen des damals noch bestehenden *Celler Konvents* unter Maos Bild und über Maos Schriften zu mehrtägiger Beratung über der Frage, wie man mit Hilfe der Lehre Maos die christliche Kirche in ein Instrument der Weltrevolution umwandeln könne.

— Dem überraschten Besucher eines pastoralen Studierzimmers mit einer großen Anzahl von Werken Maos und einschlägiger Literatur wird auf seine Frage geantwortet: „Das ist wichtiger als alle übrige theologische Literatur. Wir haben viel von ihm zu lernen."

— Ein mit Kirchenfragen beauftragter Rundfunk- und Fernseh-Reporter bekennt sich auf Befragen als Maoist.

— Mao-Zitate finden wir auch bereits in modernen Katechismus-Entwürfen. In Predigten und Ansprachen sind sie längst keine Seltenheit mehr. Das rote Büchlein der Mao-Worte wird in manchen christlichen Gruppen ernsthaft studiert. „Seine Mao-Bibel muß man bei sich haben."

— Symbole werden ausgewechselt: Vor mehreren Jahren schon fand man in einer zur Einweihung bereiten katholischen süddeutschen Schule in den Klassenzimmern anstelle der dort aufgehängten Kruzifixe das Mao-Bild. Nach dem Bericht eines süddeutschen Kirchenblatts muß ein vorgesetzter Bischof einen Priester auffordern, ein Maobild vom Altar der Kirche zu entfernen.

— Zum Gesamtbild des Stuttgarter Kirchentages 1970 gehörte nicht nur das schweigende Herumtragen der roten Fahne durch den Raum, in dem die größte Gruppe von mehreren tausend Teilnehmern zum „Streit um Jesus" versammelt war, oder die Anbringung eines Plakates mit den Worten: „Marx lebt!" Nicht nur fanden alle Besucher am Eingang eine Karikatur „Gott ist rot". In gesonderten Räumen waren auch das Bild und die Schriften des großen chinesischen Führers.

Heimkehrenden wurden noch am Zuge die Propaganda-Blätter Pekings angeboten. Mao steht nicht mehr an der Tür, sondern ist in die Kirche eingezogen. Dafür gibt es nicht wenige Zeichen.

Eines sollte man sicher nicht übersehen: Während die zünftige Theologie unseres Landes zu der Erscheinung des Maoismus trotz ausgebreiteter Marxismus-Beschäftigung nahezu völlig schwieg, erschienen in rascher Folge literarische Reaktionen einer Jugend, der es nicht um Lehre, sondern um Leben mit Jesus geht. Das sind jene kleinen roten Büchlein, die Gestalt, Farbe und Titel unverkennbar dem Anstoß der Mao-Bibel verdanken: nicht nur die sozialrevolutionär bestimmte Sammlung „Worte des Vorsitzenden Jesus" oder die vom biblischen Christusglauben her zusammengestellte Wegweisung: „Worte des Christus Jesus und seiner neutestamentlichen Zeugen", sondern auch die aus der Jesus-people-Bewegung stammenden „ausgewählten Worte des Jesus Christus", Ausfluß der modernen evangelischen Jugenderweckung, der „Jesusrevolution"!

III. „Heim ins Reich!"

Die revolutionäre Einforderung aller Chinesen ins heilige Vaterland

Gebiete und chinesische Volksgruppen außerhalb Festland-Chinas wurden keineswegs nur ideologisch der Werbung oder Drohung des neuen China unterworfen. Begleitet und geführt wurde der Kampf mit einer ungeheuren nationalen Leidenschaft, die Umsturz und Terror nicht scheut. Die Orte für solche Aktionen wechseln: Indien, Indonesien, Thailand, Malaysia, Rußland ... Mit einem Mal wird klar, daß jeder Fußbreit ehemals chinesischen Bodens, der im Laufe der letzten Jahrhunderte durch erzwungene „ungleiche Verträge", Kriege und Bürgerkriege und durch mancherlei fremde Listen verlorenging, wieder für das große, neu erstandene Reich zurückgewonnen werden soll. Unversehens bekommen es Chinesen und Nichtchinesen zu spüren, daß alle anderen Bindungen chinesischer Menschen der einen Verpflichtung für das Reich unterzuordnen sind und die über diese Territorien herrschenden Regierungen im Regiment der Volksrepublik einen unerbittlichen Gegner vor sich haben. Man wird über die Schärfe und Radikalität dieses Kampfes besonders an den drei Brennpunkten *Macao, Hongkong* und *Taiwan* (Formosa) noch Genaueres sagen müssen.

1. *Macao.* Seit über 400 Jahren ist diese kleine Siedlung an der Südküste Chinas, ursprünglich chinesisch „a-mangao", d. h. „Bucht der Göttin Ama gen", in den Händen der Portugiesen. Wie viele Glocken und Glöckchen rufen portugiesische und immer noch viele chinesische Gläubige zur Messe! Hotels und Restaurants, Spiele und einträgliche Geschäfte ziehen immer noch Touristen und Kaufleute an. Aber Macao ist längst eine sinkende Größe und seit der Kulturrevolution ohnmächtig in die Hände Mao-Chinas gegeben. Seit dem Wüten der Roten Garden ist die Ruhe eine Stille zwischen den Stürmen.

Seit das Gymnasium zum ersten Male ein Bildplakat an seinem Eingang zeigt: „Zerschmettert den sklavischen Unterricht!", seit die roten Garden Macaos berühmtes Wahrzeichen, das Tor der St. Pauls-Kathedrale, umtobten, seitdem auch die Kinder der christlichen Institute zur Teilnahme am antitheistischen politischen Unterricht gezwungen sind — seitdem ist Macaos Stille eine Stille vor dem größeren Sturm.

Das Ende einer langen klugen Koexistenz ist gekommen. Unzweideutig hat man zu erkennen gegeben, wohin Macao und seine Chinesen gehören. Inzwischen stirbt die ehemalige Macht. Man wurde gezwungen, den portugiesischen Gouverneur im Amt zu belassen und die portugiesische Fahne am Verwaltungsgebäude. Das neue China läßt sich Zeit. Es verschmäht nicht die Gewinne, die der Fremdenverkehr und noch bestehender legaler oder schwarzer Handel erbringen. Aber die Dschunken und Schiffe auf den gelben Fluten des auslaufenden Perlstroms sind durchweg rotchinesische Fahrzeuge, und immer wieder werden Flüchtlinge aus dem Innern, denen es gelang, auf dem Wasserweg zur portugiesischen Küste zu gelangen, ohne portugiesischen Widerspruch von Funktionären der Volksrepublik wieder eingefangen und zurückgeschleppt. In den Amtszimmern ist das Bild des Gouverneurs verschwunden. Maos Bild hängt überall, an Hauswänden, an Litfaßsäulen, in Schaufenstern. Ein unvergeßliches Wahrzeichen des leidenschaftlichen Willens Chinas: *Portugals Fahne flattert im Ostwind.*

2. *Hongkong*. Noch härter, dramatischer, unberechenbarer und untergründiger ist der Anspruch, den Peking an die Menschen der britischen Kronkolonie stellt. Hier, am lange Zeit einzigen Tor der „Freien Welt" zum kommunistischen China und ihrem wichtigsten Horchposten, werden nicht nur immer wieder die Erdstöße im Innern registriert, Grenzvorstöße erlitten, Flüchtlinge empfangen, sondern auch eine Fülle von Güterzügen mit Lebensmitteln und vor allem das Hongkong so unentbehrliche Wasser aus den Zuleitungen der Volksrepublik entgegengenommen. Hier lebt man in mühseliger und doch gekonnter Koexistenz. Dicht neben dem amerikanischen Hilton-Hotel die Bank von China, Zentrum nicht nur vieler Handelsgeschäfte mit der Volksrepublik, sondern ihre keineswegs durchsichtige politische Repräsentation. Rotchinesische Warenhäuser, in denen ununterbrochen die Propagandastimme des neuen China erklingt, kommunistische Kinos, Restaurants und vor allem Schulen, in denen völlig anders unterwiesen wird als in den vielen westlich geprägten und prägenden Bildungsinstituten. Kommunistische Zeitungen, Zeitschriften, Buchläden, Clubs inmitten der so westlich bestimmten Stadt. Immer noch lockt die „Perle des Ostens" Besucher aller Länder, ihre Schiffe und Flugzeuge heran. Erstaunliche Regierungskunst, die in einem geordneten Staats- und Wirtschaftssystem die auf diesem Boden eng zusammengedrängten Millionen Menschen feindlicher politischer Systeme zusammenhält. Anhänger der roten Sonne Mao und der weißen Sonne Tschiang Kai-schek, marxistische Atheisten und unentwegte Anhänger des Ahnenkultes, der Götterehrung, Buddhisten, Konfuzianer und Christen!

Aber auch diese Koexistenz ist nur auf Zeit geduldet. Dafür gibt es eine Fülle von Anzeichen. Viele nimmt man längst nicht mehr ernst. Von anderen weiß man, daß sie sich nicht wiederholen werden. Aber der Schock von 1967 hatte exemplarischen Charakter: monatelange Demonstrationen, Verkehrsstreiks, Herausforderung des Gouverneurs zu einem demütigenden Bekenntnis der englischen Schuld, kleine Bomben, Kämpfe demonstrierender Arbeiter und Schüler mit der Polizei — die Beben der Kulturrevolution. Das sonst in verschlossene Räume verwiesene Bekenntnis zu Mao, die Film-Propaganda der neuen Sonnenwelt Maos auf dem Hintergrund der alten Welt Hongkongs, die Infiltration von Mao-Ideen in kommunistische Schulen, die sympathische Werbung in manchen Clubs — das alles brach wie ein Lavastrom hervor.

„Mao, die rote Sonne in unseren Herzen, wird siegen! Warum laßt ihr euch noch von fremden Teufeln regieren? Warum lebt ihr noch in einem Gefängnis? Bekennt euch zu dem großen, herrlichen Vaterland!"

Das Beben wird nicht mehr vergessen werden. Auch die christlichen Kirchen und Gruppen, die etwa ein Zehntel der Bevölkerung ausmachen und mit staunenswerter missionarischer Kraft zu Jesus einladen, hat das Beben der Kulturrevolution tiefer und schmerzlicher denn je an das Schicksal ihrer Brüder und Schwestern unter dem antichristlichen Regiment auf dem Festland erinnert.

Zwar sichert ein Pachtvertrag mit dem alten China neun Zehntel der modernen Kronkolonie bis zum Jahre 1997. Aber wer garantiert die Einhaltung eines Vertrags, der sich auf längst vergangene Machtverhältnisse gründet? Könnte Peking nicht schon morgen die westliche Regierung auf die Knie zwingen und die 4 Millionen Chinesen in das neue China eingliedern? Es bedürfte dazu nicht einmal einer Gewaltmaßnahme. Peking brauchte nur die Grenzen zu öffnen und die Kronkolonie mit jenen Menschen überfluten zu lassen, die der Herrschaft Maos entrinnen möchten. Es brauchte nur den Wasserhahn abzusperren — ein von Hongkong nicht weichender Alptraum, *dieser Vorposten Maos auf dem letzten Brückenkopf des Westens.*

Die Schwäche einer noch so klugen Koexistenz-Politik auf einem zu China gehörenden Terrain ist für alle, die sehen wollen, offenkundig. Für die Christen in Hongkong bedeutet das ein neues Innewerden der Führungsmacht Gottes, der sich nicht umsonst vor den Toren Rotchinas eine Gemeinde gesammelt hat.

3. *Taiwan, das preisgegebene „andere China" Tschiang Kai-scheks.* Seit der Verdrängung der auf der kleinen Insel Taiwan (Formosa) sich behauptenden „Republik China" aus der UNO ist das Schicksal „Nationalchinas" ein Gegenstand spannungsvoller Vorgänge. Es gehörte im Februar 1972 zu den von der Volksrepublik mit dem amerikanischen Präsidenten ausgehandelten Voraussetzungen für normalisierte Beziehungen, daß Nixon versprach, sich von dem „zweiten China" zurückzuziehen, das bis dahin als einziges die Anerkennung und Hilfe Amerikas genoß. Härter denn je stehen

sich nun die Anführer zweier einst verbundener chinesischer Revolutionsbewegungen, der Kuomintang und der KPC, gegenüber: Der Vorsitzende Mao Tse-tung und Generalissimus *Tschiang Kai-schek,* Präsident einer chinesischen Republik, für deren weiteren Bestand er nur noch sich selbst und seinen direkten Anhängern Hoffnung zu geben vermag. Der Mann, von dem man einst sagte „Er ist China", ist zum steinernen Denkmal seiner selbst geworden — „zwischen den Felsen", wie die Übersetzung des Namens Kai-schek lautet. Es ist ihm viel gelungen, nicht zuletzt ein beachtenswert geordneter und wirtschaftlich aufblühender Inselstaat. Es ist ihm noch Größeres mißlungen.

Er ist Christ, wie seine Frau, die ihm Wegweisung dazu gab. Er war Nachfolger des getauften Christen und Bürger-Revolutionärs *Dr. Sun Yat Sen,* des „Vaters der chinesischen Revolution". Dessen Denkmal findet man immer noch in beiden Chinas. Tschiangs Frau und die von Dr. Sun Yat Sen, lange Zeit First Lady im anderen China, sind Schwestern, Töchter einer frommen christlichen Mutter. Tschiang selbst beansprucht, die Kultur des alten China vor der kommunistischen Zerstörung zu bewahren. Einige seiner Soldaten verstehen ihren Kampf gegen das kommunistische China als eine christliche Pflicht.

Zu den einheimischen Taiwanesen fand das Kuomintang-Regiment der vor Mao geflüchteten eingewanderten Festland-Chinesen kein befriedigendes Verhältnis. Sie liebten die Eindringlinge trotz aufblühender Wirtschaft, einer gediegenen Bodenreform und anderen Vorteilen durchweg nicht. Die Hoffnung der Einheimischen richtete sich seit langem auf die Unabhängigkeit von den Japanern *und* vom Festland, die sie früher gehabt haben. Nach dem Übereinkommen mit Präsident Nixon im Februar 1972 reagierte die Volksrepublik sowohl auf solche Hoffnungen wie auf Tschiang Kai-scheks Protest mit kaltem Hohn. Die Anhänger Tschiang Kai-scheks nannte man „Ausgestoßene der chinesischen Nation". Von den übrigen Bewohnern der Insel wurde behauptet: „Die breiten Massen unserer Landsleute in Taiwan lieben ihr sozialistisches Vaterland von Herzen. Sie sehnen sich nach der baldigen Befreiung Taiwans und dessen Rückkehr in die Arme ihres Vaterlandes. Die vergeblichen Machenschaften..., sie von dem großen chinesischen Volk zu trennen und die Provinz Taiwan von Chinas geheiligten Territorien loszulösen, werden

niemals gelingen" (*Peking-Rundschau* 1971, Nr. 44, S. 17).
Man scheute sich auch nicht, die japanische Regierung zu be-
zichtigen, mit ihrem Eintreten für die Unabhängigkeit Taiwans den Plan einer neuen japanischen Besetzung zu ver-
decken.

So stehen seit dem Winter 1971/72 die Bewohner der kleinen Insel in einer ungeheuren Nervenprobe. Auch die
chinesischen Christen dort. Der harte antikommunistische und
antiökumenische Kurs der Regierung hatte sie zwar von manchen Kontakten mit der Weltchristenheit abgeschlossen. Aber
sie durften sich im Namen Christi unangefochten versammeln
und in oft sehr bescheidenen und ärmlichen Verhältnissen ein
gutes Werk an ihrem Volke tun. Sie sollten nicht umsonst ihre
christlichen Mitbrüder in der Welt gebeten haben: „Vergeßt
uns nicht! Betet für uns!"

IV. Das Verhältnis zu USA und UdSSR

Das Verhältnis Mao-Chinas zu Amerika und zu Rußland füllt
Bände. Hier sei nur aufmerksam gemacht auf die Zwiespältig-
keit der Beziehungen: Die atomare Bedrohung und das Werben um menschliche und ideologische Freundschaft. Weder
Rußland noch Amerika blieben dagegen gefeit. Was erwartet
die Welt aus diesem „Spiel" der Kräfte und Mächte?

1. Die USA: Beschimpfte imperialistische Macht und um-
worbenes Volk

Gegen keine Macht hat sich das kommunistische China unmittelbar nach dem Siege Maos so leidenschaftlich gewandt wie
gegen die USA, ohne deren Zuschlagen es sich doch kaum aus
dem grausamen Zugriff Japans hätte loswinden können, jedenfalls nicht so schnell und nicht ohne noch größere Blutver-
luste. Der Helfer wurde zum „Aggressor" und zum ideologischen Feind Nr. 1. Unerträglich Amerikas Eintreten für Tschiang Kai-scheks Inselstaat als einziges, legitimes chinesisches
Regime! Die Einkreisung des Festlandes durch die USA mit
strategischen Stützpunkten war eine Kette von Demütigungen.
Dazu der Vietnam-Krieg dicht vor der Türe und die Aufklä-
rungsflüge über chinesischem Gebiet! Schon 1964 sagte Tschu

En-lai zu André Malraux: *„Die Amerikaner müssen alle Stütz-*
punkte abbauen: in Thailand, in Korea, in Taiwan, in Viet-
nam und Pakistan ... Wozu diese Weltgendarmen ... Sie
*sollen nach Hause gehen!"** Schon die kleinen Mädchen im
Kindergarten lernten, ihre Holzgewehre mit Kriegsrufen gegen
die Amerikaner in den Boden zu stoßen, und die älteren Kinder machten Schießübungen auf Bilder und Puppen amerikanischer Soldaten.

Ist es ein anderes oder dasselbe China, das sich dann mit
einem Tischtennis-Spiel und der Beschwörung der „alten
Freundschaft" in die Seele des amerikanischen Volkes hinein-
spielt?

Noch immer wird zwischen Regierung und „Volk" unterschieden. Mit Chinas Eintritt in die UNO und dem Besuch des
amerikanischen Präsidenten bei Mao hat auch eine neue
Epoche maoistischer Einwirkung in die inneren Nöte und
Kämpfe dieses amerikanischen Volkes begonnen. Wie erfreu-
lich wäre es gewesen, hätte andererseits der Christ Nixon im
Gespräch mit Mao und Tschu En-lai auch für Teile des
chinesischen Volkes, Nixons chinesische Glaubensbrüder, eintreten können! Eine Gruppe amerikanischer Christen hat sich
dafür eingesetzt. Selbst wenn er gewollt hätte — hätte er es
unter der auf ihm liegenden Last vermocht?

2. Rußland, der Bruderfeind

Längst sind inzwischen die UdSSR der verteufelte Feind des
neuen China geworden. Und sie wissen, warum. Adenauer
berichtet in seinen Memoiren von der ihm bei seinem Besuch
in Moskau 1955 dreimal ausgesprochenen Bitte Chruschtschows: „Helfen Sie uns gegen Rot-China!"

Warum fürchtet man China?

Alte Wunden machen den Kampf des erstarkten nationalen
China gegen das Rußland der „roten Zaren" und „barbari-
schen Hunde" so bitter. Es ist der Raub chinesischen Landes
und seiner Güter, den China nicht vergessen kann. Dazu kommen Brüskierungen wie die Zurücknahme russischer Wirt-
schaftshilfe, der Rückzug der russischen Fachleute, die Grenz-
bedrohung durch ein Millionen-Heer mit modernsten Fern-

---

* Antimemoiren. Frankfurt 1968, S. 453.

waffen. Der nördliche Nachbar wird in wütenden Wortkämpfen vor aller Welt angegriffen.

Ebenso heftig tobt der ideologische Streit! Immer noch steht in Schanghai der Tempel der chinesisch-russischen Freundschaft. Wieviel Brüder-Küsse wurden zwischen den beiden größten kommunistischen Völkern gewechselt! „Ostwind siegt über Westwind", rief Mao bei seinem Besuch in Moskau vor einer großen Versammlung im Gefühl noch vorhandener Gemeinsamkeit und als Werber für ihre Festigung aus. Warum ein so heilloses Schisma entstand und die Form eines heiligen Krieges annahm, soll später gezeigt werden.

V. Schrecken

Wir nahmen harte Widersprüche unter den Signalen der Weltausstrahlung Chinas auf. Wie erlebten sie die einzelnen Menschen? Wir dürfen daran nicht vorbei. Es wäre unredlich, neben den leicht abhörbaren Stimmen der Begeisterung die Stimmen des Leidens und Schreckens, der Klage und Anklage zu überhören.

Auch davon nur einige Beispiele. Zur eigentlichen Beurteilung und Einordnung soll die Untersuchung des Wesens der chinesischen Revolution helfen, die in den späteren Kapiteln versucht wird.

Flüchtlinge! Nach nationalchinesischen Statistiken waren es in den letzten 22 Jahren über 2¹/₂ Millionen, die Festland-China verließen; weit über 2 Millionen kamen nach Hongkong. Man weiß, wieviel verzweifelte Mittel und Wege dabei gesucht wurden, und ahnt, wie viele dabei umgekommen sind. Man nennt drei andere große Gruppen: Etwa 14 000 chinesische Kriegsgefangene der Alliierten nach dem Ende des Korea-Krieges, etwa 17 000 Tibeter, die sich mit ihrem Dalai-Lama über das Dach der Welt nach Indien durchkämpften, und 150 000, die im Mai und Juni 1962 im Zeichen des Hungers mit ihrer Masse die Kronkolonie Hongkong erschreckten.*

---

* Freies Asien, Informationen der Republik China, 1971, Nr. 36, S. 1 f.

Warum floh man? Unmittelbar vor der Aufnahme der Volksrepublik in die UNO meldet sich ein 27jähriger Flüchtling aus der Provinz Fukien.

> „Sie halten uns, die 700 Millionen, wie in einem großen Zoo gefangen. Doch wir sind keine Affen ... Wir werden aus dem Zoo ausbrechen, aus dem großen Konzentrationslager der Kommune! ... Mao und Tschu En-lai scheinen sich darüber zu freuen, das Volk durch Säuberungsaktionen und Massenhinrichtungen zu liquidieren. Sie leugnen es nicht einmal, weil diese Aktionen bei ihnen keine Gewissensbisse hervorrufen. Diese Aktionen scheinen auch nicht das Gewissen der westlichen Politiker zu belasten, die nach China gehen wollen ... Die Namen der von Mao getöteten Menschen werden in den örtlichen Zeitungen und auf Wandplakaten veröffentlicht. Bitte, öffnen Sie die Augen und lesen Sie und zählen Sie diese Namen! ... Die von den Amerikanern veröffentlichten Ziffern bewegten sich zwischen einem Minimum von 34 Millionen und einem möglichen Maximum von 63 Millionen Chinesen. Nur wir wissen, daß es noch mehr sind, weil diese Zahlen unsere Brüder, Schwestern, Söhne und Eltern einschließen. Wenn einem der Bruder oder die Schwester, Vater oder Mutter von Mao umgebracht werden, so wird der Betreffende Mao Tsetung kaum lieben. Sind Sie so naiv zu glauben, daß wir, die 700 Millionen, Mao lieben?"*

Wichtiger als solche Rufe und Zahlen eines parteiischen, tief verletzten Hasses sind die Einblicke in die persönlichen Schicksalswege von China-Flüchtlingen, in ihre schmerzhaft zugrunde gegangene vertrauende Liebe zu Mao Tse-tung!

Ein Zerstörer. Hier einige Sätze aus dem eindringlichen Bericht des französischen Journalisten Lucien Bodard:

In Hongkong hört er so etwas wie eine politische Beichte an:

> „Ich habe noch nie ein so hartes, von Mißtrauen verschlossenes Gesicht gesehen wie das Gesicht dieses Mannes." Er ist voller Angst. „Sogar hier wissen die Roten alles. Und wenn sie vermuten, daß ich Ihnen etwas sage, kann ich ohne weiteres entführt und in einer Dschunke nach Kanton gebracht werden. Das ist schon oft vorgekommen ... Ich hatte Angst, zu Ihnen zu kommen ... Leider werden Sie es nie ganz verstehen ... Was uns alle so verbittert hat, mich und die anderen Chinesen ebenso, war, daß die Fremden mir alles glaubten, daß sie von dieser Propaganda, von diesen Lügen, dem genauen Gegenteil der Wahrheit, entzückt waren. — Mein Vater hat sein Leben

---

* Freies Asien, Informationen der Republik China Nov. 1971.

der Aufgabe gewidmet, die Chinesen untereinander zu versöhnen. Er wollte einen Ausgleich zwischen der Kuomintang-Regierung und der Kommunistischen Partei herbeiführen. Er kannte alle Männer um Tschiang Kai-schek und auch die großen Führer der Kommunisten. Mit Tschu En-lai war er gemeinsam zur Schule gegangen. Äußerlich blieb er dem alten China treu — aber sein Herz war leidenschaftlich dem Neuen zugetan. Er starb aus Verzweiflung, als seine Bemühungen ... gescheitert waren."

Der Sohn unternahm einen eigenen Versuch, kehrte in sein Vaterland zurück. Er schildert die Qual der Kontrolle und Selbstkontrolle, unter die jeder „Heimkehrer" gestellt wird, die noch größere Qual der Privilegierten und führenden Funktionäre, zu denen er aufrückt.

„Nach und nach fühlte ich mich in zwei feindliche Wesen geteilt; das zweite verborgene Ich wurde langsam das bedeutendere, das wahre Gewissen. Ich hätte mich selbst anzeigen müssen, aber ich konnte und wollte es nicht."

Er leidet auch unter der Uniformierung und Ausbeutung Chinas durch die UdSSR.

„Ich bewahrte die Vorsicht einer Schlange und hielt durch. Aber ich mußte das mit einem fast metaphysischen Leiden bezahlen, mit dem der völligen Isolierung. Sie können sich nicht vorstellen, welchen Grad die Einsamkeit eines Menschen im Kommunismus erreichen kann."

Und das angesichts der besonderen Gefahren und Drohungen seiner hohen Spitzenfunktion! Schließlich flieht er in Verzweiflung über seinen eigenen menschlichen Verrat an solchen, die sich ihm anvertrauten, und in der Angst vor einer Verbannung als menschliches Arbeitstier in die Wildnis, zu der er sich auf Aufforderung seines Chefs freiwillig und „mit Begeisterung" gemeldet hat.*

Eine Geisel. Im Juli 1967 wurde der britische Auslands-Korrespondent *Antony Grey* in Peking als Austauschobjekt für einen in Hongkong in Haft genommenen Reporter der Nachrichtenagentur *„Neues China"* für zwei qualvolle Jahre in seiner eigenen Wohnung gefangen gehalten. Es war die Zeit der Hochflut der Kultur-Revolution hüben und drüben. Grey wurde ihr persönliches, grausam behandeltes Opfer. Glaubwürdig schildert er, was ihm durch rote Gardisten und be-

* Lucien Bodard, Chinas lächelndes Gesicht, Fischer-Bücherei 1961, S. 167 ff.

stellte Wächter geschah: Er wurde mit schwarzer Farbe überschüttet und zu der qualvollen „Düsenjäger"-Haltung gezwungen, dabei mit Beschimpfungen und Anklagen überschüttet. Er mußte in einem ganz mit schwarzer Farbe und politischen Parolen bestrichenen Hausinnern aufgrund eines „Massenurteils" auf engstem Raum hinter zugenagelten Fenstern und ständiger Bewachung leben, ohne Möglichkeit des Kontaktes mit der Außenwelt.

> „Bedrückend blieb die ständige Gegenwart Mao Tse-tungs. Ich erwachte z. B. jeden Morgen, wenn die Wächter das Lied ‚Der Osten ist rot' sangen. Darin heißt es: ‚China hat einen Mao Tse-tung hervorgebracht; er ist der Erlöser des Volkes.' Waren sie damit fertig, so lasen die Wächter laut aus dem kleinen roten Buch ... Das ging den ganzen Tag so weiter, manchmal bis in den Abend."

Trotz vieler Bemühungen seiner Regierung und des britischen Geschäftsträgers in Peking wird er erst nach zwei Jahren frei, nachdem sich für seinen „Kollegen" in Hongkong die Gefängnistür öffnete.*

Ein chinesischer Katholik. Eine von vielen Erfahrungen chinesischer Christen und ihrer Notgemeinschaft mit westlichen Missionaren aus der Zeit ihrer Vertreibung. Sie wird von einem deutschen katholischen Missionar erzählt:

> „Wenige Wochen nach Ostern erschien abends ein aus dem Gefängnis entlassener Christ. Der Pater begrüßte ihn herzlich, doch der Besucher blieb undurchdringlich ernst.
> ‚War es im Gefängnis sehr schlimm?'
> Der Besucher schüttelte den Kopf.
> ‚Aber du bist in Sorge wegen deiner Existenz?'
> Erst nach einer Pause kam die Antwort. ‚Es geht nicht um mich.'
> Der Pater horchte auf. ‚Will man mich ausweisen?'
> Der Besucher verneinte mit einer müden Bewegung des Kopfes.
> ‚Mir droht aber eine Gefahr?'
> Das Gesicht des Besuchers zeigte keinerlei Regung. Sie saßen am Tisch, das Fenster war verhängt, und sie waren von aller Umwelt abgeschnitten.
> ‚Von wem droht die Gefahr?'
> Das Öllicht auf dem Tisch erhielt vom Atem des Sprechers einen Stoß.

---

* Als Geisel in Peking. Das Beste aus Readers Digest. März 1971, S. 163 ff.

‚Von mir.'

Es entstand eine tiefe Stille.

‚Man hat mich nur unter der Bedingung entlassen, daß ich dich hinausdränge.'

Der Besucher sollte den Pater durch Hetze unter den Christen oder durch Bitten veranlassen zu gehen. Blieb der Pater, so mußte er zurück ins Gefängnis.

Die Erregung überwältigte den Priester; er ging zum Fenster und schob den Vorhang weg. Draußen hing schwarze Nacht. Er konnte den Besucher wahrscheinlich dazu bewegen, ins Gefängnis zurückzukehren. Nützte er der Gemeinde aber damit? Die Partei fand andere Wege.

‚Ich werde gehen.'

Er brachte den Besucher hinaus, und es folgte eine Nacht, die mit dem ganzen Gewicht ihres Dunkels auf ihm lag. Am Morgen ging er zum Polizeibüro.

‚Ich war sechsundzwanzig Jahre nicht zu Hause und möchte die Gräber der Eltern besuchen.'

Der Polizeichef sah auf. ‚Du möchtest zu den Gräbern deiner Eltern?' Die Stimme war freundlich, und er schien dem Ausländer das gleiche hohe Ethos in der Verehrung der Eltern wie einem Chinesen zuzubilligen. Dann genehmigte er den Antrag für das Ausreisevisum."*

Ein englischer Protestant. Nicht nur Chinesen, sondern auch einzelne Europäer und Amerikaner wurden dem langwierigen Prozeß der Gehirnwäsche unterworfen. Man kann an diesen Berichten nicht vorbeigehen, wenn man das faszinierende und schockierende Ganze der chinesischen Revolution erfassen will. Verständnishilfe soll an anderer Stelle gegeben werden. Hier nur eine Minute aus einem monatelang quälenden Versuch der Umschmelzung des britischen Missionars G. T. Bull: Vor der Zelle, in der sich Bull mit anderen befindet, erklärt der Funktionär mit feierlicher Stimme:

„‚Es gibt Verbrecher, die warten, bis sie zur Hinrichtung geführt werden, dann erst gestehen sie. Bull gehört zu dieser Sorte. Alle Bemühungen um ihn können nun eingestellt werden.' Damit ließ er mich allein ... Bis jetzt hatte ich regelmäßig weiter gebetet ... Aber jetzt reichte meine Kraft nicht mehr dazu aus. Satan setzte zu einem neuen Schlage an. — Ich dankte im Gebet für die Verpflegung, die uns gerade gereicht wurde, wie ich es immer schon getan hatte. Da wurde ich erbarmungslos angegriffen: ‚Es ist nicht Gott, der Ihnen das Essen gibt. Es ist die Mühe des schwer arbeitenden chinesi-

---

* Ludwig Lenzen, Rot färbt sich Chinas Himmel. 26 Jahre als Missionar in Kansu. 1965. S. 143 f.

schen Volkes!' Der Vorfall wurde gemeldet, und ein Funktionär teilte mir in unmißverständlicher Weise mit, daß in diesem Gefängnis jeder Ausdruck eines religiösen Glaubens verboten sei."*

Brüder, hört die Signale!

VI. Die Unberechenbarkeit der chinesischen Revolution

Immer wieder steht die Umwelt vor einer zwar durchlässigen, aber keineswegs den Blick ins Innere öffnenden Wand. Was soll man davon halten, wenn Mao Tse-tung Wochen oder Monate lang in der Öffentlichkeit nicht zu sehen ist? Man hat ihn schon sieben Mal für tot erklärt. Unmittelbar auf eine solche Nachricht kam die Kulturrevolution!

Seit Jahren zum ersten Mal wurde 1971 der 1. Oktober, sonst mit Paraden und Volksmassen begangen, nicht einmal angekündigt. Ein deutsches Blatt versuchte zu deuten: „Als Hitler zum ersten Mal den Reichsparteitag abblies, setzte er ein unübersehbares Zeichen nahenden Unheils. Als Mao Tse-tung (oder wer auch immer) zum ersten Mal seit 21 Jahren die traditionelle Parade zum Gründungstag der Volksrepublik China absagte, rätselten die Auguren in Ost und West 14 Tage lang vergebens über den Sinn dieses Beschlusses." Je spärlicher die Information, desto deutlicher die Gerüchte! Wie erst sollte man die spektakuläre außenpolitische Offensive des Lächelns deuten mit ihren Erschütterungen im Führungsgremium? Der zum Nachfolger Maos bestimmte, weltweit bekannte Lin Piao blieb so lange Wochen und Monate der Öffentlichkeit fern, bis jedermann „wußte", daß Unheimliches geschehen sein mußte. Ein dreifacher Mordversuch an Mao Tse-tung? Absturz mit einem Flugzeug über der Mongolei? Verhaftung? Tödliche Erkrankung? Einige Ausgaben der Zeitschrift „China im Bild" schienen westliche Vermutungen zu bestätigen. Zum ersten Mal erschien Ende 1971 Maos Bild nicht auf der Titelseite, ja sogar kaum im Innern des Blattes. Wurde der Mao-Kult zurückgesteckt oder gar abgeschafft?

---

* G. T. Bull, Am Tor der gelben Götter, Wuppertal 1959, S. 220 f.

fragte man im Westen. Nach kurzer Zeit war das Bild wieder da. War nun Lin Piao tot oder Attentäter? Da bringt eine Titelseite ihn wieder, zusammen mit Mao; auf den folgenden Seiten eine Erinnerung nach der anderen von der Geschichte ihrer unverbrüchlichen Verbundenheit. Aber persönlich taucht Lin nicht mehr auf. Im Juli 1972 Bestätigung der Gerüchte! Die Mao-Bibeln — sein Werk — verschwinden.

Überraschend wie die Machtkonstellation verändert sich die innere Entwicklung der Revolution. Sturm und Stille wechseln einander ab. Dem Heer der Journalisten bietet jede Etappe so viel Überraschungen wie Deutungsmöglichkeiten.

Mao Tse-tung selber bietet sie. Welche Überraschungen, welche Polaritäten, welche Widersprüche, welche Abgründe und welche Erlöserqualitäten finden sich im Leben und Wesen dieses genialen Mannes! Sie sollen an dieser Stelle nur angedeutet werden in den Attributen, die ihm China Tag für Tag gibt: *„der große Vorsitzende", „der große Lehrer", „der große Oberkommandierende", „der große Steuermann", „der Führer", „das rote Herz aller Revolutionäre"*. Nicht nur in der Kriegführung, auf allen Gebieten lehrt und praktiziert Mao zugleich. Mao lehrt Bescheidenheit und ist erfüllt mit einem unerhörten Selbstbewußtsein; Mao ist Urchinese und größter Weltbeweger unserer Zeit; Mao ist Vorbild im Einsatz für die Unterdrückten und Leidenden und Feuerherd eines verzehrenden Hasses; Mao fordert radikale Trennung von der alten Tradition, von allem, was das alte China groß gemacht hat, und ist doch selbst ein neuer Konfuzius und dem kaiserlichen Sohn des Himmels gleich; Mao ist der in Bild und Wort in China Allgegenwärtige und ist doch oft Wochen, ja Monate in der Öffentlichkeit nicht zu sehen. Blutige Revolution gilt ihm als die Höchstform der Revolution; die innere Überwindung des Gegners ist ihm wichtiger als die äußere. Es ist uns eine Rede übermittelt, mit der er die Kampagne „Laßt hundert Blumen sprechen" eröffnete:*

> „Wir sind alle schuldig. Jeder von uns soll Selbstkritik halten und ein neuer Mensch werden. Wir werden die Menge auffordern, uns ihre Beschwerden gegen uns zu sagen. Jeder Chinese soll das Recht und die Pflicht haben, sich über Ungerechtigkeiten zu beklagen. Nur so werden wir zu einer allge-

---

* Lucien Bodard, a.a.O., Seite 179.

meinen Aussöhnung kommen, zum Ruhm des Sozialismus und der Partei . . ."

In dieser Form ein Geheimbefehl an die Parteifunktionäre, dem sie widerwillig genug folgten. Jeder von uns? Wir sind schuldig? Mao selbst auch? Kann er das gesagt haben? Welcher Scheinwerfer durchdringt die Nebelwand dieses Widerspruchs?

In der Unberechenbarkeit der chinesischen Revolution begibt sich das immer wieder bestaunte Möglichwerden des Unmöglichen. Allein die Erhebung aus dem Elend und der Erniedrigung in einer solchen Kraftanstrengung erscheint anderswo kaum möglich, und die schweren Belastungsproben durch die Wiederzerstörung des soeben Gewonnenen — das alles findet man nur hier.

VII. Die Urteilsschwäche der zerspaltenen Umwelt — auch der Kirchen

Man wird sich fragen müssen, ob die auffallende Faszinations-Bereitschaft der sog. „freien Welt" mit einer Trübung des Blicks einhergeht, die sich auch im Neben- und Widereinander der Hilfstheorien gegen die Schäden der „Dritten Welt" zeigt und deren Scheitern für viele ein zu der Mao-Revolution hinziehender Sog geworden ist. Oder gibt es eine *gemeinsame* Verwirrung des Westens und des Ostens durch das neue China?

Die eigentliche Urteilsschwäche des Westens könnte in einer Lähmung durch alte und neue Schuld sowohl China wie auch der Dritten Welt gegenüber begründet sein. Die leidenschaftliche Einforderung aller Chinesen in das Reich — ob in Hongkong oder in Taiwan oder in Macao oder in Ländern mit großen chinesischen Minderheiten — trifft überall auf Umstände und Zustände, die aus Verletzungen, die das alte China erlitten hat, entstanden sind. Die Tiefschläge, die Peking, Moskau und Washington einander versetzten, sind darum so verletzend, weil sie Wunden tiefer Schuldverflechtungen wieder aufreißen.

Eine weitere Ursache könnte in der Los-von-Gott-Bewegung unserer ehemals christianisierten Welt liegen, die nun auf

Mao zutreibt, die „freie Welt" auf einem Weg von Jesus zu Mao.

Dazu kommen die inneren Risse und „Polarisierungen", die Verunsicherung der Kirchen in und außerhalb der Ökumene — ein Prozeß der Selbstentfremdung —, die ein gemeinsames christliches Urteil über die Vorgänge in China und seine Herausforderung an uns schier unmöglich machen.

Von der Menge der Gleichmütigen brauchen wir hier nicht zu reden. Nicht nur Moskau, auch Peking eröffnet möglicherweise ein Geschäft. Die westlichen Kaufleute, die nach Kanton fahren und einen ungemein aufmerksamen Service erfahren, wünschen im allgemeinen nicht, in tiefere Begegnung hineingerissen zu werden. Was könnte sie vor Blendungen und Fehlurteilen bewahren?

Es ist wohl nur eine kleine Gruppe von Christen, die ernsthaft beobachtet und mit wacher und warmer Anteilnahme das Schicksal der chinesischen Christen verfolgt. Höchst beunruhigt verfolgt sie auch das faszinierende Schauspiel der beginnenden Verschmelzung von Christentum und Maoismus in der Kirche. Auf einige beispielhafte Phänomene der Maßstab- und Urteils-Verschiebung und -verwirrung sei hingewiesen:
teils-Verschiebung und -verwirrung sei hingewiesen:

1. Der Atheismus im Christentum

Darüber versteht der jüdisch-sozialistische Philosoph Ernst Bloch so einleuchtend und einladend als Bibel- und Zeit-Interpret zu schreiben. Bringt er ein progressives Christentum mit dem Neo-Marxismus hier und dort zur Deckung, warum dann nicht auch mit dem Maoismus?

Wir stehen vor letzten Folgerungen einer durch viele Jahrzehnte hindurch betriebenen *Verunwirklichung Gottes* in der Theologie. Das geschieht im Zeichen der Auswechselbarkeit von Gott und Mensch, Gott und Welt.

> „Ich stelle mir Gott nicht vor ... Falls meine Kinder mich fragen würden, dann würde ich ihnen ein Foto zeigen von einem kleinen indischen Mädchen, das Hunger hat, dann würde ich sagen: ‚So sieht Gott aus.‘ Und am nächsten Tag ein Foto von einem Vietkong-Jungen hinter Stacheldraht. Und ich würde sagen: ‚So sieht Gott aus‘ ",

sagt Dorothee Sölle.* Hier ist nicht nur ein Gottesbild, son-

---

* zitiert in der Zeitschrift „Stern" 1961, Nr. 1, S. 8.

dern der rufende Gott selbst entschwunden, der Kain nach seinem Bruder fragt. Nur noch Abels blutige Leiche und Kain sind zu sehen. Mao — warum nicht? Wer will einen Maoisten hindern auszurufen: „So sieht Gott aus?" Hierhin gehört das Bekenntnis eines Theologen, der sich mit allen verbunden weiß, die „anstelle des revolutionären Vorbildes Jesus sich lieber das Vorbild Mao setzen".

Johannes Lehmann hat im Anschluß an Ernst Bloch in seinem Buch *„Mao, Marx und Jesus"** einen interessanten engagierten Zitatenvergleich unternommen, um auf diesem Wege „die Forderung unserer Zeit zu akzeptieren und nach der Wahrheit für uns heute zu fragen". Es werden solche Gedanken von Mao, Marx und Jesus gewählt, die sich nach Meinung des Verfassers „gegenseitig interpretieren und sich oft auf vertrakte Weise im Widerspruch gleichen" (S. 5). Lehmann sucht abzuhorchen, was nicht nur Marx und Mao, sondern irgendwie auch Jesus (oder eine andere Gestalt des Urchristentums) zu den brennenden Sachfragen moderner sozialer Bereiche zu sagen haben. Bemerkenswerterweise finden sich in der langen Reihe der Begriffe aber nur vier oder fünf sowohl im Neuen Testament wie im modernen politisch-sozialen Bereich gebrauchte Ausdrücke. Neutestamentliche Zentralbegriffe wie Gott, Christus, Heiliger Geist, Heiligung, Offenbarung, Rechtfertigung, Versöhnung erscheinen nicht. Warum werden „solche Zitate, die sich gegenseitig ausschließen und die Unvereinbarkeit von Christentum und Marxismus zeigen", zur Untersuchung nicht zugelassen?!

2. Ein neues Selbstverständnis der Kirche?

Ein weiterer Schritt zu Mao hin wird dort vollzogen, wo *die Kirche sich nicht mehr als Eigentum und Zeuge Jesu Christi* versteht. In radikaler Form geschieht dies zwar bisher nur in kleinen Gruppen und einzelnen Äußerungen. Aber eine Anpassung und beginnende Verschmelzung mit Marxismus und Maoismus ist vielerorts unverkennbar. Der Auftrag der Kirche wird nur noch rein innerweltlich gesehen und angenommen. Oft spricht sich darin Resignation über mißlungene kirchliche Formen der Entwicklungshilfe aus. Nun soll der Christ aus-

---

* Wuppertal, 1969.

schließlich in der Bildung neuer Gesellschaftsstrukturen, d. h. praktisch in politischer und sozialer Revolution das Heil erkennen. Daran soll er sich beteiligen. Wer nicht mitzieht, wird zum Gegner. Auf solche Weise kann Kirche, die an ihrem göttlichen Auftrag festhält, zum Feind ihrer eigenen Glieder werden: „Der Kampf gegen die Verhältnisse muß auch ein Kampf gegen die Kirche und gegen ihre Ideologie, d. h. die Theologie sein." Will man in ihr bleiben, „ohne gesellschaftlich sinnlose Tätigkeiten auszuüben und zur Erfolglosigkeit frustriert zu werden", so muß man sie politisch radikalisieren.* Ein säkularer Humanismus, der die biblische Heilsordnung und Verkündung nicht nur hintan setzt, sondern über Bord wirft — schlechte Voraussetzungen, zu einem christlichen Verständnis und Urteil gegenüber der Mao-Revolution zu gelangen.

Was ist geschehen, wenn junge Christen ihren Glauben an die Machbarkeit der Zukunft und eine neue „Heilsgeschichte" in alleiniger Verantwortung des Menschen proklamieren? „Mein Reich ist nur von dieser Welt"?**

Wenn die Reichsgottes-Bürgerschaft zugunsten einer reinen Weltbürgerschaft aufgegeben wird, fällt auch die Verheißung des Geistes hin, der der Kirche Jesu Christi für ihren Dienst an den Menschen in der ganzen Welt zugesagt und angeboten wird.

Verzweifelte Überwältigung durch die Weltnöte und eine schier unüberwindliche Unfähigkeit zum Glauben an Jesus Christus müssen hier im Spiele sein — eine kirchliche junge Linke, die im Zuge ihres Helfen-wollens selbst atheistisch wird! So verliert sie ihre eigentliche Funktion und zugleich auch ihre Urteilskraft gegenüber der Ausstrahlung des Maoismus. Bis zum verzweifelten, verbrecherisch werdenden Terrorismus kann, wie wir es mit Schmerzen erlebten, eine solche Entwicklung gehen.

---

* Theologie-Studenten 1969, Stuttgart 1969, S. 46 und 31.
** So in den Thesen des „Arbeitskreises für Mission und ökumenische Beziehungen" in der Evangelischen Studentengemeinde der Bundesrepublik und West-Berlins für die Weltkirchentagung in Uppsala 1968, kritisch dargestellt und beurteilt in der Schrift von Reimar Lenz: Der neue Glaube. Bemerkungen zur Gesellschaftstheologie der jungen Linken zur geistigen Situation. Wuppertal, 2. Aufl. 1970.

Es wäre eine Karikatur unserer kirchlichen Wirklichkeit, wollte man diese totale Vergesellschaftung und Verweltlichung als charakteristisch für die gesamte Kirche bezeichnen. Ganz gewiß nicht. Sie ist auch keineswegs charakteristisch für ihre lebendige und einsatzbereite Jugend. Sie vollzieht sich weithin noch an den Rändern. Aber symptomatisch für eine große Verunsicherung und Selbstentfremdung ist sie doch.

3. Das Mitleiden der oekumenischen Bewegung und der christlichen Weltmission

Eine „Grundlagenkrise" durch latente oder öffentlich-radikale „Umstrukturierung" des Gottesdienstes und diakonischen Christuszeugnisses in der Welt hat nicht nur einzelne Gruppen und Kirchen ergriffen, sondern die ganze Ökumene.[*]

Wir sind also mitten in einer tiefgreifenden Auseinandersetzung, die eine gemeinsame Begegnung mit der Mao-Revolution außerordentlich erschwert. Deshalb ist es unumgänglich, sich dies wenigstens in einigen grundsätzlichen Hinweisen zu verdeutlichen.

Der *Daily-Telegraph* vom 4. Sept. 1970 sprach eine große Sorge aus:

> „Als im Jahre 1961 der Internationale Missionsrat dem Weltkirchenrat eingegliedert wurde, konnten die Missionsgesellschaften nicht voraussehen, welche Gefahren eine derart starke Organisation für die Missionsarbeit bringen könnte, indem dadurch die Revolution gefördert und die überseeischen Missionare in ihrer Arbeit durch ihre Einmischung in die Politik disqualifiziert würden. Missionare, welche Glieder von Kirchen oder Gesellschaften sind, die im ökumenischen Programm engagiert wurden, können aufgerufen werden, sich Guerilla-Banden anzuschließen unter dem Vorwand, dies gehöre zum Kader ihrer missionarischen Tätigkeit."[**]

Hier wird man zurückfragen und auf das Unrecht an Afrikanern und Asiaten hinweisen müssen, das durch Weiße und

---

[*] Vergl. dazu besonders: Peter Beyerhaus, Humanität — einzige Hoffnung der Welt? MBK-Verlag, Salzuflen, 1970, und das umfangreiche Für und Wider zur „Frankfurter Erklärung" zur Grundlagenkrise der Weltmission.

[**] Zitiert im Informationsdienst des Rates der Europäischen Allianz 1970, S. 9.

Nichtweiße früher geschah und heute noch geschieht. Ruft es nicht immer wieder einheimische Mitchristen und Missionare an die Seite ihrer Brüder, auch auf die Gefahr hin, dabei selbst politisch disqualifiziert zu werden? Wer weiß, wieviel Not das Schweigen in der chinesischen Missionsgeschichte in sich schließt, und wie es sich in der maoistischen Revolution widerspiegelt? Wir müssen es wirklich noch anders lernen, für die Unrechtleidenden und Unterdrückten öffentlich einzutreten, und dies als Missionsdienst im Namen Jesu zu tun. Und wenn es ihnen nur hülfe, Mut zur eigenen gottgewollten Menschenwürde zu finden! Martin Luther King sagte: *„Wir müssen beständig Deiche des Mutes errichten, um die Flut der Furcht einzudämmen."* Dies kann nicht ohne Kampf geschehen. Er wird besonders hart und schmerzhaft werden, wo er auf einen christlich gekleideten Widerstand, auf Selbstsucht in biblisch-dogmatischer Tarnung stößt. Helmut Gollwitzer sagt von den europäischen Völkern:

> „Sie haben aus dem Christentum das für die übrige Menschheit unerträgliche und mörderische Sendungsbewußtsein der weißen Rasse gewonnen, das nun als Verhängnis die ganze Menschheit in sich aufsaugt und alle Fähigkeiten abtötet, die sich mit ihm nicht vertragen."*

Die große Unruhe der Gewissen über den „armen Lazarus" in der verelendeten Dritten Welt vor unserer, der westlichen Noch-Reichen Tür ist so begründet wie nur etwas. Wirkliche Opfer — nicht nur papierene oder symbolische — sind dringend nötig. Der Zusammenschluß mit allen Gutwilligen zu praktischen Hilfsgemeinschaften ist unerläßlich. Die Kälte oder Gleichgültigkeit, mit der Christen und Nichtchristen den Mühen der Entwicklungshilfe gegenüberstehen, ist nicht nur erschütternd, sondern lebensgefährlich.

Aber daß sich christliche Weltmission mit ihren Beiträgen gegen die Not als Zeugengemeinschaft Jesu Christi ausweisen solle, ist leider keineswegs mehr unbestritten. Sein Name kann auch in moderner, christlicher Weltmission völlig verstummen. Missionarisches Handeln konnte ununterscheidbar werden vom Handeln anderer, die auf ihre Weise zu helfen suchen. Das be-

---

* Krummes Holz und aufrechter Gang. Zur Frage nach dem Sinn des Lebens. München 1971, S. 138.

deutet große Urteilsschwäche gegenüber einer Erscheinung wie der chinesischen Revolution.

4. Um die heile Weltgesellschaft

Ist das ökumenisch - kirchliche „Anti - Rassismus - Programm" nicht mit Recht umstritten? Man könnte fragen: Warum steht ihm nicht ein „Anti-Kapitalismus-Programm" und, was mindestens ebenso dringlich wäre, ein „Anti-Kommunismus-Programm" zur Seite? Aber damit träfe man nicht den Kern. Man muß tiefer greifen. Was soll eine „Theologie der Befreiung", die praktisch an der Gefangenschaft des gefallenen Menschen und seinem Unfrieden mit Gott vorbei zur Selbstbefreiung ruft? Können wir das „Heil heute" *namenlos* beschreiben? Können wir den, in welchem nach apostolischem Zeugnis das Heil allein ist, zu einem wesentlichen oder unwesentlichen Teil einer *heilen Weltgesellschaft durch unsere Kraft* machen? Können wir das Versöhnungsangebot Gottes an die Sünder an den zweiten Platz verweisen oder gar verdrängen, wo doch ohne dies nichts wahrhaft Heilbringendes zu hoffen ist? Die Kirche, die einen falschen Individualismus und einen frommen Egoismus hinter sich lassen will, hat etwas anderes anzubieten als Proteste, Solidaritätserklärungen, relative Entwicklungshilfen, revolutionäre Ratschläge, Strukturveränderungsvorschläge, dürftige finanzielle Hilfen und vage Visionen. Da sind die Liebe Christi und die Versöhnung mit Gott, durch die wir Menschen Gottes und durch die allein wir Brüder werden, doch andere Größen! Deshalb gehört „Schalom", der große Frieden, das Wohlsein des Menschen und aller Kreatur auf Erden, auch wenn er nicht durch unseren eigenen Einsatz vorweggenommen werden kann, doch zu den guten Zielen Gottes, die uns jetzt schon fröhlich machen und in Kampf und Mühe stärken. Wissen wir das nicht, so sind wir letzten Endes hilflos auch gegenüber den Anfragen und Anklagen des neuen China.

5. Das andere böse Schweigen

Die Ursache der großen ökumenischen Schwäche, die seit Jahren den so verheißungsvollen Zusammenschluß von Christen und Kirchen begleitet, kann man mit Menschenkraft und

-geist nicht beseitigen. Aber wir sollten sie in aller Deutlichkeit benennen. Ein Kritiker hat es in harter Sartire getan:

> „Allenthalben, wie in den forschen Aktionsgruppen für die weltliche Welt, kennt man nicht mehr die allergeringsten Differenzen im hermeneutischen Vorverständnis, im Kirchenbewußtsein, in Exegese und Moral, weiß man sich von alledem — Gott, der tot ist, sei Dank! — und vom Nachdenken überhaupt dispensiert. Geschichte wird systematisch vergessen, oder, wie es heute heißt, ausgeklammert. Es bietet sich keine Möglichkeit mehr, sie zu verantworten. Jeder halte sich an der Zukunft schadlos."*

Der Wahrheitskern dieser Analyse ist nicht zu leugnen. Es ist anerkanntermaßen schwer, in einer Gemeinschaft westlicher und östlicher Kirchen und von Christen aus den armen und reichen Ländern der Welt zu gemeinsamen Analysen und Aktionen zu kommen, die dem biblischen Evangelium entsprechen. Aber der Einheitspreis ist zu hoch, wenn er nicht nur mancherlei konfessionelle Sondergaben und geistliche Kräfte verleugnet, sondern auch die gemeinsame Gotteskindschaft, die Einheit des Leibes Christi, und statt dessen eine schlechte Solidarität des Schweigens mit den mächtigen Feinden der Gemeinde Jesu eingeht. Leider besteht begründete Ursache für die Frage des *Daily Telegraph* an den Weltkirchenrat: *„Warum haben wir denn kein einziges Wort des Protestes gegen diejenigen, die unsere Brüder in Christus in der UdSSR, in China und im Sudan verfolgen, gehört? Existiert die Kommission für Religionsfreiheit überhaupt noch, oder ist diese Frage nicht mehr wichtig?"*

In dem erschütternden Klage- und Anklagebrief des glaubensmutigen russischen Dichters Alexander Solschenizyn an den Moskauer Patriarchen zu Ostern 1972 stehen die Sätze: *„Über jedes beliebige Übel im fernen Asien und Afrika hat die russische Kirche ihre empörte Meinung, nur nicht über die inneren Nöte — niemals über irgend eine ... Ihr Kirchenfürsten habt Euch damit zufrieden gegeben und leistet dem Vorschub, indem Ihr darin ein echtes Zeichen der Religionsfreiheit seht, ... daß wir unsere wehrlosen Kinder nicht in neutrale Hände, sondern in den Bereich der primitivsten und gewissenlosen atheistischen Propaganda abgeben müssen."* Ein Schwei-

---

* Deutsche Zeitung, Christ und Welt, Nr. 23, 1971, S. 44.

gen, das *„wie ein Grabstein den Kopf bedrückt und das Herz zerbricht für die noch nicht gestorbenen orthodoxen russischen Menschen"!* Um den Durchbruch durch dieses andere, neue Schweigen, ärger noch als das alte, wird es gehen, in der ganzen Ökumene und Mission. Ohne diese Erkenntnis und Anerkenntnis durch alle Erstverantwortlichen kann es zu keiner gemeinsamen Stellungnahme gegenüber Mao, der maoistischen Revolution und dem Schicksal der chinesischen Christen unter ihr kommen.

Es liegt nicht nur an der wesensmäßigen Unberechenbarkeit der chinesischen Revolution, sondern zumindest ebenso an unserer eigenen Schwäche, wenn „der fremde Stern" so schwer zu deuten scheint.

Es könnte sogar sein, daß die folgende chinesische Selbstdarstellung uns dazu unmittelbar und wesentlich hilft.

VIII. Er ist unser Friede! — Erlebnis in Hongkong

Es war am Abend des 8. März, dem „Weltfrauentag" der chinesischen Revolution. Wir saßen in einem gut besetzten kommunistischen Kino. Aus dem Programm hatten wir ersehen, daß etwas wie eine Bekenntnishandlung, eine Selbstdarstellung des revolutionären Glaubens vorgesehen war. Mein Begleiter, vertraut mit chinesischer Sprache und Schrift, und ich, ein kurzfristiger Besucher, waren die einzigen Europäer im Raum. Unter freiem Himmel waren solche und ähnliche politische Veranstaltungen in Hongkong untersagt, strenger denn je seit dem Terror des Vorjahrs. Hier aber konnte man von den Darstellern und ihren Zuschauern und Zuhörern ein ungeschminktes Bekenntnis zur „Großen proletarischen Kulturrevolution" erwarten, die wenige Kilometer von uns entfernt in der Volksrepublik Land und Leute bis in die letzten Winkel durchstürmte. Zu beiden Seiten des Bühnenvorhangs leuchten Schriftbänder, beschrieben mit den kunstvollen, Chinas Sprachen verbindenden Sinnbildzeichen, die dem Fremden immer wieder Bewunderung abnötigen. Sie enthalten Lobpreisungen Maos, wie sie in gleicher Formulierung im Inland millionenfach Straßen und Plätze beherrschen. Zur Linken heißt es:

„Der große Vorsitzende Mao Tse-tung, unser großer Lehrer,

großer Führer, großer Oberkommandierender und großer Steuermann, die rote Sonne unserer Herzen — er lebe zehntausend Jahre, zehntausend Jahre, zehntausend Jahre!" Zur Rechten:

„Die unbesiegbaren Gedanken Maos, unseres großen Lehrers, großen Führers und großen Steuermanns — sie leben hoch, hoch, hoch!"

Der Vorhang öffnet sich zu einer leidenschaftlichen Mao-Huldigung junger Männer und Mädchen unter dem Bilde des Führers. In bunten Gewändern, die rote Bibel ans Herz gedrückt, sprechen und singen sie. Das Steuermannlied erklingt laut, freudig, hart:

> „Bei der Seefahrt verläßt man sich auf den Steuermann.
> Alles Wachstum hängt von der Sonne ab,
> Alles Sprießen der Saaten von Regen und Tau.
> So braucht man zur Revolution die Lehre Mao Tse-tungs.
> Unentbehrlich den Fischen das Wasser,
> unentbehrlich den Melonen die Wurzeln,
> unentbehrlich den Massen die Kommunistische Partei.
> Maos Lehre aber die Sonne, die nie untergeht!"

Alle haben sich dem Mao-Bild zugewandt und grüßen es leidenschaftlich mit erhobener Hand.

Dann ein Szenenbild nach dem andern. Jedes wird einprägsam vorbereitet durch ein Zitat aus dem roten Lehrbuch der Weltrevolution. Im wandernden Scheinwerferkegel eilt jeweils ein Sprecher, eine Frau, ein Junge, ein Mädchen, das rote Buch schwingend, in die Mitte, schlägt auf und liest mit schriller, manchmal sich überschlagender Stimme je eine Losung, die dann die Spieler auf die Bühne ruft. Ihre ruckhaften Bewegungen gemahnen an ein Puppenspiel, dessen Figuren der verborgene Spieler an unsichtbaren Fäden dirigiert. Frauen, durch eine Fülle verschiedener Trachten als Vertreterinnen aller Provinzen Chinas ausgewiesen, treten auf:

„Mao hat uns erlöst von der jahrtausendealten Unterdrückung der Frau. Bei allem, was wir tun — in Ehe und Familie, beim Putzen, beim Waschen, beim Kochen, in unseren Organisationen, auf dem Feld, in den Fabriken, halten wir uns an die Weisungen des großen Vorsitzenden. Wir denken nur an ihn!"

Dann sind es Stadt und Land, Bauer und Arbeiter, die sich sinnbildlich zusammenfügen zum Lob des Führers:

„Er ist unser Friede! Er hat uns verbunden."

Kleinkinder folgen. An einem langen Seil suchen sie einen noch halbverdeckten, schwerbepackten Wagen in die Mitte des Raumes zu ziehen. Der erste Versuch mißlingt. Unter allgemeinem Gelächter purzeln sie hin. Aber schnell stehen sie wieder da und greifen noch einmal zu. Dieses Mal mit Erfolg.

„Der große Vorsitzende hat uns gelehrt: Es gelingt nur mit vereinter, geschlossener Kraft! Jede Niederlage ist ein Sieg!"

Wieder und wieder die Wendung aller Gruppen zum Mao-Bild: Kniend die einen, halb erhoben die nächsten, hoch aufgerichtet die folgenden, die letzten ihre Arme und Hände bis über den Rand des Bildes reckend.

Die für uns eindrucksvollste Szene steht unter der Leitidee des zweiten der meistgesungenen Kampf- und Triumph-Lieder der chinesischen Revolution:

> „Die Sonne geht auf.
> China brachte Mao Tse-tung hervor.
> Er wirkt für das Glück des Volks,
> er ist des Volkes großer Erlöser.
> Vorsitzender Mao liebt das Volk!
> Er ist unser Führer!
> Er leitet uns nach vorne,
> ein neues China zu bauen.
> Die kommunistische Partei
> ist gleich der Sonne;
> wo immer ihr Schein, da ist Licht.
> Wohin die kommunistische Partei auch geht,
> da wird befreites Volk."

Helles Licht strahlt:

„Mao, die roteste Sonne in unseren Herzen! Er ist auch die Sonne der Welt! Wohin sein Glanz dringt, wird die Finsternis hell." Dann versinkt der Raum in dämmeriges Dunkel. Nur durch ein Gitterfenster dringt gedämpftes Licht herein. Finsternis bedeckt noch die Völker, wohin Maos Sonne nicht gelangte. Doch im fahlen Licht unter dem Gefängnisfenster ist eine kauernde Gruppe, um das Buch der Lehre geschart. Ein Bote von draußen bringt den Fragenden Auskunft, lehrt und macht Mut. Ein Zweifler taucht auf. Das Einzelgespräch des Funktionärs mit ihm erweist bald die Überlegenheit der Argumente des Mao-Jüngers. Er hat sich überreden lassen. Am Schluß dieses Gesprächs empfängt der Bekehrte persönlich die rote Bibel seines Bekehrers. Alle wenden sich mit einem schreienden Bittgesang dem Bilde über ihnen zu.

Dann, im Halbdunkel, vom Scheinwerfer erhellt, eine neue Figur:

Der Klassenfeind! „Schlagt ihn!" klingt es hier und dort im Raum. Um ihn her seine Kreaturen, lakaienhaft sich ständig verbeugende Dunkelmänner. Unter ihnen ein europäisch gekleideter junger Mann. „Schwimmt auf dem Fett des Kapitalismus!" Ein kurzes Handgemenge mit der Schar der Bekenner wirft den Klassenfeind und die Seinen ins Dunkel zurück.

Aus seinem Bereich aber taucht zuletzt ein junges Mädchen auf. Es ruft der Gruppe der für Mao Gewonnenen zu:

„Rettet eure Seele!"

Die Gruppe antwortet mit durchdringendem Schrei und stampfenden Füßen im Sprechchor:

„Nein! Wir glauben nicht an Gott. Wir wollen Jesus Christus nicht! Er, er, Mao ist unser ein und alles!" Es ist, als sei mit diesem Schrei der Höhepunkt der Handlung erreicht. Durch die roten Garden aber, deren Repräsentanten nun erscheinen, wird deutlich, welche siegesgewissen und opferbereiten Träger Maos große Heilslehre in der Jugend gefunden hat. Hier sind die gläubigen, kompromißlosen Jünger, die Garanten der Zukunft Chinas und einer neuen Welt.

Mehr als Worte zeigt diese elementare Selbstdarstellung die wesentlichen Merkmale der Revolution: Die *sachlichen und menschlichen Bereiche* ihres Kampfes und Siegeszuges, die *Bekenntnisgruppen* der von ihr geschaffenen *neuen Gesellschaftsstruktur;* ihren weltweiten *militanten und missionarischen Charakter;* die zentrale *Bedeutung der Lehre* Maos; die abgöttische *Verehrung seiner Person;* die *Profilierung* der Vielgestalt *des Gegners,* des immer neu sich erhebenden Klassenfeindes, des Teufels der Revolution: das dialektisch-psychologische Mittel der *Überwindung des Gegners: Gehirnwäsche und Überredung,* aber auch die Entschlossenheit zur *radikalen Vernichtung* des hinterhältigen, unbekehrbaren „teuflischen" Feindes; die unüberhörbare, entschiedene *Absage an die Religion, besonders aber an das Christentum.* Mit einem Wort: *den religiösen Charakter der atheistischen Revolution.*

Von symbolischer Bedeutung ist der Ort der Handlung. Hongkong verdankt seine Existenz dem Opium-Krieg, mit dem die christlichen Westmächte China überfallen hatten.

Wird einmal die Stunde kommen, da der seit seiner Begegnung mit China mit dieser besonderen Schuld beladene Westen und das von der Revolution mit Schuld beladene China den

Weg zur Versöhnung finden? Das ist tiefe und bange Sehnsucht vieler auf beiden Seiten. Sie ist nicht ohne Licht!

Um die Schuldverflochtenheit, aber auch nicht zurückgenommene Christus-Verheißung über allem ermessen zu können, müssen wir einen Blick auf den geschichtlichen Hintergrund der Mao-Revolution werfen.

B. Wurzeln und Werden der chinesischen Revolution

I. Die geschichtliche Einzigartigkeit dieser Revolution

Der Chinese nennt seine Revolution „die große" im Unterschied zu ihren geschichtlichen Vorstufen. Auch die Kulturrevolution der letzten Jahre nennt er „die große proletarische Kulturrevolution" im Bewußtsein ihrer nirgend in der Welt sonst anzutreffenden Entsprechung. „Groß" ist hier nicht ein Begriff der Quantität, sondern der Qualität. Viele gemeinsame Merkmale hat diese Erhebung mit den nationalen, antikolonialen, sozialen und kulturellen Revolutionen Asiens und Afrikas. Man findet ihre Elemente wieder in den revolutionären Aufbrüchen der Jugend der ganzen Welt. Trotzdem darf ihre Einzigartigkeit nicht verkannt werden. Ein Sturm brach aus, wie ihn noch kein anderer Staat, noch kein anderes Volk, noch keine andere Revolution sah.

Die große chinesische Revolution ist nicht nur Sache einer Partei und ihrer Unternehmungen, sondern Revolution des ganzen Volkes, *Massen-Revolution.*

Sie ist *„permanente Revolution",* ein nie abgeschlossener und abzuschließender Klassen- und Kulturkampf.

Hier kann kein Platz sein für eine dauerhafte Koexistenz und ganz gewiß nicht für die Anerkennung religiöser Bindungen. Deshalb heißt sie auch *„antirevisionistische Revolution".*

Selbstverständlich ist sie wie jede asiatische und afrikanische Erhebung der letzten Jahrzehnte eine *nationale* Revolution, Aufstand gegen alte und neue Auslandsmächte wie auch gegen die innere Zersetzung.

Aber sie ist im Laufe ihrer Entfaltung viel mehr geworden! Zu ihrer Einzigartigkeit gehört ihr missionarischer Charakter, der Anspruch, die *einzige konsequente Weltrevolution* zu sein. Der permanente Klassenkampf im Innern weitet sich aus zu einem *Weltklassenkampf,* einem *Weltrassenkampf,* einem *Weltbürgerkrieg. „Reaktionäre muß man schlagen, sonst sterben sie nicht."*

Kann eine derartig intensive und extensive, totale Revolution anders als politische Religion, als weltweiter Glaubenskampf verstanden werden, anders als deutliche Herausforderung des christlichen Glaubens?

Um aber die Herausforderung überhaupt zu verstehen, müssen wir zunächst einmal nach dem *Platz der Mao-Revolution in der Geschichte* fragen. Sie ist das Ende einer 4000jährigen chinesischen Geschichte. Sie ist Anfang der Zukunft. Man kann beides nicht gegensätzlich genug nebeneinander setzen. Man kann aber auch nicht kritisch genug danach fragen, wie es sich mit der so gründlich zerstörten Kontinuität eigentlich verhält. Mao hat seinem Volk und der Welt mit Leidenschaft und nicht zu verkennender Absicht die Vorstellung einer radikalen Neuheit des neuen China einzuprägen gesucht. *„Abgesehen von ihren übrigen Eigenschaften haben Chinas 600 Millionen zwei besondere Eigenarten: erstens sind sie arm und zweitens leer. Das mag schlecht erscheinen, ist aber in Wirklichkeit gut. Arme Leute lieben den Wechsel, wollen etwas tun, wollen Revolution. Ein leeres Blatt hat keine Flecken, und deshalb kann man es mit den neuesten und schönsten Worten beschreiben, den neuesten und schönsten Bildern bemalen."** Wieso ist jeder Chinese „ein leeres Blatt Papier", auf das erstmalig und alles geschrieben werden kann? Unverkennbar ist doch das uralte chinesische Gesicht unter den neuen Masken, die Explosion jahrtausendelang genährter Kräfte in dem neuen Weltausbruch.

Trotz ihrer Einzigartigkeit steht die Mao-Revolution in einer *Geschichte,* die wir kennen und anerkennen müssen, wenn wir ihr gerecht werden wollen.

Wir müssen den geschichtlich begründeten Anklagecharakter der chinesischen Revolution anerkennen, um wirklich dahinter zu kommen, warum Mao-China in der westlichen Welt ausschließlich einen Banditenhaufen von Imperialisten, Kapitalisten und heuchlerischen Idealisten sieht und die Begriffe Christen und Christentum aus dem Sprachschatz des offiziellen neuen China völlig verbannte. Wenn wir in den Spiegel der chinesischen Geschichte blicken, so schaut uns dort auch

---

* Zitiert bei Robert Jay Lifton, Die Unsterblichkeit des Revolutionärs. Mao Tse-tung und die chinesische Kulturrevolution, München 1970, S. 130.

ein verschattetes und verzerrtes Gesicht des westlichen Christentums an.

Mit unserem Aufgeben der biblischen Heilsgeschichte geht eine zunehmende Verachtung unserer eigenen Geschichte und aller Geschichte einher. Mit der Entfernung von der biblischen Geschichtsprophetie wächst unsere Unfähigkeit, Geschichte überhaupt, also auch das religiöse Geheimnis Chinas und damit das göttliche Geheimnis der Kirche dort und hier zu erkennen und zu beurteilen. *Es wiederholt sich heute die lebensgefährliche Urteilsunfähigkeit gegenüber den Epochen der chinesischen Geschichte.*

Im 18. Jahrhundert begannen unsere Philosophen bewundernd die Weisheit Chinas wahrzunehmen: Das Beharren in der Einheit von Mensch und All, klassisch formuliert im *Dao De Dsching;* die tiefe Frömmigkeit buddhistischen Schrifttums; vor allem aber die hohe Staats- und Tugendlehre des Meisters *K'ung tse* (Konfuzius) und seiner Schüler. Mächtig imponierten die vier Grundordnungen von Obrigkeit und Untertan, Eltern und Kindern, Mann und Frau, Freund und Freund, und die Ethik der Kardinaltugenden: Elternliebe, Wohlanständigkeit und Gerechtigkeit — Ordnungen und Tugenden einer heidnischen Weisheit, die biblischer Offenbarungen nicht bedurfte! Führende aufgeklärte Geister des Westens hielten sie dem Christentum nicht nur für ebenbürtig, sondern überlegen, und der Westen sollte sie sich aneignen.

Lag nicht in ihrer eigenen Frömmigkeit ein tiefer Hindernisgrund, rechtzeitig zu erkennen, daß in China selbst die alte konfuzianische Ordnung zu einem erstarrten Gewand geworden war, unter dem der Mensch vor Zwang, Angst und Kälte zitterte? Der Konfuzianismus konnte die tiefen Risse im Volksleben nicht heilen und die wachsende Auflehnung der Entrechteten gegenüber seinem Mißbrauch nicht bändigen.

Die Theokratie des Reiches der Mitte mit dem kaiserlichen Sohn des Himmels an der Spitze imponierte. Wer aber half den Unterdrückten gegen die Korruption der regierenden Mandschu-Dynastie, gegen die Intrigen am Kaiserhof, die Last der Beamtenliteraten, die auf dem Volk der „hundert Familien" lag? Seine kleinsten, ärmsten Zellen litten inzwischen in Leibeigenschaft und Pachtverknechtung und unter den Folgen immer wieder ausbrechender und zusammengeschlagener Rebellionen.

Wen berührte die unterhalb der kostbaren Geistesschichten schwelende allgemeine Geisterangst und Dämonenverehrung?

Es kam dann in West und Ost zu jenem Umschlag in der Beurteilung Chinas, der ohne eine tiefere, schuldhafte Unsicherheit nicht zu erklären ist: Das „grausame", „hinterhältige", „undurchsichtige" und mit seiner Bevölkerungsexplosion die Umwelt aufstörende China wurde mit Japan zusammen zur *„gelben Gefahr"*.

Dem allen entspricht heute weithin *die unkritische Bewunderung des neuen Mao-Chinas* einerseits wie *eine blinde neue Angst vor seiner Gefahr* anderseits. Hier kann nur eine von Wahrheit und Liebe diktierte Erkenntnis gerecht urteilen. Wer also heute nach dem Erwachen dieses Volkes wieder die Begegnung mit China sucht, muß bereit sein wahrzunehmen, was von chinesischen Menschen wirklich gewandelt wurde und auch, was wirklich erlitten wird; und zwar nicht nur auf dem chinesischen Festland, sondern in der ganzen Welt! Leute, die „mit Ernst Christ sein wollen", darf man darum bitten.

Wir wollen uns nun die Vorgeschichte der heutigen Mao-Revolution in zwei Gängen verdeutlichen, einmal als Ende und Anfang durch den Einbruch der Fremden, und dann als Ende und Anfang in der Antwort Chinas.

II. Ende und Anfang durch den Einbruch der Fremden

1. Die eingedrungene fremde Gewalt löst die nationale Revolution Chinas aus

Ihr Eindringen in China war gewaltsamer und folgenreicher als alle übrigen Vorstöße der kolonialen Expansion und des Wirtschafts-Imperialismus der „christlichen" Weltmächte in Asien und Afrika. *Ohne diese Kette von Demütigungen gäbe es keine so stürmische nationale Erhebung und Kundgebung chinesischen Stolzes, wie wir sie heute erfahren.* Im Unterschied zu den Kontakten früherer Jahrhunderte brachte erst das 19. Jahrhundert einen solchen Zusammenprall.

Mit der Selbsterniedrigung der *westlichen Händler* fing es an. Trotz tatsächlich beleidigender Bedingungen des abwehrenden China wickelten sie zunächst auf Schleichwegen ihre Geschäfte mit Chinesen ab. Der Kaiser hatte wissen lassen, sein Reich besitze alle Dinge in Hülle und Fülle. Er war gewohnt, ausländische Waren als Tribut von Barbaren an den Himmelssohn anzunehmen oder abzulehnen. Gegen diesen Stolz stieß das freihändlerische Sendungsbewußtsein, das westliche Wirtschafts-Evangelium vom friedlichen Warenaustausch und freien Handel als Lebensbedingung aller Völker vor. Notfalls mußte man einem widerwilligen Partner dieses säkulare Evangelium aufzwingen. Die britische Regierung fühlte sich als Schutzherrin dieses Denkens und Handelns. Es kam zum Konflikt. Das Schlimme daran war, daß *das Opium die große Importlücke im westöstlichen Geschäft schließen mußte.* Seine Einführung und sein Gebrauch unterlagen in China schon seit 1729 kaiserlichem Verbot. Seine Einschwemmung durch chinesische Schmuggler, deren sich die fremden Händler bedienten, war inzwischen zu einem großen Problem geworden. Unter britischer Flagge aber wurden nun riesige Mengen eingeführt. Es heißt, daß der Kaiser schier verzweifelte: „Wie soll ich zu meinen Ahnen eingehen, wenn dies Gift mein Volk zerstört?" Sein „Vizekönig" in Kanton beschwor die Königin von England in einem Schreiben, ihrerseits doch jene Schurken zu bestrafen. Bedrohten sie nicht gegen ihren Willen das chinesische Volk mit einer Droge, die um ihrer zerstörenden Wirkung willen im englischen Volk gewiß verboten sei? Vergeblich. Umsonst auch die gewaltsame Versenkung großer Opium-Schiffsladungen durch den kaiserlichen Bevollmächtigten auf dem Perl-Strom. Umsonst das den britischen Kapitänen abgenötigte Versprechen, kein Opium einführen zu wollen. Die britische Krone griff ein mit der Begründung: Verletzung ihrer Flagge und Vernichtung britischen Eigentums. (Der Inhalt der Kisten, die in den 20 Tagen versenkt worden waren, wurde mit einem Wert von 40 Millionen berechnet.) Britische Kanonen durchschossen die Mauer des chinesischen Stolzes. Es ging böse zu: Raub, Plünderung, Vergewaltigung auf der einen, Verzweiflung, Freitod, Haß auf der anderen Seite.

Der erste Opium-Krieg (1840—42) warf den chinesischen Widerstand nieder und öffnete zunächst eine Reihe von Häfen. Der nicht abbrechende Kampf brachte weitere Rechte für die Ausländer ein. Frankreich hatte sich mit der Waffe, Amerika mit seiner Sympathie eingeschaltet. Eine Kette von

„ungleichen Verträgen", d. h. von Diktaten der Ausländer, half den Fremden immer mehr Fuß fassen. So besetzten sie gegen chinesische Besoldung öffentliche Kontrollfunktionen, z. B. das Amt von Zollkommissaren. Westliche Handels- und Kanonenboote verkehrten auf den Flüssen. Der *Opium-Handel* nahm unheimlich zu, bis der eigene Anbau in China ihn eindämmte. Um 1860 wurde etwa ein Jahreskontingent von 100 000 Zentnern eingeführt, inzwischen aber schon etwa 600 000 Zentner im eigenen Land angebaut — eine ungeheure Gefährdung des Volkes. Eine der schwersten Demütigungen war die *Plünderung des kaiserlichen Sommerpalastes*, eines einzigartig schönen Bauwerks. Ein hoher Beamter des inzwischen kommunistischen Regimes erklärte noch 1951 dazu: „Eine Rechnung, für welche die Begleichung noch offensteht!" Das Verlangen, China zu demütigen und seine Schwäche unter der 70 Jahre lang herrschenden grausamen Mandschu-Kaiserin Tse-hsi auszunutzen, nahm ständig zu. Die Weißen errichteten *exterritoriale Niederlassungen* und führten *eigene Gerichtsbarkeit und Verwaltung* ein; sie legten in Schanghai einen Park an und versahen das Parktor mit der Inschrift: *„Für Hunde und Chinesen verboten."* Und immer wieder wurden Teile des Reiches abgetrennt und von den *Kolonialmächten* in Besitz genommen. Auch der deutsche Kaiser brachte 1898 Tsing-tau als deutsche Kolonie mit der Begründung an sich, daß dort zwei deutsche Missionare ermordet worden seien. Um die Jahrhundertwende war die Aufteilung Chinas unter die rivalisierenden Mächte nahezu beschlossene Sache.

Da brach *der Boxerkrieg (1900)* aus. Es war der härteste Aufstand nach einer Reihe von örtlichen Rebellionen und nach der ganz China erschütternden, mit westlicher Hilfe erstickten *Taiping-Revolution in der Mitte des 19. Jahrhunderts*, die weniger den Fremden als dem korrupten Regiment des Kaiserhofes galt. Mit Haß und Gewalt gingen die Boxer, ursprünglich Geheimsekte der „Langmesser" mit antikaiserlicher Zielsetzung, gegen die Weißen und die ihnen anhängenden Chinesen vor, besonders gegen Missionare und Christen. Die Kaiserin selbst unterstützte den Aufstand mit Telegrammen in alle Provinzen: „Schlagt jeden Ausländer tot!" — es wurden 200 Ausländer und 30 000 Chinesen getötet. Die folgenden Strafaktionen brachten eine neue Saat des Hasses: 100

Millionen Pfund Kriegsentschädigung, Errichtung fremder Garnisonen auf chinesischem Boden, die Plünderung des Kaiserpalastes, Sühnedenkmäler und die Verbannung kaiserlicher Prinzen an fremde Höfe. Selbst die Beteiligung Chinas am ersten Weltkrieg geschah noch unter fremder Nötigung und schloß mit einer erneuten Erniedrigung! Voller Empörung verließen die chinesischen Delegierten Versailles, als nicht ihnen, sondern Japan der einst China entrissene deutsche Landbesitz übergeben wurde. Insgesamt ein Vorgang, „für den es in der Weltgeschichte kein Gegenstück gibt".* Doch ist nicht zu übersehen, daß sich auch das zaristische wie das kommunistische Rußland an der Beraubung Chinas beteiligte. Auf diesem Gebiet rückte Rußland auf die Seite des Westens.

Erst *der Sieg der kommunistischen Revolution im Jahr 1949* setzte dem allen durch die Vertreibung der Ausländer ein Ende. Das aber geschah durch ein neues China. Das alte hatte es nicht vermocht. Doch nun ging in dem neuen China der Mao-Revolution die Saat des Westens und seiner Gewalt auf. Und vor allem die planmäßige Einkreisung Chinas durch die USA und der Vietnam-Krieg vor seiner Tür sorgten dafür, daß die dem alten China angetane Schmach auch im neuen nicht vergessen wurde. Sie haben China in die Haß-Atmosphäre einer belagerten Festung versetzt. Für die Augen Chinas war das Ende der westlichen Expansion noch nicht gekommen. Die dem alten China so lange befreundeten und immer wieder hilfreichen Amerikaner waren an die Stelle der europäischen Imperialisten getreten. Sie bedrohten China nicht im eigenen Land, aber um so mehr — so jedenfalls verstand China die amerikanische Politik — von außen her. Schwer genug hat es die Volksrepublik ertragen, als Vertretung des größten Volkes der Erde so lange aus der UNO ausgeschlossen zu sein.

2. Die säkulare und antichristliche westliche „neue Gedankenflut" löst die gesellschaftliche und kulturelle Revolution aus

In China hatte man bald erkannt, daß die Fremden nur mit ihren eigenen Waffen zu schlagen seien. Sie machten es den Chinesen auch nicht schwer, sie zu erwerben. Im Gegenteil,

---

* K. M. Panikkar, Asien unter der Herrschaft des Westens, Zürich 1955, S. 149.

ihr Sendungsbewußtsein trieb sie an, die Chinesen mit dem Denken und den Zivilisationsgütern des Westens, vor allen mit demokratischen Regierungsformen, technischen Errungenschaften und Arbeitsformen, ja auch moderner Kriegskunst zu beglücken. Dieser Import half China dann nicht nur bei der Abwehr des Westens, sondern auch bei der eigenen Verwandlung. Die Fremden gründeten chinesische Universitäten und besetzten die Lehrstühle mit besten Kräften. Chinas bildungshungrige Jugend strebte ins Ausland und kehrte mit dessen Geistesgütern zurück. Die sog. *„neue Gedankenflut"* bewirkte grundlegende Veränderungen des alten Bildungswesens. Das Schlagwort, das nun überall erschallte, hieß: Wissenschaft! In China kannte man bald die Geistesgrößen des Abendlandes, das ganze Spektrum naturwissenschaftlicher und medizinischer Forschung, biologischer, philosophischer, psychologischer und religionsgeschichtlicher Entwicklungslehre, des individualistischen und sozialistischen, atheistischen und dialektischen Materialismus, des Romantizismus und anarchistischen Nihilismus öffnete sich den unvorbereiteten und faszinierten Söhnen und Töchtern Chinas, bis zu den Anfängen der Atomwissenschaft hin! *Faszination* entstand besonders an den heißbegehrten Studienplätzen der USA und in Paris, aber auch schon sehr eindrücklich in Tokio, das sich früher und leichter als China dem Westen geöffnet hatte. Nach der russischen Revolution war es dann in zunehmendem Maße Moskau, das viele Chinesen prägte. Im Lande selbst trugen besonders die chinesischen Reformer *Yen Fu* und *Kang Yu wei* zu einer geistigen Wandlung Entscheidendes bei, der eine durch die Übersetzung von 112 Büchern aus 5 Sprachen in klassisches Chinesisch, der andere vor allem durch die Anpassung des konfuzianischen Geistes an die Errungenschaften des Westens. Diese umwälzende Beeinflussung des chinesischen Geistes brach auch nicht ab, als man auf Antrieb der Kaiserin die Reformer verfluchte und viele von ihnen liquidierte.

Nicht Kant oder Tolstoi, Franz von Assisi oder Luther, wohl aber *Marx und Lenin* erhoben sich aus der Menge der Geister zu Führern, die auch im heutigen fremdenfeindlichen China noch die Verehrung von Heiligen genießen. Der aus dem humanistischen Judentum erwachsene Karl Marx und der Wuppertaler Pietistensohn Friedrich Engels vor allem standen Pate bei der ungeheuren sozialen und religiösen Umwälzung, die nun China ergriff.

3. *Lähmungen und Zielveränderungen der christlichen China-Mission durch ihre westliche Verhaftung*

Christliche Weltmission kam und kommt von Jesus her und will zu Jesus führen. Konnte sie Herkunft und Ziel ihres Auftrags in China deutlich machen? Für alle ihre Boten bedeutete ihre westliche Herkunft eine Schädigung ihrer Glaubwürdigkeit und eine unvermeidliche Hemmung ihrer Zielsetzung.

Das galt gewiß auch schon für die früheren christlichen Missions-Vorstöße. Der erste großartige Versuch des nestorianischen Syrers *A-lo-pen* (sinisierter Name), beginnend im Jahre 635, litt unter dem Zerwürfnis seiner Kirche mit der westlichen Großkirche. Die von den *Franziskanern* um 1300 und von den *Jesuiten* am Ende des 16. Jahrhunderts eingeleiteten mittelalterlichen Missionsunternehmen, ihre Erschwerungen und ihr unglückliches Auslaufen sind zwar nicht in erster Linie, aber doch unzweideutig mitbestimmt durch den inneren Widerstreit der westlichen Theologien und Kirchen. In noch viel höherem Maße aber gilt dies von dem *vierten großen Missions-Vorstoß des 19. Jahrhunderts,* an dem zum ersten Mal die *protestantische westliche Christenheit* teilnahm. Wahrscheinlich haben niemals Sendende und Gesandte sich klarmachen können, wie sich diese westlichen Auseinandersetzungen auswirkten.*

Erschwerend kommt hinzu, daß mutige und fähige Pioniere dieser Phase christlicher Mission von Chinesen die Sprache erlernten, die damit unter der Androhung der Todesstrafe standen, und daß sie zunächst — wie seinerzeit das Opium — nur mit Schmuggelbooten die Botschaft Christi ins Landesinnere bringen konnten. Das waren schlechte Fahrzeuge des Evangeliums! Es war unvermeidlich, daß die Religion der Fremden, wie die kommunistische Propaganda es bald sagte, als „Opium für das Volk" beurteilt und daß der Chinese, der sich taufen ließ, zum Volksverräter wurde. Es war unausbleiblich, daß die Boxer an Westländern in der Hauptsache Missionare und Missionsfamilien töteten, weil diese am weitesten ins Innere vorgedrungen waren und am meisten eines militärischen Schutzes entbehrten. Und es war nur folgerichtig, daß

---

* Vgl. hierzu auch die Darstellung von Joh. Bettray, Die Epochen der Missionsgeschichte Chinas, Jahrb. Ev. Mission 1971, S. 46 ff.

der schwerste Haß in vielen Folterungen an chinesischen Christen ausgelassen wurde.

Andererseits muß man sehen, daß an den „ungleichen Verträgen" zwischen Frankreich und China auch Vertreter der Mission beteiligt waren. Sie sorgten — nicht ohne üble Machenschaften bei der Formulierung der Verträge — für Bestimmungen, die den Missionaren das Wohnrecht, das Kirchbau- und Missionierungsrecht und schließlich die Gründung von chinesischen Gemeinden gestattete. Manche katholischen und evangelischen Missionare nahmen den Schutz ihrer Regierung allzu selbstverständlich in Anspruch. Sie gerieten dadurch notwendig in Gegensatz zum verletzten chinesischen Volksempfinden. Daß ausgerechnet die Ermordung von Missionaren mehrfach dazu dienen mußte, den Landraub oder gewaltsame Straftaten der fremden Mächte zu rechtfertigen, liegt wie eine schwere Last auf der Missionsgeschichte. Wir verstehen den ersten chinesischen Christen jener Zeit, *Leung-A-Fat*, der die Taten der Europäer das größte Hindernis der Mission nannte.

So war die Mission auch gelähmt, innerchinesischen Gesellschafts-Reformen und -Revolutionen beizustehen, die auf Synthesen mit christlichen Gedanken ausgingen und Untersützung durch westliche Christen erwarteten oder auch Warnung und Kritik. Die gewaltige, so unglücklich auslaufende *Taiping-Bewegung* (1850—1864) mit ihren vielen biblischen Anleihen fand zwar anfangs unverbindliche Sympathie, dann aber nur noch helles Entsetzen und schließlich stimmte man ihrer Niederwerfung zu. Im Grundsatz gilt das auch vom Verhalten der Missionare und anderer West-Christen in China gegenüber den revolutionären Unternehmungen von *Dr. Sun Yat Sen*, dem Gründer der Kuomintang (sprich: Guo-min-dang), und seinem Nachfolger *Tschiang Kai-schek*. An ihnen kann man sich verdeutlichen, wie stark die christliche Mission auf die revolutionären Führer eingewirkt hat. Auch *Mao Tse-tung* hat diese Wirkung erreicht; sein Handeln und Denken zeigt freilich nur indirekte Spuren. Aber gerade an diesen Beispielen wird die politische Verhaftung des Christuszeugnisses in China deutlich.

Diese Zusammenhänge muß man sehen. *Die Lähmung und Zwiegestalt der christlichen Mission und ihre Wirkung haben auch zur Förderung der atheistischen Revolution, zum Ende des alten und zum Anfang des neuen China beigetragen.* Die

Wesensbestimmung der Mission — von Jesus Christus ausgehen, zu Jesus Christus hinführen — war auch in ihrem eigenen Handeln verdunkelt. So im Neben- und Gegeneinander der Kirchen, Orden und Missionsgesellschaften, die sich daran gebunden glaubten, ihre westlichen Glaubensformulierungen und Gottesdienstformen auf chinesischen Boden zu verpflanzen. Es kamen katholische und protestantische, bibeltreue und liberale, „fundamentalistische" und „modernistische", hoch- und freikirchliche, ja ausschließlich sozial tätige und einseitig evangelistische Missionen! Noch wirkten im missionarischen Katholizismus die dogmatischen Entscheidungen nach, die in der mittelalterlichen Mission den Ritenstreit um die Anpassung an den chinesischen Ahnen-, Konfuzius- und Kaiserkult und sein katastrophales Ende herbeigeführt hatten. Man denke an die Folgerungen einer spezifisch westlichen Erbsündenlehre, aus der ganze Kataloge über Erlaubtes und Nichterlaubtes entwickelt wurden und den damit zusammenhängenden Vorrang von Katechismussätzen und liturgischen Regeln vor der Übersetzung der Bibel, der Urkunde des Evangeliums. Man denke an die Unverständlichkeit der lateinischen Kirchensprache und die dem heidnischen Chinesentum so verständliche Heiligenverehrung. Man denke an den Kampf um das „soziale Evangelium" und die oft damit verbundene kritische Stellung zu den Heilsaussagen der Heiligen Schrift. Noch nach dem aufgenötigten Rückzug aus dem kommunistisch gewordenen China konnten ehemalige China-Missionare erklären, nicht der Marxismus, sondern sie seien es gewesen, welche die Chinesen aus ihren untauglichen Traditionen herausgeführt und ihnen den Weg in die sozialistische Gesellschaftsform bereitet hätten. Hier und in dem faszinierenden Angebot westlicher Bildung hatte die Gesamterscheinung der Mission einen doppelten Aspekt: Die am meisten gehaßte Teufelei der „fremden Teufel" und zugleich begehrte Hilfe zu neuen Ufern zu sein.

Mit diesem allen ist die dennoch wirkende und kostbare Frucht bringende Segenskraft Christi und seiner Zeugen noch nicht berührt. Davon wird im letzten Kapitel mit Nachdruck die Rede sein.

III. Ende und Anfang in der Antwort Chinas

1. Tiefe und Einmaligkeit der Verwundung

Der fremde Einbruch traf China in einer tiefen inneren Lähmung seiner Jahrtausende alten Kräfte: der viel bestaunten
Kraft des Ausgleichs und der der Außenwelt weithin verborgenen Kraft weitertreibender Bewegung. Eine schon er-
starrte Ordnungsmacht lag im Kampf mit den rebellierenden
Idealen dynamischer Lebensbejahung. Eine zur geistigen und
sozialen Sklaverei gewordene Umklammerung des Volkslebens durch die Grundsätze der konfuzianischen Hierarchie
befehdete die Erlösung verheißenden Geheimbünde. Unfrucht-
bar geworden war die Spannung zwischen der alles beherr-
schenden Ethik und der animistischen und buddhistischen
Frömmigkeit oder der taoistischen Mystik. Das alte China war
seiner selbst ungewiß geworden.

Eines hielt alle noch zusammen: das Jahrtausende alte
Bewußtsein ihres überlegenen Menschentums und die Idee
vom Reich der Mitte, an dessen Rändern die Barbaren
wohnen.

*Als die Fremden einbrachen, begegneten sie einer vom
Starrkrampf befallenen Welt.* Deshalb der Schock, die Faszination von der überlegenen, technischen, geistigen und sozialen
westlichen Welt. Die Antwort war eine doppelte: Die verzweifelte Reaktion des alten China gegen die überlegenen Fremden
— und die an ihnen erstarkende Revolution des neuen China.

2. Ohnmächtige Reaktion: Ende des „alten" konfuzianischen China

Das alte konfuzianische China suchte immer wieder sein
Glück und seinen Maßstab in der Vergangenheit, in einem
verlorenen Paradies, im Nacheifern einer Tugend und Ordnung aus uralter Erkenntnis. Gehörte nicht auch das Reich
der Gleichen, das Ja zu einer Bruderschaft aller Menschen dazu? So versuchten nun konfuzianische Reformer dem Westen
Part zu bieten. Es gelang nicht. Diese Reaktion gegen den Einbruch des Neuen endete in einer großen Ermattung. Sie ergriff
das ganze glücksfähige, fleißige, kulturstolze Volk: Erstarren-
der Gleichmut, Fremdenhaß, Erlösungswut in den alten Tem-
peln! So war der schlimmste Aspekt der Opium-Überflutung

durch die Fremden die wachsende Bereitschaft dieses unglücklichen Volkes dazu:

> „Die Kettung eines ganzen Volkes an den düsteren Zauber des Rauschgiftes – ein in diesem Ausmaß (bis jetzt) wohl einmaliger Vorgang in der Geschichte – muß, so planmäßig er von außen vorangetrieben worden sein mag, auch aus dem Blickwinkel der geistigen Situation des China der damaligen Zeit betrachtet werden; denn es bleibt ja in jedem Fall die beunruhigende Frage, wie innerhalb kürzester Frist eine große Zahl von Menschen allen Verboten zum Trotz der Sucht anheimfallen konnte."*

Eine große Leere, die nach Halluzinationen griff, eine in das altchinesische Wesen eingerissene Kluft zwischen Denken und Handeln fand der Westen vor.

Der chinesische Schriftsteller *Lin Yü t'ang* beschreibt die typisch chinesische Resignation und Bereitschaft zu einem Dennoch des Lebensgenusses, aber auch eine verzweifelte Hoffnung:

> „Und so schreitet denn das fröhliche alte China weiter dahin, ungehindert von Banditentum, Kommunistenfurcht und dem Einbruch der Imperialisten ... Aber es ist eine Heiterkeit, die ein Element der Lumperei in sich trägt ... das hohl tönende Lachen des Alten China, unter dessen Hauch jede Blüte der Begeisterung und der Hoffnung dahinwelken und sterben muß. Es macht den Eindruck, als ob sich unser Volk der neuen Welt nicht mehr anpassen könne."

Wenn man die Reformer über die Rettung des Landes disputieren höre, so sei dies einem „Kollegium von Quacksalbern" am Krankenlager eines Sterbenden gleich.

> „Die einen raten zur Einführung der konfuzianischen Klassiker in den Lehrplan der Schulen, während andere raten, alle Klassiker für 30 Jahre zu Klosettpapier zu degradieren. In China ist am Menschen mehr gesündigt worden, als er gesündigt hat."

Die besten wurden Räuber, andere suchten den Tod.

Aber dann jene erstaunliche Hoffnungsvision, die sich über diesen Bildern erhebt:

> „Es gibt noch andere gute Menschen, ... Millionen, die Leiden und Lasten tragen, unbesungen und ungerühmt. Es preßt einem die Tränen des Erbarmens ab, wenn man bedenkt, daß

---

* Wolfgang Bauer, China und die Hoffnung auf Glück, Paradiese, Utopien, Ideal-Vorstellungen, München 1971, S. 379.

es so viele gute Menschen gibt, und nicht einen Führer, der nur halb so mächtig wäre wie Gandhi; daß in China die Menschen als einzelne reif sind, politisch aber als Volk die reinsten Kinder ... So habe ich schließlich an den starken Mann gedacht und ihn mir leibhaftig vorgestellt – da wußte ich, daß er China retten könnte: Da steht der Retter mit dem mächtigen Schwert in der Hand, das nur der Herrin Gerechtigkeit gehorcht und von niemand anderem ohne ihren Befehl aus dem Versteck zu holen ist ... Der große Diktator kommt, zieht das Schwert aus der Tiefe, vor ihm ziehen die Trommler einher in blauen Uniformen und die Trompeter in gelben. Trrromm – Trrromm – Trrromm! Beim fernen Dröhnen der Trommeln, bei dem Anblick des Banners der Herrin Gerechtigkeit in all ihrer Pracht und dem des großen Diktators mit dem blitzenden Schwert an der Seite jauchzt das Volk; der Präfekt aber und die Ratsherren reißen holterdipolter aus und verkriechen sich. Denn siehe, der Retter ist da!"

Diese Vision des Verfassers in seinem Buch *„Mein Land und mein Volk"* aus dem Jahre 1932 klingt fast wie eine Prophezeiung des Einzugs Maos in Peking nach 27 Jahren.

3. Revolution: Der Anfang des „neuen" maoistischen China

Der Bruch war ungeheuer. Die ersten Träger der Revolution scheuten immer wieder vor einer letzten Konsequenz zurück: Den Stolz, Mittelpunkt der Welt zu sein, aufzugeben! Aber die 4000 Jahre alte Weisheit kann nicht mehr verändert, sondern nur noch weggeworfen, die Ordnungen können nicht mehr durch Reformen angepaßt, sondern nur noch zerbrochen werden. Das war die Konsequenz, die dann Abertausende von jungen Chinesen, die sich im Ausland zusammenfanden oder in China selbst in den westlichen Bildungsinstituten neue Ausrichtung suchten, gezogen haben. Nicht ohne mancherlei Übergangsformen. Eine davon war die Taiping-Revolution.

a) Die Taiping-Revolution des Hung Hsiu chühn, des „jüngeren Bruders Jesu" und wahren Kaisers und Allherrn (1850–1864)
Sie war *eine religiös-soziale Revolution,* eine der größten und furchtbarsten der Weltgeschichte, mit etwa 20 Millionen Toten. Nach einem Nervenzusammenbruch des zweimal an der staatlichen Beamtenprüfung gescheiterten südchinesischen Studenten *Hung* erheben sich aus seinem Fieber hohe Visionen und mystische Erfahrungen von großer Bildkraft. Der höchste Gott beruft den in die Himmel hinangestiegenen

Mann als *„jüngeren Bruder Jesu"* zum „wahren Herrn", zum chinesischen und Weltmessias, zum Kaiser eines himmlischen Reiches (tien-kuo) des großen Friedens *(t'ai p'ing),* zu einer neuen Sonne der Gerechtigkeit. Widerstrebend folgt er dem Ruf, der Kampf mit dem Satan und allen Dämonen bedeutet. Ein ungeheures Sendungsbewußtsein erfüllt ihn.

Er gewinnt Anhänger. Lawinenartig wächst eine Gestalt der Bewegung aus der anderen heraus. Zuerst ist es eine „Vereinigung der Gottesanbeter", die Hung nach dem Empfang christlicher Traktate und zweimonatigen Religionsunterrichts durch den amerikanischen Missionar Roberts gründet. Sie wächst an zur „Gesellschaft des großen Friedens", formiert sich bald in großen Heerlagern mit disziplinierten und wohlbewaffneten Soldaten, die sich seiner Ordnung von Wortkündigung, Gesang und Gebet unterstellen. Sie wächst sich aus zu einem das Land überschwemmenden Kreuzzug gegen die korrupte Mandschu-Dynastie und ihre Beamten-Hierarchie. Die Anhänger erfüllt der Rausch einer großen Befreiung. Zur Menschenwürde gehört die Befreiung der Frauen, die ihre verkrüppelten Füße entbinden und neben den Männern in die Schlacht ziehen. Dazu gehört als Wahrzeichen das rote Kopftuch und das natürlich wachsende lange Haar der Männer. Zur neuen brüderlichen Ordnung gehört die Gleichheit von reich und arm, in der keiner mehr hungern und keiner den anderen unterdrücken soll. Dazu gehört auch der Anfang einer großen revolutionären Bodenreform.

Man ist nicht fremdenfeindlich, wenn man unter den Fremden Glaubensverwandte sucht, ja ihre tätige Hilfe. Man erwartet ebenso den Zuzug aller national denkenden Chinesen und ihre Kampfgenossenschaft gegen das Regiment in Peking. Man erwartet von Chinesen und Ausländern die Anerkennung Hungs und seiner neuen Hierarchie als des Herrn über alle. Als weder die eine noch die andere Erwartung sich erfüllt und die Schwärmerei in immer größere Entfernung von der Wirklichkeit gerät, schlägt glühender Haß empor. Ein breiter Streifen zerstörten Gebietes, Zeuge verzweifelter blutiger Kämpfe, zieht sich durch das Land. Die Bewegung endet unter den Schlägen der gemeinsam gegen sie einschreitenden kaiserlichen Truppen und einer ausländischen Heeresgruppe unter dem britischen General Gordon. Hung selber nimmt sich das Leben.

Von der hoffnungsvollen Bewegung blieb dreifacher Haß

zurück: *gegen die Taiping,* die nun nicht mehr Befreier, sondern Urheber neuen Elends sind, *gegen das Christentum,* das sie verwirklichen wollten, und *gegen die Ausländer,* soweit sie das Christentum in China einführen wollten. Und doch blieb die Nachwirkung keineswegs nur negativ. Die chinesischen Kommunisten haben fast alle die von den Taiping versuchten Veränderungen der Gesellschaft wieder aufgenommen. Mao Tse-tung war dies wohl bewußt.

b) Sun Yat Sens national-demokratische Revolution — Ansatz zur kommunistischen Revolution

Auch sie geschieht im Zeichen eines Bruchs mit der Vergangenheit, nicht einer Reform des Alten. *Die Kuomintang,* Dr. Sun Yat Sens Partei, ist von Anfang an zuschlagende revolutionäre Bewegung. Sie fegt im Jahre 1911 die Mandschu weg. Aber die Kuomintang bleibt, wie ihr Name sagt, eine „nationale Volkspartei" mit großer Trägerschaft des liberalen Bürgertums. Die Durchführung der von *Sun Yat Sen* aufgestellten drei Grundprinzipien des *Volkstums,* des *Volksrechts* und des *Volkslebens* (anders übersetzt: der Volksselbständigkeit, der Volksherrschaft und des Volkswohlstandes) gelingt ihm nur anfangsweise. Der „Vater des Vaterlandes" und kurzfristige erste Präsident der neuen Republik sieht gegen Ende seines Lebens zugleich resigniert und erwartungsvoll zurück auf die Taiping-Revolution und zur Seite und nach vorn auf den russischen Kommunismus, der sieben Jahre vor Sun Yat Sens Ende in der Räterepublik seine Herrschaft begann. Er schrieb, Hungs Himmelsstaat des höchsten Friedens, in dem die Arbeitenden die Staatskontrolle ausüben und alle Güter Staatseigentum sein sollten, habe durchaus dem Prinzip einer „ökonomischen Revolution oder auch dem des Kommunismus, wie er heute in Rußland herrscht", entsprochen.* Mao Tse-tung wiederum hat später Sun Yat Sen zitiert: „Er sagte: *Die Revolution ist noch nicht vollendet, meine Kameraden müssen das Ringen fortsetzen."* Dann deutet und wertet Mao zugleich: „Er meinte damit die bürgerlich-demokratische Revolution."**

---

* Zitiert bei Wolfgang Bauer, China und die Hoffnung auf Glück, S. 474.
** Mao Tse-tung, Ausgewählte Schriften, herausgegeben von Telemann Grimm, Frankfurt 1971, S. 114.

Der neue Anfang nach dem Ende des Alten war noch nicht da.

Noch lange Zeit nach seinem Tod fand in jeder Schule eine wöchentliche Gedenkfeier statt. Die Drei-Minuten-Stille des Gedenkens und die Verneigung vor seinem Bild waren Verehrungsformen, die nahe beim alten Kaiser- und Ahnenkult blieben und zum Vorbild der heutigen Mao-Verehrung wurden. Nicht nur chinesische Christen, auch Missionare haben geglaubt, daß man der Erneuerung diesen Tribut bringen müsse. War es von ungefähr, daß auch Sun sich mit seiner Frau als Christ verstand?

c) Die chinesischen Anarchisten

Sie lassen sowohl Hung wie Sun Yat Sen weit zurück. Sie sind keineswegs das letzte Schlußlicht des alten und der Sonnenaufgang des neuen China. Mao sagt, daß er eine Zeitlang Anarchist gewesen sei. Die Bewegung bezeichnet wie keine andere den tiefen Umbruch. Vielfach waren es Studenten, die sich in Tokio oder Paris an dem zeitgenössischen europäischen Anarchismus orientierten.* Schon 1907 wird verkündet, die Revolution müsse in drei Stadien ablaufen: dem Stadium der *politischen Diskussion* müsse das der *politischen Aktion* und schließlich das des *politischen Mordanschlags* folgen. Programme der „fünf Vernichtungen" oder der „sieben Tötungen" des Terrors werden entworfen, ja der stufenweisen Vernichtung der Menschheit überhaupt. Sie steigen als höchstes Ideal aus der Verzweiflung auf.

Hier wird das alte China durch seine jungen Söhne endgültig für verloren gegeben. Hier steht im Hintergrund schon die Idee auf: über dem verwesten alten Reich der Mitte könne ein anderes China zur Führungsspitze einer anderen neuen Welt werden.

IV. Der Aufgang Mao Tse-tungs

Erst in einem fortgeschrittenen Stadium tritt Mao Tse-tung in den gärenden Prozeß ein, und dies keineswegs als anerkannter Führer. Das wird er erst als 43jähriger Mann. Vorher kom-

---

* Vgl. hierzu W. Bauer a.a.O. S. 480 ff.

men stürmische Studenten-, Soldaten-, Terroristen-Jahre, Stadien mühevoller Aneignung allgemeinen Bildungsguts, der Auseinandersetzung mit der chinesischen Vergangenheit und den modernen Geistern, Jahre, in denen die eigene revolutionäre Heilslehre und die Befähigung zu ihrer Weitergabe in einem überlegenen Stil der Belehrung, zur strategischen Führung heranreifen. Lange war Mao unter den führenden Geistern weithin unbeachtet, zeitweise geradezu mißachtet, beargwöhnt, ausgestoßen, von Meuterei der Nächsten bedroht, aus dem Felde geschlagen und scheinbar vom Feinde besiegt. Es gab nur wenige, die ihn in ständiger Treue begleiteten. In vieler Beziehung wurde das auch nicht anders, als Mao zu den Höhen des Ruhmes emporstieg. Die offizielle Parteigeschichte hat besonders aus den frühen Lebensabschnitten des großen Führers vieles ausgelassen und vieles verklärt, weder zum Nutzen Maos selbst noch seiner Umwelt.

Mao blieb, wie kein anderer seiner Vorläufer und Mitkämpfer, *Chinese,* auch als Kommunist. In seiner Lebensgeschichte findet sich kein Auslandsaufenthalt zur Ausbildung oder revolutionären Reifung etwa in Europa oder in den USA, nicht einmal in Japan oder Moskau, wie bei fast allen, die mit ihm führende Männer des neuen Regimes geworden sind. Der hochbegabte und zu ungeheuren geistigen Anstrengungen fähige Mann gab sich keine Mühe, die Kenntnis fremder Sprachen zu erwerben. Er nahm das westliche oder das russische Geistesgut bereits in der chinesischen Übersetzung, d. h. zugleich auch schon in geistiger Verwandlung auf. Nur zweimal hat er den Boden Chinas — zu einem Besuch in Moskau — verlassen. Gründliche, von ihm vollzogene Absage an Konfuzius hat ihn doch nicht geistig heimatlos in seinem eigenen Land werden lassen. Seine Reden und Schriften sind durchsetzt mit ausdrücklichen oder angedeuteten Zitaten aus dem Schatz der alten Literatur und Hinweisen auf charakteristische geschichtliche oder legendäre Ereignisse.

Wenn Mao zum Feind des alten China wurde und zum Herold und Heros des neuen, dann eben nicht in einer kritiklosen oder verzweifelten Übernahme westlicher Geistes- und Kulturgüter, auch nicht der marxistischen Ideologie! *Er wurde Marxist-Leninist, um China zu retten und Repräsentant seiner Weltsendung zu werden!* Wie selbstverständlich, fast lautlos, überträgt er die Gedanken des deutschen Karl Marx und des russischen Lenin in die chinesische Situation und die chinesische Seele. Dafür erduldete er lange Zeit Stalins verächtliche Beurteilung als „Bauernrebell" und „Radieschen-Revolutionär" (innen weiß und außen rot) und seine ihm persönlich übelwollenden Direktiven. Dafür ertrug er die russischen Funktionäre, die Arroganz der in Moskau gebildeten chinesischen Parteiführer, den Wirbel der Terroristen des Weltkommunismus aus mehreren westlichen und östlichen Ländern auf dem Boden Chinas, die ihm hier oft genug den eigenen Weg und Durchbruch zu einem China gemäßen kommunistischen Regime verstellten. Er ertrug sie, um mit ihrer Hilfe ans Ziel zu gelangen — nur solange und soweit dies nötig war. Mit der Ausrufung der Volksrepublik China im Jahre 1949 hatte er das Ziel eines selbständigen chinesischen Kommunismus im wesentlichen erreicht. Sie bildete aber erst den Anfang der sich immer chinesischer entfaltenden selbständigen Weltrevolution, der immer entschlossener sich artikulierenden Absage an den Westen sowie den russisch bestimmten Osten und ihrer beider Ideologien.

Über Maos Werden und Aufstieg und über seinen Platz in der chinesischen und Weltgeschichte, über sein Verhältnis zur chinesischen Tradition und seinen radikalen Durchbruch ist inzwischen von ausgezeichneten Sachkennern unter manchen Aspekten berichtet worden. Es ist auch nicht mehr schwer, sich einen Einblick in seine wesentlichen grundsätzlichen Schriften zu verschaffen.[*]

Hier können nur einige Tatsachen, Etappen, Grundzüge und Zitate genannt werden, die für unser Thema wesentlich sind.

1. Kindheitliche Anfänge des Klassen-, National- und Kulturkämpfers

Einige Vorgänge und Erlebnisse aus der frühen Jugend Maos enthüllen Grundelemente dieses außerordentlichen Lebens. Neben der freundlichen buddhistischen Mutter, an der er bis zu ihrem Tode hing, war der Vater — bäuerlicher Reishändler und zeitweise Soldat in der Provinz Hunan — ein harter, in

---

[*] Siehe das Literatur-Verzeichnis Seite 260. Der Verfasser schließt sich besonders an die Darstellung von St. Schram, T. Grimm, W. Bauer, L. Abegg und Edgar Snow und die Auswahl der Schriften Maos durch Grimm an.

erstarrten konfuzianischen Grundsätzen lebender tyrannischer Mann, dem gegenüber sich der Junge in früher ständiger Auflehnung befindet. Er hat dem amerikanischen Freund Edgar Snow einen charakteristisch verlaufenden häuslichen Streit, wie er ihn als Dreizehnjähriger erlebte, erzählt:

„Mein Vater rügte mich offen vor dem ganzen Kreis (von Gästen), nannte mich faul und nutzlos. Das versetzte mich in Wut. Ich verfluchte ihn und verließ das Haus. Meine Mutter lief hinter mir her und versuchte, mich zur Rückkehr zu bewegen. Mein Vater verfolgte mich auch, fluchend, während er mich zur Rückkehr aufforderte. Ich erreichte den Rand eines Teiches und drohte hineinzuspringen, wenn er mir nur einen Schritt näher käme. In dieser Situation wurden Forderungen und Gegenforderungen über die Beendigung des Bürgerkriegs vorgetragen ... Ich lernte daraus, daß, wenn ich mein Recht in offener Rebellion verteidigte, mein Vater nachgab, wenn ich aber demütig und gehorsam bliebe, er mich nur um so mehr verfluchen und schlagen würde."

„Es gab zwei Parteien in der Familie. Auf der einen Seite stand mein Vater, der die herrschende Klasse verkörperte. Die Opposition bestand aus mir, meiner Mutter, meinem Bruder und sogar dem bei uns beschäftigten Arbeiter. In der Einheitsfront der Opposition gab es allerdings Meinungsverschiedenheiten. Meine Mutter bevorzugte eine Politik des indirekten Angriffs. Sie widersprach jeder offenen Gefühlsbekundung und jedem Versuch offenen Widerstands gegen die herrschende Gewalt. Ihrer Ansicht nach war das nicht der chinesische Weg."*

Charakteristisch war schon für ihn das große Lesebedürfnis, die Ablehnung der konfuzianisch prägenden Elementarschule des Dorfes, die frühe Lektüre der später immer wieder zitierten Schrift *„Die Räuber von Lang Shen Moor"*. Romantischen Krieger- und Helden-Idealen bleibt Mao Tse-tung zeitlebens treu! Das Interesse wendet sich sowohl chinesischen wie ausländischen Gestalten zu, die seine kriegerische Phantasie beleben, sei es ein alter chinesischer Kaiser, sei es Napoleon oder Bismarck. Daneben wird man das frühe Entsetzen nicht vergessen dürfen, das Mao beim Anblick hingerichteter aufrührerischer Bauern und bei der Lektüre einer Schrift über die ver-

---

* Edgar Snow, Gast am andern Ufer, S. 128 f.

sklavende Herrschaft der Fremden in China befiel. Um dieselbe Zeit erregte ihn auch die Flucht eines anarchistischen Studenten, der versucht hatte, in der Provinzhauptstadt durch ein Bombenattentat eine Reihe höherer Beamten zu töten.

Ein ferner Lichtstrahl des Evangeliums scheint in diese aufgerissene Jugend nicht hineingefallen zu sein.

2. Ost-West-Studium, berufsloses Wandern und revolutionäre Initiativen bis zur Gründung der KPC (1921)

„Ein amüsantes Gemisch von liberalen, demokratischen, reformistischen, utopistischen und sozialistischen Ideen" nennt Mao die Frucht des Lernens auf verschiedenen Schulen und des Studierens an der heimatlichen Lehrerakademie, an der Universität in Peking und anderswo. Es war den Eltern abgenötigt, mit viel Entbehrungen erkauft, und geschah in Peking auf autodidaktischem Wege als Hilfsbibliothekar an der Universität. Mao machte es sich nicht leicht, das Neue aufzunehmen und das Alte abzulehnen. Dürftig blieb trotzdem, was ihm an Schriften von Karl Marx, Engels und Lenin bekannt wurde, es war viel sekundäre Literatur. Was er begriff, suchte er in Praxis umzusetzen — ein echter Chinese, der später als Partei- und Kriegsführer in seinem ersten grundsätzlichen Werk über die *„Praxis und ihren Vorrang vor dem Wissen"* schreiben wird.

Die Forderung zur Selbstzucht, die ihn im *„System der Ethik"* des deutschen Philosophen Paulsen anspricht, nimmt er auf. Über *körperliche Ertüchtigung* schreibt er seinen ersten Aufsatz in einer radikalen Zeitschrift. Er betreibt sie systematisch durch Wandern, Sonnen-, Wasser-, Wind- und Luftbäder, um sich zu stählen für den notwendigen kriegerischen Kampf. In das von ihm benutzte Exemplar der Paulsenschen Ethik hat er damals die folgenden Sätze eingetragen: *„Laßt Zerstörung die Rolle einer Mutter spielen, die einem neuen Land das Leben gibt. Die vergangenen großen Revolutionen ... haben das Alte groß hinweggefegt und das Neue heraufgeführt. Das waren die großen Wandlungen, welche die Toten auferstehen ließen und das Verfallene wieder aufrichteten..."* Es war die spätere Losung der Kulturrevolution: „Aufbau durch Zerstörung!"

Hier findet sich auch die ihn beständig begleitende Sorge um eine unheilvolle Rolle der Tradition: „Tradition kann das

Neue ersticken. Sie kann, was neu ist, überwältigen. Wenn das geschieht, wird der Mensch die Fähigkeit verlieren, sich einer neuen Zeit anzupassen, und dieser lebendige historische Körper wird zugrunde gehen. China befindet sich jetzt in diesem Zustand." Antikonfuzianische Folgerung: *„Darum müssen die ‚Drei Bindungen'* (an den Fürsten, an den Vater und der Frau an den Eheherrn) verschwinden, die zusammen *mit der Religion, dem Kapitalismus und der Autokratie* (Militärmachthaber seit 1912) *die vier bösen Geister im Reich bilden."* So der Student um das Jahr 1917.*

Der langjährige Student organisiert revolutionäre Gruppen, auch Streiks und Boykotts unter direkter Einwirkung von Moskau. Er war nicht dabei, als sich Studenten in der sogenannten *„4.-Mai-Bewegung"* 1919 über die Demütigung Chinas im Versailler Vertrag empörten und ein nicht mehr verlöschendes Feuer nationaler Revolution entzündeten. Aber er schrieb: *„Wir sind aufgewacht! Die Welt ist unser, das Land ist unser, die Gesellschaft ist unser. Wenn wir nicht reden, wer sonst? Wenn wir nicht handeln, wer sonst? Wenn wir nicht aufstehen und kämpfen, wer sonst? – Die große Einheit des chinesischen Volkes muß zustande kommen ... unser goldenes Zeitalter ... steht bevor!"** So ist es nur folgerichtig, daß er (und auch Tschu En-lai) zu der kleinen Schar der Mitbegründer der Kommunistischen Partei Chinas im Sommer 1921 gehört.

Drangen in jenen Jahren, in denen er über die unglücklich verlaufene Taiping-Revolution des „jüngeren Bruders Jesu" Hung nachdachte und sich der national-revolutionären Bewegung des Christen Dr. Sun Yat Sen und seiner beginnenden Kuomintang anschloß, in jenen Jahren, da er Nietzsche, Karl Marx und Friedrich Engels las, nicht auch Spuren des Evangeliums durch diese schwärmerischen und antichristlichen Filter zu ihm hindurch? Ein so aufmerksamer Beobachter und Leser mußte fragen, was es eigentlich mit dem Christentum auf sich habe. Soviel öffentlich bekannt ist, hat sich Mao aber darüber nicht geäußert. Er blieb auch später persönlich im Hintergrund der harten religionsfeindlichen Maßnahmen, Quälereien und Vernichtungen, die in seinem Namen geschahen.

---

* Zitiert nach T. Grimm, Mao Tse-tung, S. 50 f.
** Zitiert nach T. Grimm, a.a.O. S. 54 und 55.

3. Vom Berufsrevolutionär zum umstrittenen Führer (1921—1934)

Unter Moskaus Einflußnahme schlossen sich die Kommunisten mit der national-revolutionären Bewegung Dr. Sun Yat Sens der Kuomintang, zu einer Kampfgemeinschaft gegen die Fremden und gegen die neu erstandenen lokalen und provinziellen Kriegsherren zusammen. Die Verbindung hat nicht lange gehalten. Der Nachfolger Sun Yat Sens, der General Tschiang Kai-schek, zerriß im Jahre 1927 das Band. Im Verlangen nach einer nationalen selbständigen Erneuerung Chinas entledigte er sich der drückenden Kontrolle der russischen Bevollmächtigten. Mit einem Blutbad unter den kommunistischen Arbeitern in Schanghai begannen die Umzingelungsfeldzüge gegen die immer mehr anwachsenden kommunistischen Partisanenheere und hätten um ein Haar das Ende der kommunistischen Bewegung in China herbeigeführt.

Mao vor allem war davon tief betroffen. Er war sowohl in der KPC als in der KMT führendes Mitglied, eine von ihm voll bejahte taktische Möglichkeit, den eigenen Zielen näher zu kommen. Nun wird er zum gehetzten Wild derer, mit denen er bis dahin zusammenarbeitete. In dem gleichen Jahr 1927 trat er als Berichterstatter, soziologischer Erforscher und strategischer Führer einer lawinenartig anwachsenden *kommunistischen Bauernrevolution* in der Heimatprovinz Hunan auf den Plan — und unterlag bei einem zweiten, ihm befohlenen Aufstand im Herbst.

Der *„Bericht über eine Untersuchung der Bauernbewegung in Hunan"* vom Februar 1927 ist wohl das klassische Zeugnis für Maos geniale Verlagerung der revolutionären Trägerschaft von der Stadt auf das Land, von kaum vorhandenen Industrieproletariern auf die kleinbäuerlichen chinesischen Landproletarier, was der orthodoxen marxistischen Forderung widersprach, der Situation Chinas jedoch entsprach. Zwei Schlußurteile der Untersuchung beleuchten, was von dem künftigen Revolutionsführer zu erwarten ist: Das erste ist ein Lob über die Brutalitäten des Aufstandes von 2 Millionen Bauern und ihrer 10 Millionen Anhänger: *„Sie gingen nicht zu weit! Sie haben recht!"* Das zweite ist die erste, für Mao bis heute gültige und in der „roten Bibel" niedergelegte Wesensbestimmung der Revolution: *„Zweitens ist die Revolution kein Gastmahl, kein Aufsatzschreiben, kein Bilder-Malen oder Deck-*

chen-Sticken, sie kann nicht so fein, so gemächlich und kultiviert, so ,maßvoll, gesittet, höflich, zurückhaltend und großmütig' sein. Die Revolution ist ein Aufruhr, sie ist ein Gewaltakt, durch den eine Klasse eine andere stürzt."*

In die Zeit der Vernichtungsfeldzüge Tschiang Kai-scheks gegen die Kommunisten, also die Jahre 1930—1934, fällt die *Gründung der Roten Armee* und *beweglicher „Sowjet-Gebiete"*, der revolutionären Urzellen eines kommunistischen chinesischen Staates, in Hunan und Kiangsi. Mao wird — ohne Parteichef zu sein — „Regierungsvorsitzender" der *„Chinesischen Sowjet-Republik"*, die als ein selbständig gewordenes Gebilde den 1931 in die Mandschurei eingefallenen Japanern den Krieg erklärten. Eine Meuterei schlägt er hart nieder.

In den Jahren 1932—1934 wird ihm sowohl die militärische als auch die politische Führung aus der Hand genommen und Tschu En-lai übertragen.

1934 ist Mao ein kranker Mann. Nur im zweiten Glied ist er zunächst am Beginn des verzweifelten Ausbruchs aus dem harten Ring Tschiang Kai-scheks, an dem „Langen Marsch" nach Norden, beteiligt. Bald freilich legt sich die legendenumwobene Durchführung dieses Zuges als höchster Ruhm ihm aufs Haupt.

Trifft die in der taiwanesischen kirchlichen Presse veröffentlichte Mitteilung des gegenwärtigen katholischen Kardinals auf Taiwan, *Yü Pin,* zu, daß Mao im Jahre 1936, erschüttert von der 1930 erfolgten Hinrichtung seiner Frau, die ihre Treue zu ihm mit dem Tode büßen mußte, getauft worden sei?** War Mao wirklich eine Zeitlang Christ? In welchem Sinne? War ein solches Ereignis gleichzeitig auch der latente Anfang seines entschlossenen Antichristentums? Wurde dieses noch verstärkt durch die Tatsache, daß der „Verräter" und unbarmherzige Feind der kommunistischen Bewegung, der von Mao ursprünglich verehrte Tschiang Kai-schek, ein Christ war und ist?

---

* Ausgewählte Werke a.a.O., S. 32 und 33.
** Mitteilung in der kirchlichen Wochenzeitung „Christian Tribune" vom 14. 3. 1971.

4. Führer und triumphierendes Parteioberhaupt auf dem „Langen Marsch" (1934—1935)

Es ist offenbar nicht mehr genau zu ermitteln, was alles historisch und was legendär an den Ungeheuerlichkeiten des „Langen Marsches" ist. Von hunderttausend überlebten ihn etwa zwanzig- bis dreißigtausend.

Welchen Triumph des Mutes hat Mao Tse-tung daraus gemacht! Am Ziel erklärte er:

> „Wir sagen, daß der Lange Marsch der erste dieser Art ist, über den je in der Geschichte berichtet wurde, daß er ein Manifest ist, ein Agitationscorps, eine Saatmaschine. Seit Pan Ku den Himmel von der Erde trennte und seitdem die drei Herrscher und die fünf Kaiser regierten, war da jemals in der Geschichte ein Langer Marsch wie der unsrige? Zwölf Monate lang waren feindliche Aufklärungs- und Bombenflugzeuge über uns; wir wurden eingekreist, verfolgt und angegriffen von einer Landmacht von mehreren hunderttausend Mann; wir haben es auf dem Wege mit unsagbaren Schwierigkeiten und großen Hindernissen zu tun gehabt, aber unbeirrt setzten wir einen Fuß vor den andern und haben zehntausend Kilometer, die uns hin und her durch die 11 Provinzen führten, zurückgelegt ... Der Lange Marsch verkündet der Welt, daß die Rote Armee eine Armee von Helden ist und daß die Imperialisten und ihre Handlanger, Tschiang Kai-schek und der Rest, komplette Nullen sind; der Lange Marsch ist außerdem ein Agitationscorps. Er verkündet ungefähr 200 Millionen Menschen in 11 Provinzen (denen, die sie durchwandert und in denen sie propagiert haben), daß nur der Weg der Roten Armee zur Befreiung führt. Wie hätten die breiten Massen ohne den Langen Marsch so rasch erfahren können, daß es in der Welt solch große Ideen gibt, wie sie die Rote Armee vertritt? Der Lange Marsch ist auch eine Saatmaschine. Er hat in 11 Provinzen viele Samen gesät, welche aufkeimen werden; Blätter werden wachsen, Blumen blühen und Früchte werden reifen und in Zukunft eine Ernte ergeben. Kurzum, der Lange Marsch endete mit unserm Sieg und der Niederlage des Feindes. Wer führte den Langen Marsch zum Sieg? Die kommunistische Partei."[*]

Vergessen wir nicht die Ängste und Qualen, die sich hinter diesem Triumph verbergen. Mehr noch als das Heer mußte die Bevölkerung im Umkreis dieser 10 000-km-Strecke ertragen.

---

[*] Zitiert bei Lily Abegg a.a.O. S. 62.

Noch während des Marsches aber hat Mao ein Lied gedichtet. Es ist an den *K'un Lun,* den gewaltigsten Gebirgszug der Welt, welcher Zentralasien von Ost nach West durchzieht, gerichtet:

„Quer in den Himmel und über die Welt hinaus
ragst du, wilder K'un Lun ...
Aber heute rede ich, K'un Lun:
Unwichtig diese Höhe,
unwichtig dieser viele Schnee!
Wie denn, gelehnt an den Himmel
zieh ich das Zauberschwert,
dich zu zerhauen, dreifach, in Stücke!
Eines lasse ich Europa, eines gebe ich Amerika,
eines behalt ich für das östliche Land,
daß großer Friede sei über alle Welt,
das Erdrund sich den Frost, die Hitze teile ...
Ach! Ch'in Huang, Han Wu — beschränkt war ihre Bildung,
Tang Tsung, Sung Tsu — ihnen fehlte Eleganz.
Stolz wie der Himmel eine Zeit war Dschingis Khan,
auch er verstand nur, den Bogen zu spannen zum Schuß
auf große Adler.
Sie sind alle dahin!
Zählt ihr auf Menschen von großer Art:
Wendet euch um und seht den heutigen Tag!
Heute rede ich. Wendet euch um und seht den
heutigen Tag!" —

5. *Krieg mit einem vierfachen Gegner — der Mao-Weg zu einem Mao-Sieg (1935—1949)*

Yenan in der Provinz Schensi wird die Hauptstadt eines noch 14 Jahre währenden, immer wieder bis an die Grenzen der Vernichtung gehenden Kampfes. Eine Höhlenwohnung ist zeitweise Maos Hauptquartier — heute eine der „heiligen Stätten", zu denen täglich Abertausende pilgern.

Der mächtigste Feind waren die Japaner! Ihr Einfall in die Mandschurei erregte noch immer ganz China. Der Kriegsausbruch im Jahre 1937, der asiatische Anfang des zweiten Weltkrieges, überschwemmte die Hälfte des Reiches mit den Schrecken eines unbarmherzig blutigen Krieges, vernichtender militärischer Niederlagen und der nicht endenden Angst der Flüchtlingszüge, mit der Ausrottung ganzer Ortschaften und brutalen Forderungen im Zeichen des göttlichen Tenno.

Tschiang Kai-schek blieb der unheimlichste Gegner. Seine Losung war: „Niemals wird China frei, bevor die Kommunisten nicht restlos vertilgt sind." Deswegen vernachlässigte er lange Zeit den Kampf gegen die Japaner.

Die noch im Lande befindlichen Westmächte — Amerikaner, Briten und Franzosen —, nannte Mao die „unechten Freunde". Sein Mißtrauen blieb, obwohl sich die Amerikaner bis zur Entscheidung des Jahres 1949 zu helfen bemühten, auch in Form von Vermittlungsangeboten. Mao hat diese Aktionen weniger als Hilfen, denn als Störmanöver beurteilt, obwohl sie ihm offensichtlich mehr als einmal zugute kamen.

Und *Rußland,* das kommunistische Brudervolk? Es konnte auch Mao nicht verborgen bleiben, daß der Führungsanspruch Stalins mit einer erstaunlichen Unkenntnis über China und mit einem fast zynischen russischen Egoismus verbunden war.

So fand man sich trotz der harten Gegensätzlichkeiten der beiden Führer Chinas noch einmal zu einer antijapanischen Einheitsfront zusammen. Tschu En-lai war der geheimnisvolle Mittler (etwa eines russischen Befehls?). Zu einem unerhört spannungsvollen Zwischenfall kam es, als der Generalissimus im Dezember 1936 von einem ihm untergebenen mandschurischen General aus Wut und Enttäuschung über die von Tschiang geduldete japanische Besetzung der Mandschurei verhaftet wurde! Ihm drohte Erschießung. Nach Tschus Erscheinen verpflichtete er sich zur Kampfgemeinschaft gegen die Japaner. Den Hauptvorteil hatte Mao. Seine Soldaten empfingen bessere Waffen, waren eine Zeitlang befreit von den Angriffen der Kuomintang-Truppen. Auch konnte im Süden ein neuer Stützpunkt unter dem Deckmantel der Einheitsfront für die Kommunisten gebildet werden und im ganzen Land eine Reihe von Ansätzen der revolutionären Bodenverteilung, eines Rätesystems, eines kommunistischen Staates im Staat. Maos Strategie zeigte sich der traditionellen Strategie Tschiang Kaischeks überlegen. Nicht dieser, sondern er wuchs zum nationalen Helden. Das Mißtrauen und den Verdacht, mit dem gerade auf kommunistischer Seite die Einigung verfolgt wurde, wußte er glänzend aus dem Felde zu schlagen.

> „... Die neue Taktik der Partei, eine breite vereinigte Front zu bilden, beruht auf den beiden grundlegenden Tatsachen, daß der japanische Imperialist entschlossen ist, ganz China in seine Kolonie zu verwandeln, und daß die revolutionären Kräfte Chinas zur Zeit noch ernst zu nehmende Schwächen besitzen. ... Deshalb ist nur die Taktik der vereinigten Front eine marxistisch-leninistische Taktik."

Das ist eine Auskunft Maos, deren Geschmeidigkeit ein Bei-

spiel für viele ähnliche taktische Maßnahmen und ihre Rechtfertigung ist.*

Ähnlich auf militärischem Gebiet. Man muß die Überlegenheit des Feindes zu seiner Niederlage machen! Die Waffen
muß man sich bei ihm holen, um ihn damit zu schlagen! Und
schließlich haben auch die amerikanischen Vermittlungsver-
suche dazu dienen müssen, den Sieg Maos nach einem neu
aufgenommenen furchtbaren Bürgerkrieg herbeizuführen. Der
Weisheit Maos wurde der Endsieg zugeschrieben.

6. Das Geheimnis des Sieges: die geistige Ausrüstung der Volkskrieger mit der Heilslehre Maos

Es waren nicht nur glückliche und glückhaft genutzte Umstände, die Mao und die Seinen das Unwahrscheinliche erreichen ließen. Ohne die gründliche ideologische Ausrüstung, die
nach der Beendigung des Langen Marsches einsetzte, wäre es
nicht denkbar. Mit einem ungeordneten Haufen von Aben-
teurern, Räubern, Rebellen, heimatlos gewordenen Bauern,
erregten Studenten mußte Mao die vor ihm liegende Aufgabe
bewältigen. Er tat es mit schonungsloser Entschlossenheit. In
einer beispiellosen geistigen Anstrengung und mit faszinierender Lehrkraft ließ er sie seinen Mitkämpfern zuteil werden:
Drei grundlegende Schriften vor allem, die bis heute für das
neue China maßgebend sind, entstanden in der Höhlenwohnung von Yenan in den Jahren 1936—1938: Die Schrift über
strategische Fragen des revolutionären Krieges in China, über
die Praxis und über den *Widerspruch.* Sie bestechen alle durch
ihre klare Gedankenentfaltung, ihre flüssige Diktion, ihre
bezwingende Logik, durch eine weithin leidenschaftslos wirkende, überlegene Sachlichkeit und lapidare Formulierung.
Doch wird dieser Stil immer wieder dort durchbrechen, wo
akute Anlässe und das Bewußtsein der ungeheuren Verantwortung des Schreibers deutlich werden. Wir können hier nur
Hinweise geben. Will man Mao verstehen, lohnt es, diese und
andere Schriften jener Zeit gründlich zu studieren.**

Ein Grundsatz, der mehr chinesischen als marxistischen

---

* Zitiert bei Lily Abegg a.a.O., S. 62 f.
** Mao Tse-tung. Ausgewählte Schriften a.a.O., S. 247 ff., S. 265 ff.,
S. 274 f.

Charakter trägt, ist der von dem *Vorrang der Praxis vor der Erkenntnis, des Entstehens der Erkenntnis an der Erfahrung und der Prüfung der Erfahrung durch eine neue Erkenntnis.* Selbstverständlich ist alle Erkenntnis abhängig vom gesellschaftlichen Charakter des Menschen. Bloße Theoretisierer sind Dummköpfe oder Betrüger. Revolution lernt man durch Revolution. Richtige Erkenntnis gewinnt man nur durch allseitiges Abwägen der verschiedenen Seiten eines Vorgangs. Darum ist zum Beispiel auch das vorübergehende neue Zusammengehen mit der Kuomintang „nicht zwiespältig, verlogen, unzumutbar, sondern konsequent, aufrichtig, ehrlich und erfolgreich". Es gibt ja auf jeder Stufe nur eine relative Wahrheit. Die absolute Wahrheit besteht aus der Summe der einander folgenden unzähligen relativen Wahrheiten! Daran muß man teilhaben. So geschieht „*die vollständige Beseitigung der Finsternis in der Welt und in China und die Umwandlung in eine noch nie dagewesene lichtvolle Welt*". Das ist ein Umformungsprozeß, an dem Subjekt und Objekt der Erkenntnis beteiligt sind. Beide bleiben in der revolutionären Praxis nicht, was sie waren. Daran müssen auch die Gegner teilhaben. „*Sie müssen zunächst die Etappe einer zwangsweisen Umformung durchlaufen, bevor sie in die Etappe der bewußten Umerziehung eintreten können. Wenn es soweit ist, daß die ganze Menschheit sich selbst und die Welt bewußt umgestaltet, dann wird die Epoche des Kommunismus in der ganzen Welt erreicht sein.*" Jeder Zyklus von Praxis und Erkenntnis hebt auf eine höhere Stufe.*

Den *Widerspruch* aber nennt Mao das fundamentalste Gesetz der materialistischen Dialektik. In seiner Schrift vom August 1937, deren Grundlinien 20 Jahre später noch einmal in einer höchst aktuellen Weise aufgenommen werden, kriecht Mao in das Kleid des marxistisch-leninistischen Denkens und seiner Begriffsbildung hinein, um mit ihnen jene Thesen zu gewinnen, die ihn als echten Chinesen und als konsequenten Antipoden des russischen Kommunismus auf den Plan stellen. Hier empfängt auch das konfuzianische Denken seine Absage. Für Mao ist die Welt eine auf Widersprüchen beruhende Selbstbewegung aller Dinge und in den Dingen — im Gegensatz zu der Behauptung einer „metaphysischen" Änderung der

---

* Ausgewählte Werke S. 272 und 273.

Menschen und der Welt. Wenn die Widersprüchlichkeit, die in allen Dingen wohnt, einen solchen Grad angenommen hat, daß sie zur Explosion führt wie die Füllung einer ruhig daliegenden Bombe durch ihre Entzündung, so entsteht nicht nur eine neue Situation, sondern auch neuer Widerspruch. Davon existiert die Natur ebenso wie die Geschichte. Also ist es eine Frage von ungeheurer Verantwortung, wer sich — in welcher Art und Zielsetzung — zum Träger des Neuen macht. Die große Verantwortung einer permanenten Revolution! Ein Widerspruch kann nicht für sich allein existieren, sondern nur im Verhältnis zu seinem widersprüchlichen Gegenüber, in einer höheren Identität. Denn ohne Unten gibt es kein Oben, kein Oben ohne Unten, kein Endliches ohne Unendliches, kein Leben ohne Tod, keinen Sozialisten ohne Bourgeois, keinen Pachtbauern ohne Gutsherrn, keinen Proletarier ohne Kapitalisten und umgekehrt, kein Tod ohne Leben ... Nur das sich Wandelnde ist ewig. Ja, *Yin — Yang*, das alte chinesische polare kosmische Kräftepaar, hat Mao einer scheinbar marxistischen Dialektik zugrunde gelegt und zu der Lehre von den immerwährenden Widersprüchen umgestaltet, die später eine so unheimliche Sprengkraft gewinnen sollten. Sie haben auch in jener Kampfzeit vor 1949 Partei und Soldaten gestählt.

Besonders auch in ihrer Anwendung auf den Krieg. Die Kunst der von Mao entwickelten Kriegsführung auf dem Boden der besonderen Verhältnisse Chinas mit den eingefallenen landfremden Feinden oder mit den in der traditionellen Kriegsführung befangenen chinesischen Gegnern macht die Überlegenheit zur Schwachheit und bringt die Schwachen zum Sieg. Freilich auf Kosten eines langen verzehrenden Krieges. Davon hat man nicht nur damals gelernt. Die Welt sieht, wie die Befreiungskämpfe, deren klassisches Beispiel Vietnam ist, die Weisheit des neuen Krieges widerspiegelt.

7. Welcher Glaube hat den Sieg?, Tschiang, Mao — Jesus

Unmittelbar vor dem Ausbruch des japanischen Krieges gab der japanische Militärschriftsteller Jshimaru eine Schrift mit dem Titel heraus: *„Tschiang Kai-schek ist groß."* Sie hatte in kurzer Zeit eine Millionen-Auflage. Man wird diesem Rivalen Maos gerade um seines sich vollendenden Unglücks willen gerecht werden müssen. Er, der in Moskau zusätzliche militärische Ausbildung genoß, erkannte früher als Mao den Zwiespalt der russischen Hilfe. Er wagte es, die russischen Berater Galin und Borodin nach Hause zu schicken. Er widersetzte sich im Parlament der unter Drohungen der Alliierten erzwungenen Kriegserklärung an Deutschland und hat sie nie anerkannt. Es scheint, daß sein persönlicher Ehrgeiz geringer ist als der Maos. Er konnte mehrfach seine Ämter zur Verfügung stellen und auf einen neuen Ruf des Volkes warten, den er dann auch erhielt.

Hätten die Kommunisten die Ausführung *seiner* Revolution, seines großen Erneuerungskonzeptes, nicht verhindert — das freilich noch zu konfuzianisch, zu sehr Revolution von oben war —, es hätte für China wohl hilfreich sein können.*

Man muß annehmen, daß sein antikommunistischer Kampf, den er mit solcher Konsequenz und Härte führte, Ausdruck einer echten nationalen und menschlichen Überzeugung war. Er hat ihr ganze Heere geopfert und in unerwarteten, als Verrat empfundenen Überfällen auf wehrlose Gegner auch einen Teil seiner Ehre. Sein Christentum zeigt Schatten und Risse. Auch sein Handeln nach der Übernahme der Macht auf Taiwan. Er ist nicht immer durchsichtig. Aber als der abtrünnige General ihn verhaftete und Auslieferung an die Kommunisten und Hinrichtung vor ihm standen, schreibt er:

> „Fast zehn Jahre bin ich Christ. Während dieser Zeit bin ich ein ständiger Leser der Heiligen Schrift. Niemals aber hat mich dieses Heilige Buch so ergriffen wie in meiner zweiwöchigen Gefangenschaft in Sian. Dieses unselige Ereignis kam völlig unerwartet. Da ich ganz ohne Habseligkeiten war, erbat ich mir von meinen Wächtern nur ein Ding, die Heilige Schrift. In der Einsamkeit hatte ich reichlich Gelegenheit zum Lesen und Betrachten. Die Größe und die Liebe Christi leuchteten mir in neuer Klarheit auf." „Ich bin ein Nachfolger Christi geworden und begreife heute besser, daß der Erfolg der nationalen Revolution von glaubensstarken Männern abhängt und daß charakterfeste Männer kraft ihres Glaubens in kritischen Augenblicken niemals ihre Grundsätze der persönlichen Sicherheit opfern können."**

Daß Maos Denken und Handeln dagegen fern jeder Gewissensbindung an eine göttliche Instanz war und ist, ist gewiß

---

* Jürgen Domes, Die Politik des Kuomintang in China, Berlin 1970.
** Zitiert bei G. Hannich, Tschiang Kai-schek, Staatsmann, Führer, Christ; Bern 1939.

auch eine Ursache seiner vielen Erfolge, seines ungehemmten Anspruchs an Partei, Heer, Volk und Welt, an das Innerste des Menschen, sein Personsein. Die geistigen Waffen, mit denen er die Seinen stählte, sind zu einer ehernen Rüstung gegen alle Einflüsse aus der göttlichen Welt geworden. Die faszinierende Kraft seiner Ideologie, der er schon in den 30er Jahren einen so imponierenden literarischen Ausdruck gab, ist auch eine Heilsideologie geworden, welche die Tür vor dem Evangelium wie kaum eine andere verschließt. Aus der Lehre vom Widerspruch erwuchsen für viele Motiv und Berechtigung zum Widerspruch gegen Gott, womit sie wiederum den Widerspruch Gottes herausfordern.

Beide, Tschiang Kai-schek und Mao, haben es nicht vermeiden können und nicht vermeiden wollen, daß über ihren Kämpfen um die Zukunft Chinas Millionen von Menschenleben zerstört wurden. Beide scheint es nicht in der Tiefe berührt zu haben, was an menschlicher Not hinter ihnen zurückblieb. Hier müssen wir fragen, ob und wo chinesische und nichtchinesische Christen diesem leidenden Volke in Gottes Barmherzigkeit begegneten und Hoffnung brachten. China starb nicht mit Tschiangs Unglück und nicht an den Fehlern und Dunkelheiten dieses Christen. China lebt nicht von Maos Erfolg und der ungewöhnlichen Geisteskraft und Bedenkenlosigkeit dieses Gott-, aber nicht Glaubenslosen. Es geht um Glauben gegenüber Glauben. Es ist wirklich ein anderer Glaube, der uns fragend und den christlichen Glauben herausfordernd in dem heutigen China entgegentritt. Doch bevor wir uns dieser Konfrontation zuwenden, stellen wir an den Schluß dieses Abschnittes die klassische Beschreibung des maoistischen Glaubens, wie sie sein Erwecker schon im Jahre 1942 mitten im heißen Kampf auf dem ersten Parteitag unter seinem Vorsitz gab:

„In früher Zeit lebte in Nordchina ein alter Mann, der Herr Yü aus den Nordbergen genannt wurde. Im Süden seines Hauses gab es zwei große Berge, je 10 000 Klafter hoch, die ihm den Weg versperrten: den T'ai-hang-Berg und den Wang-wu-Berg. Herr Yü faßte den Entschluß, zusammen mit seinen Söhnen die beiden Berge mit Hacken abzutragen. Ein anderer Greis mit dem Namen ‚der weise Alte' lachte, als er dies sah und meinte: ‚Ihr begeht eine große Dummheit: ihr paar Leute werdet es niemals schaffen, diese beiden großen Berge abzutragen.' Herr Yü antwortete ihm lächelnd: ‚Wenn ich sterbe, bleiben meine Kinder, bleiben meine Enkel; die Generationen werden sich in endloser Folge ablösen. Diese beiden Berge sind zwar sehr hoch, aber sie werden nicht mehr wachsen. Um das, was wir abtragen, werden sie abnehmen. Warum sollten wir sie nicht flach bekommen?' Nachdem Herr Yü das falsche Argument des weisen Alten widerlegt hatte, arbeitete er jeden Tag, ohne nur im geringsten zu wanken, an der Planierung der Berge. Das rührte den himmlischen Herrscher, und er sandte zwei Genien herab, welche die beiden Berge auf dem Rücken davontrugen."

Mao fuhr fort: „Gegenwärtig lasten zwei Berge auf dem chinesischen Volk: Der Imperialismus und der Feudalismus. Die kommunistische Partei Chinas hat seit langem beschlossen, diese beiden Berge abzutragen. Wir müssen das entschlossen durchführen und unermüdlich arbeiten, dann werden auch wir den himmlischen Herrscher rühren. Der himmlische Herrscher aber ist niemand anders als die Volksmassen ganz Chinas. Wenn sich die großen Volksmassen des ganzen Landes erheben, um mit uns gemeinsam die beiden Berge abzutragen, sollten wir sie dann etwa nicht ebnen können?"*

---

* „Das Rote Buch", Worte des Vorsitzenden Mao Tse-tung, Ausgabe von T. Grimm, S. 93 f.

C. Der neue, andere Glaube:
Mao — das Heil Chinas und der Welt

Lang war die Nacht und langsam nur kam Dämmerung über's
rote Land.
Hundert Jahre haben Dämonen ihren Wirbeltanz aufgeführt
und fünfhundert Millionen unseres Volkes waren uneins;
doch jetzt: ein Hahnenschrei! Und hell die ganze Welt.
Von tausend Orten tönt Musik — auch Melodien aus Khotan.
Die Dichter schwingen mit. So war's noch nie.

So begrüßt Mao den Sieg. Aber nur einen Augenblick. Er
ruht nicht aus. Im Gegenteil. Ein 28jähriger Machtkampf ist
zu Ende. Die Revolution des Volkes fängt erst an. Mao, dem
Revolutionär im Kampf, folgt Mao, der Revolutionär in der
Macht — ein heftig weiter streitender — und ein heftig um-
strittener Mao! Dem Hoch des Sendungsbewußtseins im Tief-
punkt von 1935 entspricht das Verlangen nach Vollendung
auf der Höhe von 1949. Ungesättigt und unersättlich greift
dieses Verlangen über die große Wende hinaus nach dem Ziel.
Die von Mao am 30. Juni 1949 gehaltene Rede *„über die
demokratische Diktatur des Volkes"*, eine Art Regierungser-
klärung, beginnt mit den Sätzen:

„Wie ein Mensch, so hat auch die Partei ihre Kindheit, ihre
Jugend, ihre Mannesreife und ihr Alter. Die KPC ist kein
kleines Kind mehr, auch kein grüner Junge von etwas mehr als
10 Jahren, sondern sie ist bereits erwachsen. Wenn ein Mensch
alt wird, nähert er sich seinem Tode; auch einer Partei ergeht
es so. Mit der Auflösung der Klassen werden alle Werkzeuge
des Klassenkampfes — die politischen Parteien und der Staats-
apparat — ihre Funktion verlieren und unnötig werden; sie
sterben allmählich ab und beendigen ihre historische Aufgabe,
und es wird eine höhere Ebene der menschlichen Gesellschaft
erreicht werden!"*

In der Stunde der Machtübernahme proklamiert Mao das
Absterben von Partei und Staat! Wie ist dieses einmalige
Regierungsprogramm gemeint?

---

* Ausgewählte Werke, a.a.O., S. 137.

Die Zeit ist angebrochen, in der die schwersten Anstrengungen nicht zu schwer und die härtesten Maßnahmen nicht zu hart sind, um diesem leuchtenden Endziel — der höheren Ebene der menschlichen Gesellschaft — nahezukommen. Der Zielangabe folgt unmittelbar die Abrechnung mit der Vergangenheit, mit den äußeren Feinden und den inneren Gegnern, zu denen nun auch „der Vater des Vaterlandes", Sun Yat Sen, mit seinem „anderen Klassenstandpunkt", gehört.

Die Erwartungen jener Volksgruppen, die immer noch im Alten wurzelten und zitternd einen „dritten Weg" der innen- und außenpolitischen Koexistenz erhofften, werden nun zerschlagen. Es erfolgt der Aufbau der Volksarmee, der Volksgerichtshöfe und der Volkspolizei, also einer ganzen Reihe von Instrumenten der Diktatur, um die Ermüdung und Selbstsucht dieses riesigen zerschlagenen Volkes zu überwinden. Ohne die „Diktatur des Proletariats" und ihre kompromißlose und alles andere zerstörende Gewalt würde das hohe utopische Ziel mit Sicherheit bald entschwinden. Und nicht doktrinär, nicht etappenweise, nicht in einer kontinuierlichen Entwicklung und Folge kleiner Schritte ist die selbstlose kommunistische Gesellschaft anzusteuern. Mao ist die beharrende Trägheit der Menge und das Hängen der Intellektuellen am jahrtausendealten Erbe des alten China wohl bewußt. Stoß um Stoß, Sprung um Sprung muß es weitergehen. Jedem Chinesen ist in jedem Augenblick ganze Hingabe zuzumuten. Zwar sind die ersten Schritte vorsichtig und nüchtern. Man muß ja eine noch widerstrebende und mißtrauische Mehrheit gewinnen. Aber wer Mao kannte, mußte von Anfang an wissen, daß die Beseitigung aller Hindernisse und die Besitznahme des ganzen Menschen samt seinen materiellen und geistigen Gütern mit kompromißloser Radikalität vorgesehen waren. So war es auch nur konsequent, daß Mao auch für die Außenpolitik eine entschiedene Parteinahme gegen alle Staaten imperialistischer und kapitalistischer Struktur ankündigte und die Kampfgemeinschaft mit den marxistischen Regierungen und den Befreiungsbewegungen der afrikanischen und asiatischen Welt aufnahm.

Die nun beginnende Bewegung des Volkes und der Völker durch die maoistische Politik zeichnet sich in einer Kette von „Kampagnen" ab, dem Versuch einer riesigen Umerziehungsbewegung, eine große Bekehrungsveranstaltung. Damit steht uns ein Glaube gegenüber, der uns in Bekenntnis und Krafterweis, der uns mit einer überraschenden und unheimlichen Zahl analoger Äußerungen nach dem eigenen Glauben fragt. Wir stehen vor einer intensiven und intoleranten politischen „Religion".

Religion? Man wendet wohl ein, es habe in China von jeher an einer auf seinem Boden gewachsenen Religion gefehlt. Religiös sei der Chinese nie gewesen. Nun soll es Maos politische Ideologie sein? Die bekanntesten klassischen Geister Chinas kannten keinen persönlichen Gott und beschäftigten sich nicht mit einem jenseitigen Woher und Wohin der Welt und der Menschen. Nie beherrschte ein Gehorsam fordernder Gotteswille oder die persönlich beglückende, Gegenliebe weckende Gnade eines himmlischen Herrn das geistige Gespräch, sondern der Mensch und die menschliche Gesellschaft, ihr irdisches Wohl und ihre irdische Ordnung. Die konfuzianische Lebensordnung besaß zwar auch im Westen eine Zeitlang zur Nachahmung lockende Kraft; nie aber gab es eine vergleichbare missionarische Ausbreitung einer chinesischen Religion.

Nun aber haben Sinologen in der chinesisch-kommunistischen Bewegung „in zunehmendem Maße irrationale, religiöse Elemente" gefunden und daß es kaum „eines Nachweises bedarf, um die Religiosität (wenn diesem Wort überhaupt noch ein Sinn zukommen soll) in der Geisteshaltung des neuen China festzustellen".* Das radikal religionsfeindliche ist ein ungemein religiöses China – als Erbe einer uralten wie einer jüngeren, mit der Befruchtung durch den Westen sich geltend machenden Tiefenwirklichkeit. Man kann fragen, ob und wie lange das neue China und seine Revolution diesen religiösen Zug behalten wird, ob und wann kühle Vernunft und kompromißbereite Pragmatik ihn wieder zurückdrängen werden. Anzeichen dafür sind vorhanden. Auch das heutige China geht nicht in Mao und im Maoismus auf. Aber seine bezwingende Herrschaft und ihr religiöser Charakter sind nicht zu leugnen. Nicht zu leugnen auch, daß sich damit der Christusglaube auseinanderzusetzen hat.

Gewiß nicht nur er. Beim Regierungsantritt Maos machten

---

* W. Bauer, Chinas Vergangenheit als Trauma und Vorbild, Seite 10, und W. Bauer, China und die Hoffnung auf Glück, S. 568 f. Ähnlich Grimm, Mao Tse-tung, S. 98.

die Christen in Festland-China noch nicht 1 % der Bevölkerung aus, während trotz aller Erschütterungen die weitaus größte Mehrheit noch taoistisch und konfuzianisch, buddhistisch oder auch islamisch und dies alles oft in einem bunten Gemenge auf einem magisch-mythischen Wurzelboden war. Aber da die Nichtchristen, sofern sie überhaupt etwas mit Göttern und Geistern zu tun haben wollten, schon immer gewohnt waren, den Wechsel von einem Gott zum anderen nicht von seiner Güte, sondern von dem Beweis seiner Macht oder Ohnmacht abhängig zu machen, waren sie auch anfällig für die neue religiöse Kraft Maos. Dagegen wirklich überrascht und tief betroffen war in erster Linie die kleine Schar chinesischer Christen, auch in ihrer Verbundenheit mit der Weltchristenheit. Gottestreue und Maotreue stießen aufeinander.

Ein anderer Einwand gegen den religiösen Charakter und die Vergleichbarkeit maoistischen und christlichen Glaubens: *Der sog.* Maoismus ist keine zeitlose Wahrheit, sondern ein Geschehen. Unzählige kommende und gehende relative Geschichtswahrheiten, Augenblickswahrheiten, machen nach Maos Theorie die „absolute Wahrheit" aus, zu der seine Anhänger sich bekennen. Jede macht im Augenblick ihrer Erscheinung vollen Anspruch auf unbedingte Gefolgschaft, im nächsten widerspricht sie vielleicht schon der nun gültigen Wahrheit. Eben auf diese geschichtliche „Wahrheiten"-Folge werden wir achten müssen.

Läßt sich aber dann die Bewegung des maoistischen Glaubens in China seit 1949 überhaupt als ein *Ganzes* fassen? Wir meinen ja, weil auch der Widerspruch, wenn er System wird, in diesem System als Ganzem wiederkehrt. Deshalb können wir uns nicht darauf beschränken, ihn mit jenen innerchinesischen Deutungskategorien zu beschreiben, die er selbst anwendet und erwartet. Wir würden uns angesichts des Eindringens maoistischen Gedankenguts in die Kirchen und auch im Blick auf die reiche China- und Mao-Literatur einer Unterlassung schuldig machen, würden wir die maoistische Glaubensentfaltung nicht mit Hilfe biblischer Deutungskategorien zu verstehen und einzuordnen suchen.

I. Eine Glaubensgeschichte der Volks- und Weltbekehrung: Die ideologische Selbstdarstellung der maoistischen Geschichte seit 1949

Wir verfolgen die an früherer Stelle skizzierte Geschichte der Volksrepublik China in der Selbstdarstellung Maos und der Seinen. Drei Bewegungskräfte treten in Ablauf, Rahmen und innerem Gesetz der Ereignisse auf:

> — die Aktionenkette einer Umgruppierung und Machtum-schichtung der chinesischen Gesellschaft durch die „Diktatur des Volkes"
> — eine Umwandlung der Eigentums- und Produktionsverhält-nisse durch Kollektivierung und Kommunisierung
> — die in mehreren Stößen verlaufende Glaubens- und Bekeh-rungskampagne von der Selbstsucht des „alten" gemeinschafts-unfähigen Menschen zum „neuen" Menschen einer neuen Gemeinschaft.

Es liegt in der Natur der Sache, daß die Selbstdarstellung seiner Geschichte — Mao-China wird nicht müde, sie unzäh-ligen Menschen aller Völker in vielen Sprachen immer wieder anzubieten, anzupredigen, anzuzaubern und anzudrohen — selbst einen Teil der erregenden Wandlungsgeschichte bildet, sich daher selber immer wieder ändert, neu versteht und for-miert. Sie spiegelt eine Ereignisfolge wider, in der Träger-schaft und Widerstand, Freund und Feind, Subjekt und Objekt der Bewegung in wenig Jahren immer wieder wechseln. Der rote Faden, der sich durch alles hindurchzieht, ist die han-delnde Auslegung und Fortführung der Grundlehren Maos, die bereits skizziert wurden:

> — die Lehre von der Erkenntnis der Wahrheit durch die Praxis
> — die Lehre von den Widersprüchen und ihre Behandlung „im Volk"
> — die Lehre vom Volksbefreiungskrieg und Weltbürgerkrieg.

Eine schwierige — leicht verwirrende — Lehrgeschichte! Eine mühsam erlernte und gezüchtete, für uns schwer genieß-bare Bekehrungssprache einer künstlichen zweiten chinesi-schen Menschen-„Natur" und eben darum sehr ernst zu nehmen!

Eine unablässig strömende Fülle propagandistischer Infor-mation einerseits und hintergründiges Verschweigen anderer-seits! Wer den tatsächlichen Ablauf mit seiner ideologischen „heilsgeschichtlichen" Darstellung vergleicht, erkennt, was das missionierende China, dessen Volkserneuerung so konzentriert chinesisch und umweltverschlossen geschieht, den Lesern seiner millionenweise in die Welt gesandten Blätter und Schriften zumutet. Das Parteichinesisch setzt Bekanntschaft mit der marxistischen Begriffswelt voraus, zeigt aber auch schon ihre chinesische Übersetzung. Ob eine Wirtschaftsstatistik oder ein kulturelles Ereignis, ob Sport oder Spiel, ob eine Naturkatastrophe oder der Unglücksfall eines einzelnen — der Informationswert des Ereignisses wird immer bestimmt von seiner politischen Bedeutung! Jeder Bericht wird zu einer politischen Belehrung. Die ganze Geschichte wird in eine rote Fahne gewickelt.

Und auch diese wird immer wieder durch eine neue ersetzt, während die alte unversehens zu einem Sektensymbol werden kann:

— Anders sieht es also auch vor und nach der Liquidierung der Land-, Ämter- und Kriegsherren in den ersten Jahren der Volksrepublik aus;
— anders vor und nach dem „Großen Sprung" in eine schnelle Sozialisierung der Landwirtschaft und Industrie, dem Fiasko und dem darauf folgenden Rücktritt Maos vom Amt des Präsidenten der Volksrepublik (1959);
— anders vor und nach der öffentlichen Bestätigung des heißen Ringens mit dem kommunistischen Bruderfeind Rußland;
— anders vor und nach dem Sturm der Kulturrevolution (1966 und 1967);
— anders in der Zeit der provinzialen, lokalen und betrieblichen Revolutionskomitees;
— wieder anders nach der Verdammung des Staatspräsidenten Liu Schao-tschi und seiner Parteigruppe;
— anders nach der großartigen Eröffnung weltpolitischer Aktivität und dem Eintritt in die UNO;
— anders nach dem Verschwinden des „Kronprinzen" Lin Piao und der Einladung und dem Besuch des amerikanischen Präsidenten.

Immer wieder eine neue Predigt des Heils!

Man scheut sich auch nicht, die Schriften Maos aus früherer Zeit der neuen Lage anzupassen. Das gilt besonders im Blick auf die fortlaufende Sinisierung — die chinesische Umgestaltung — des Marxismus. *„Wenn man sein ganzes Leben lang Revolution macht, so muß man seine Weltanschauung lebenslang umwandeln."* Wenn im Jahre 1971 festgestellt wird, daß *„gegenwärtig die Genossen unserer ganzen Partei, vor allem die hohen Funktionäre, dabei sind, nach der*

Weisung des Vorsitzenden Mao die Werke von Marx, Engels, Lenin und Stalin, die Schriften des Vorsitzenden Mao und die historischen Erfahrungen unserer Partei seit 50 Jahren und die neuen Erfahrungen in der Gegenwart ernstlich zu studieren", dann bedeutet diese „Studienkampagne unter den Funktionären" eindeutig, daß das kommunistische China am Anfang der 70er Jahre sich stärkt und stählt in einer Heilslehre Maos, die längst ihre früheren Formen und Vorläufer hinter sich gelassen hat! Beides — die Behauptung, die einzigen wahren Jünger von Marx und Lenin zu sein, und die gleichzeitige Sinisierung —, macht ihr Selbstverständnis und ihren Wahrheitsanspruch an die Welt aus.

Sie spiegeln sich in der Selbstdarstellung der revolutionären „Heilsgeschichte" seit 1949 wider, die wir hier in der Formung der Jahre 1971/72 — einem halben Jahrhundert nach Gründung der kommunistischen Partei Chinas — wiedergeben. Das bedeutet u. a., daß die Berechtigung der plötzlichen Verdammung Liu Schao-tschis durch die Kulturrevolution im Jahre 1966/67 nun ständig historisch erwiesen wird. Er bildet nun die Teufelsgestalt der Revolutionsgeschichte von ihren Anfängen an, schon von der gemeinsamen Schulzeit mit Mao Tse-tung an. Wir versuchen beispielhaft ein Nebeneinander des uns bekannten, schon oben geschilderten Ablaufs und der entsprechenden „heilsgeschichtlichen" Deutung.*

„Auf Kosten des Blutes und des Lebens vieler revolutionärer Märtyrer sind die Siege in unserer Revolution errungen worden. Aber beim Fortgang der Revolution tauchte auch solcher Abschaum der Geschichte auf wie Liu Schao-tschi und seine Konsorten." An seinem Beispiel wird der „Kampf zwischen Licht und Finsternis" demonstriert. Man verfolgt den Mitkämpfer Maos, den verdienten Organisator eines Partisanenkampfes hinter der japanischen Front, den Verfasser der lange maßgeblichen Schrift *„Wie wird man ein rechter Kommunist?",* den mehrjährigen späteren Staatspräsidenten bis in seine „Untaten" im Jahr 1925. Er beugte sich dem „weißen

---

* Die Zitate entstammen vorwiegend dem geschichtlichen Überblick „Die Revolution unter der Diktatur des Proletariats beharrlich weiterführen" in der Peking-Rundschau No. 27, 1971, S. 11 bis 16 und dem Aufsatz: „Bankrott der Renegaten-Philosophie" in der Peking-Rundschau No. 3, 1972, S. 12—15.

Terror des Feindes", später den „Kuomintang-Reaktionären".
Schon um 1936 habe er das „verbrecherische Ziel" verfolgt,
die Parteiführung an sich zu reißen und habe vorübergehende
Augenblicke abirrenden Denkens und taktische Zugeständ-
nisse gegenüber einem tödlich bedrohenden Feind für ent-
schuldbar gehalten. *Welche Schamlosigkeit! Darf man sich
zu erkennen geben und vor dem Feind auf die Knie gehen, nur
weil man von ihm gefoltert wird? ... Die Geschichte ist erbarmungslos. Kein Renegat, Landesverräter, Karrierist und
Verschwörer kann seiner verdienten Strafe entgehen. Nachdem
unsere Partei diese Handvoll Renegaten hinausgesäubert hat,
ist sie reiner und stärker denn je geworden."*

Das begann also schon in den ersten Jahren nach dem
„28jährigen heldenhaften Kampf" — vor der Machtübernahme.
Nach der Befreiung aber mußte der *„Hauptwiderspruch zwischen der Arbeiterklasse und der Bourgeoisie"* gelöst werden.
Nach Maos eigenen Angaben wurden etwa 800 000 Menschen,
nach anderen kommunistischen Angaben etwa 2 Millionen,
nach nichtkommunistischen Schätzungen eine noch weitaus
größere Millionenzahl vor allem aus der Großgrundbesitzer-
klasse und dem Beamtentum getötet. Nach den ersten stürmi-
schen Maßnahmen erfolgte diese „Säuberung" 1953 und später durch die Kampagnen des *„Kampfes gegen die drei Übel"*
(Korruption, Verschwendung und Bürokratismus) und des
„Kampfes gegen die fünf Übel" (Bestechung, Steuerhinter-
ziehung, Veruntreuung von Staatseigentum, Betrügereien bei
der Erfüllung staatlicher Aufträge und Diebstahl von Wirt-
schaftsinformationen des Staates). Die „tollwütigen Angriffe
der Bourgeoisie" wurden zerschlagen. Die Taktik: *„In einer
Übergangsperiode errichteten wir gemischt staatlich-private
Unternehmen und betrieben dabei eine Ablösungspolitik, indem wir den Kapitalisten auf ihr eingebrachtes Kapital fest
Zinsen zahlten."* Zur Empörung vieler alter Kämpfer, denen
das zu langsam ging, die aber durch Erziehungsarbeit relativ
schnell überwunden wurden. 1955 wurde dann das Privatver-
mögen aufgehoben.

*„Der Klassenkampf war damit nicht zu Ende, wie Liu
Schao-tschi und seine Anhänger behaupteten, die ihre Absur-
ditäten sogar hinter dem Rücken des Vorsitzenden Mao in die
Resolution des 8. Parteitags einschmuggelten."* Sie *„versuch-
ten damit, der ganzen Partei ihre Linie, den kapitalistischen
Weg zu gehen, aufzuzwingen"*. Gemeint sind die Gesichts-

punkte der Rentabilität und der Anspornung des Arbeitseifers
mit erhöhten Lohnaussichten.

Es kam 1957 zu der Schrift Maos „Über die richtige Behandlung der Widersprüche im Volk." Sie entwickelte den
Unterschied zwischen „nicht-antagonistischen" und „antagonistischen" Widersprüchen. Die ersteren, im Volk auftretenden
Widersprüche lassen sich auf dem Weg der Diskussion und
der Überredung lösen, die letzteren können nur mit der Waffe
in der Hand und durch Vernichtung der Gegner gelöst werden.
Mao forderte nach der sozialistischen Umgestaltung des Eigen-
tumssystems die *Weiterführung des Kampfes „an der poli-
schen und ideologischen Front"* bis zum Sieg. Er wollte die
russischen Fehler vermeiden, jenes verkappte schwächliche
Sozialreformertum, das die klare weltrevolutionäre Zielsetzung nur verhinderte. Er hielt im Unterschied zu der „Chruscht-
schow-Breschnew-Renegaten-Clique" an der Unvermeidbarkeit
des Krieges und der Notwendigkeit einer gewaltsamen Revolution auf dem Wege zum Weltkommunismus fest. Mit
den „Revisionisten", die hinter eine solche Zielsetzung zurück-
gingen, wollte er nichts zu schaffen haben. Andererseits
wollte er sein Volk auf einen Weg zu diesem Ziel führen, auf
dem es möglichst durch eindringliche Belehrung und nicht nur
durch brutale blutige Niederschlagung der Gegner für das
*„vom Willen der Menschen unabhängige, objektive Gesetz der
Revolution"* gewonnen werden sollte.

Bevor er es zu dem ungeheuerlichen „Sprung nach vorn" in
einer gleichzeitigen Industrialisierung und totalen Sozialisierung großer Kommunen auf dem Lande nötigte, gab
er deshalb ein erstes Mal die überraschende Losung zu völlig
„freier" Meinungsäußerung aus. Er dachte dabei besonders an
viele widerstrebende Intellektuelle. *„Laßt hundert Blumen blühen und hundert Schulmeinungen reden!"* Die viel umstrittene Kampagne erbrachte tatsächlich viele offene Kritik,
die den Genossen allerdings z. T. geradezu abgenötigt werden
mußte. Es blieb aber nicht bei der offenbar von Mao erwarteten konstruktiven Kritik. Es kam zur Kritik am System selbst,
die jedoch nicht geduldet werden konnte. Viele offenherzige
Kritiker verschwanden daraufhin. Die ideologische Geschichtsschreibung sagt: *„Diese große Debatte trug dazu bei,
daß die breiten Massen eine klare Trennungslinie zwischen
sich und dem Feind, zwischen Recht und Unrecht zogen."*
Man ging ein auf die Generallinie Maos, die er trotz inner-

parteilichen Widerstandes im Jahre 1958 festlegte: *„Unter Anspannung aller Kräfte, immer vorwärts strebend, mehr, schneller, besser und wirtschaftlicher den Sozialismus aufbauen!"* Das war *„der große Sprung."* Seine warnenden Gegner erscheinen in der Parteigeschichte von 1971 als das „Pack", das mit allen Mitteln die vorübergehenden wirtschaftlichen Schwierigkeiten übertrieb und die „schwungvolle Atmosphäre des großen Sprungs nach vorn" zu zerstören suchte.

Es setzte die Vorbereitung der Kulturrevolution ein. Mao schrieb die Abhandlung: *„Woher kommt das richtige Denken der Menschen?"* Darin kritisierte er *Liu Schao-tschis* bürgerlichen Idealismus und seine Metaphysik. Lin Piao stellte zur Unterstützung Maos, dessen Rücktritt vom Amt des Staatspräsidenten in der letzten Gestalt der „Glaubensgeschichte" überhaupt nicht mehr erwähnt wird, zunächst einen Soldaten-Katechismus zusammen, die *„Worte des Vorsitzenden Mao Tse-tung".* Nach vorbereitenden Schriften Maos gegen die Kulturkritiker seiner Revolution, „Leute vom Schlage Chruschtschows, die sich jetzt in unserer nächsten Nähe eingenistet haben", brach die Kulturrevolution an der Pekinger Universität und unter der Führung der Roten Garden aus. Die zurückschauende „Geschichtsschreibung" sagt jetzt offen, daß *„diese große proletarische Kulturrevolution"* von Mao *„mit der Entschlußkraft und dem Mut eines großen proletarischen Revolutionärs persönlich eingeleitet und geführt"* worden sei.

Ihr Ziel war die Vernichtung einer vielschichtigen Opposition. Zu ihr gehörten neben *Liu Schao-tschi* eine riesig angewachsene Bürokratie, ein arrogantes Spezialistentum, dem Profitdenken verfallene Funktionäre, die von Mao immer mißtrauisch beobachteten Intellektuellen mit ihren kulturellen Unternehmungen, besonders ihrem Einfluß auf Schulen und Universitäten. Jahre lang war Mao durch sie gereizt worden durch regelmäßig erscheinende satirische Artikel in der Pekinger Tageszeitung, den *„Abendgesprächen am Yänschan".* In geistvoller Verkleidung altchinesischer Sprichwörter und Legenden waren die utopischen Zielsetzungen Maos als „großes Geschwätz" eines „dichtenden Kindes" verhöhnt worden.

Das äußere Startzeichen bildete das *„Dazibao"* einer Philosophie-Dozentin an der Pekinger Universität, eine jener Wandzeitungen mit großen Schriftzeichen, die bald darauf das Straßenbild der Städte und Dörfer bestimmten. Mao selbst und seine Frau feuerten daraufhin die Millionen von jungen Menschen persönlich an – Studenten und Schüler, die nun überall in Bewegung gerieten und zu einem großen Kreuzzug nach Peking aufbrachen. Die Revolution durfte nicht sterben! Gerade die jüngsten Glieder des neuen Volkes sollten ihre „Wahrheit" erkennen und ohne Erbarmen praktizieren. Vier große „Freiheiten" wurden verkündet: *„Jeder darf jede Ansicht vertreten; er darf sie auch äußern; Versammlungen jeder Art sind erlaubt; jeder darf Wandzeitungen veröffentlichen."* In den nun ausbrechenden Krieg einer Kritik aller an allen, vieler erschreckender Zerstörungstaten und Grausamkeiten gegen wirkliche und vermeintliche Feinde der Revolution und in das „große Widersprechen" der alle Wände des Landes bedeckenden „Dazibaos" sandte Mao selbst im August 1966 seine Stellungnahme hinein. Sie lautete:

> „Das Hauptquartier bombardieren! – Ein Dazibao von mir: Das erste marxistisch-leninistische Dazibao Chinas und der Artikel des Kommentators des Renmin Ribao (Volkszeitung) dazu sind wirklich herrlich geschrieben! Genossen, bitte lest dieses Dazibao und diesen Kommentar nochmals. Aber in den letzten über 50 Tagen haben gewisse führende Genossen – von der zentralen bis hinunter zur lokalen Ebene – in genau entgegengesetzter Weise gehandelt. Indem sie den reaktionären Standpunkt der Bourgeoisie vertraten, haben sie eine Diktatur der Bourgeoisie ausgeübt und die schwungvolle Bewegung der großen proletarischen Kulturrevolution niedergeschlagen. Sie haben die Tatsachen auf den Kopf gestellt, aus schwarz weiß gemacht, die Revolutionäre eingekreist und unterdrückt, alle Meinungen, die von ihren eigenen abwichen, erstickt und einen weißen Terror errichtet; und sie haben all dies mit großer Selbstgefälligkeit getan. Sie haben die Arroganz der Bourgeoisie gesteigert und den Kampfwillen des Proletariats gelähmt. Wie giftig sie sind! ... Sollte einen das nicht veranlassen, hellwach zu werden?"

Die nachträgliche maoistische Geschichtsschreibung berichtet:

> „Für diese große proletarische Kulturrevolution hatten am Anfang viele unserer Genossen wenig Verständnis. Als die breiten Volksmassen in Aktion traten, sich in zwei Gruppen spalteten und es sogar zum Kampf mit Gewalt kam, schien es eine Zeitlang, als herrsche im ganzen Land Chaos. Man fragte: Wenn Liu Schao-tschi und seine Handvoll Leute einen Teil der Macht der Diktatur des Proletariats usurpiert hatten, hätte es dann nicht genügen sollen, daß Vorsitzender Mao ihre Amtsenthebung anordnete? Warum mußte man solche Methoden anwenden?"

Die Antwort:

„Bei dieser Revolution geht es nicht lediglich darum, einige
Leute ihres Amtes zu entheben, sie ist vielmehr eine große
Revolution auf dem Gebiet des Überbaus. – Das sog. Chaos
ergab sich erstens durch das Vorhandensein von Konterrevolu-
tionären, zweitens der den kapitalistischen Weg gehenden
Machthaber, die alle unter den verschiedensten Panieren und
Aushängeschildern Sabotage und Störaktionen unternahmen.
Aber dies Gesindel konnte doch nur zeitweilig manche Leute
hinters Licht führen. Mittels der Worte des Vorsitzenden Mao
Tse-tung schalteten sich die Volksmassen in die Debatte ein
und lernten Schritt für Schritt, zwischen guten und schlechten
Menschen, zwischen der proletarischen revolutionären Linie
und der bürgerlichen reaktionären Linie zu unterscheiden ...
So wurde das Land zu einer großen Schule für das lebendige
Studieren und Anwenden der Mao-Tse-tung-Ideen, und durch
Sturm und Wellen lernten die Volksmassen das, was sie im Alltag nicht erlernen konnten. Deshalb führte ein solches Chaos
letzten Endes dazu, daß die Feinde durcheinandergerieten und
die Volksmassen sich stählten.“

Es gelang dann, die entfesselte chaotische Flut wieder zu
bändigen. Die jugendlichen Hauptträger der Kultur-Revolution, die Roten Garden, Studenten, Schüler und andere junge
Menschen, mußten nach Erfüllung ihrer Reinigungsaufgaben
wieder in ruhigere Lebensformen zurückgeführt werden.

Das war nicht leicht. Man schätzt, daß bis Ende 1970 etwa
30 Millionen „gebildete Jugendliche“ und frühere Funktionäre
aufs Land, in dünn besiedelte Grenzgebiete und an andere
schwierige Aufgaben geschickt wurden. „Hinunter ins Dorf!“
„Hinauf auf die Berge!“ So wurden auch die Städte entleert
und ein neuer Ansatz für die Bildung der Jugend gewonnen.
Wir wissen von den tiefen Enttäuschungen und mörderischen
Kämpfen, die sich weiterrebellierende Gruppen von roten
Garden gegenseitig lieferten, vor allem vom Kampf der Ultra-
Linken gegen ein neues Establishment in China, als dessen
Repräsentanten man Tschu En-lai, den „obersten Bürokraten“
und „Hauptvertreter der roten kapitalistischen Klasse Chinas“
ansah.

„Nach all dem Wirbel – alles beim alten!“ Eine Schrift:
„China wohin?“ dieser Ultra-Linken in der Heimatprovinz des
großen Vorsitzenden brachte die Enttäuschung besonders stark
zum Ausdruck – sicher im Sinne von Maos eigener Zielsetzung, aber eben als unzeitige Linksabweichler, denen nun
„10 000 Tode für dieses Verbrechen!“ angedroht wurden. In

der ideologischen Glaubensgeschichte Chinas findet man diese Kämpfe nur noch in Spurenelementen vor. Nur Kenner der Situation finden sie in allgemeinen Anmerkungen zur damaligen Situation wieder.

Etwas anders steht es mit der Aufgabe, die durch die Kulturrevolution nach Maos eigenem Wunsch zerschlagene Partei wieder aufzubauen und zu einem Instrument der weitergehenden Revolution zu machen. Dem dienen die nach Maos Direktive vom 7. Mai 1966 eingerichteten sog. *„7.-Mai-Kader-Schulen"*. Die kritisierten Kader (Berufsrevolutionäre), Staats- und Parteifunktionäre wurden zu längerer Selbsterziehung in ländliche Schulungslager verschickt, um dort durch harte Artbeit, in primitiven Hütten und bei karger Kost ihre Selbstsucht zu überwinden und nach neuerem Studium der Werke Maos mit „röterem Herzen" wieder auf neue Posten zurückzukehren.

Die alte Stelle der Parteiinstanzen nahmen die sog. „Revolutionskomitees" auf allen Ebenen, in Fabriken, in Volkskommunen, Krankenhäusern, Zeitungsredaktionen und Schulen ein. Diese neuen „provisorischen Machtorgane", bilden nun eine *Dreieinheit von Vertretern der Volksbefreiungsarmee, den revolutionären „Volksmassen"* und meist jüngeren *Vertretern der Partei.* Den rettenden, weiterführenden Übergang von der Sturmzeit in eine neue Arbeitszeit dankt man der „Volksbefreiungsarmee". *„Sie hat Erfahrungen aus mehr als 40 Jahren der Arbeit unter den Massen. Daher konnte sie schnell mit den Massen eins werden"*, sagt der Bericht. Fazit: *„So ist unsere Partei und unser Staat noch lebensfrischer geworden."*

Das gilt jetzt vom *Bildungsweg:* Erstaunliche Verbindungen von Selbstbestimmung und Erziehung unter militärischer Anleitung, von theoretischem Unterricht und praktischer Teilnahme der Schüler an Land- und Fabrikarbeit.

Das gilt von der *kollektiven Arbeit* auf dem Lande und den ungeheuren Anstrengungen und *Überwindungen der Naturkatastrophen* in Selbsthilfe und im Kampf gegen den immer noch beschworenen Geist „des Renegaten, Kollaborateurs und Arbeiterverräters" *Liu Schao-tschi.*

Das gilt von dem erstaunlichen *Auf- und Umbau der Industrie,* dem Kampf gegen das Spezialistentum zugunsten der Massenlinie („aus den Massen schöpfen und in die Massen hineintragen!").

Das gilt vom *Gesundheitswesen,* dem energischen Versuch,

primitive, aber wirksame krankenpflegerische Hilfe in das ganze Volk hineinzutragen.

Kein Chinese, der nicht nach wie vor in der Familie und am Arbeitsplatz an dem großen Lernprozeß teilzunehmen hätte, die Gedanken Mao Tse-tungs „situationsgemäß" anzuwenden. Besondere Gruppen müssen dafür sorgen, daß dieser Lernprozeß nicht erstarrt. Im Herbst 1971 berichtet die *Peking-Rundschau* deshalb u. a. von einem provinzialen „Verfasserkollektiv" einer neuen „Anleitung zu Erkenntnis und Umgestaltung der Welt", die auf Grund eines erneuten Studiums über Maos Lehre von der Praxis zustande kam.

Maos Linie hatte gesiegt. Unzweideutig hat dies der nach langen Jahren zusammengerufene IX. Parteitag im April 1969 bewiesen, dem er selber persönlich präsidierte. Hier erreichte er, daß man *Lin Piao,* den „nächsten Kampfgefährten" als seinen Nachfolger wählte. Ein Ereignis, von dem auch die ausländische Mitwelt in der Form der „frohen Botschaft" eines Sonderblattes im roten Festdruck unterrichtet wurde.

Zusammenfassung:

> „Vorsitzender Mao lehrt uns, man dürfe sich nicht einbilden, daß durch ein oder zwei, drei oder vier große Kulturrevolutionen alles in Ordnung gebracht werden könnte. Diese ganze Geschichtsperiode hindurch existieren Klassen, Klassenwidersprüche und Klassenkämpfe, existiert der Kampf zwischen den zwei Wegen, dem des Sozialismus und dem des Kapitalismus, existiert die Gefahr einer Restauration des Kapitalismus, existiert die Bedrohung durch Umsturz und Aggression seitens des Imperialismus und Sozialimperialismus. Solche Widersprüche können nur durch die marxistische Theorie über die ununterbrochene Revolution und an der von ihr angeleiteten Praxis gelöst werden."

Chinas *Außenpolitik* ist Ausdruck der Tatsache, daß sich die chinesische Revolution als Weltrevolution versteht und in neuchinesischem Sendungsbewußtsein China aufs neue als den Mittelpunkt der Welt, als ihr geistiges Zentrum versteht. Diese chinesische Heilsgeschichte versteht sich also universal, und so trägt der Wortlaut aller Veröffentlichungen auf diesem Gebiet einen ausgesprochen missionarischen und prophetischen Charakter. So erhalten nicht nur das „heldenhaft kämpfende" vietnamesische Volk unablässig Ermunterung, Lob und Zusicherung seines Sieges, sondern auch die Befreiungsgruppen überall in der Welt, sogar das amerikanische Volk, soweit es sich gegen die eigene Regierung erhebt und dabei „wahre Helden" hervorgebracht hat, kann der ideologischen Glaubensbruderschaft gewiß sein. Wir erkennen jetzt, warum es dessen versichert wird.

> „Nur selten kommt es in der Geschichte vor, daß das Volk eines Landes so mutig gegen den vom Imperialismus des eigenen Landes entfesselten Aggressionskrieg kämpft!" „Im Kampf der Völker der ganzen Welt gegen den gemeinsamen Feind, den USA-Imperialismus, verdient das amerikanische Volk, eine heroische Kampftruppe genannt zu werden. Unser großer Führer, Vorsitzender Mao, hat erklärt: ‚Ich bin überzeugt, daß das heldenhaft kämpfende amerikanische Volk letzten Endes den Sieg davontragen und die faschistische Herrschaft in den USA unausbleiblich mit einer Niederlage enden wird.' — Ein solches Volk kann niemals ‚die schweigende Mehrheit' sein, wie Nixon es beschreibt. Es wird sich bestimmt erheben, um das imperialistische System zu stürzen und das Geschick in die eigene Hand zu nehmen. Das chinesische Volk und die Völker der Welt setzen große Hoffnungen auf das amerikanische Volk."*

Man mag sich über die menschlichen Abgründe dieser revolutionären Glaubensgeschichte entsetzen, über ihre klischeehaften Untiefen den Kopf schütteln, man mag den Versuch der Einordnung und Einzwängung der übrigen Welt in die ideologische Revolutionsschablone der Maoisten als Größenwahn belächeln oder fürchten, man mag auch Anzeichen der Ermattung solcher künstlichen Hochspannungen erkennen und dem chinesischen Volk wünschen — über den wirksamen Fanatismus dieser Ideologie in der chinesischen Volkgeschichte und in der neuen Weltgeschichte sollte man sich nicht täuschen.

II. Die Herausforderung des Mao-Glaubens an die Christenheit

Wolfgang Bauer hat in ausgezeichneten instruktiven Schriften sich mit der jahrtausendelangen Suche Chinas nach dem Glück in Paradiesen, Idealen und Utopien befaßt. Von der

---

* Peking-Rundschau 1971.

großen chinesischen Kulturrevolution urteilt er, daß sie „möglicherweise in ihren Zielen, nicht aber in der Begeisterung des einzelnen vorgeplant gewesen sein konnte und erstaunlicherweise auch an unserer Gesellschaft nicht spurlos vorüberging." So seien wir *„Zeugen auch einer großen religiösen Bewegung, vielleicht der letzten in unserer Welt, in der die Götter sterben."* Auffallend ist, daß der chinesische Marxismus-Leninismus weit mehr Heilsvorstellung entwickelt als der europäische Marxismus. Mao versteht und praktiziert den Marxismus antichristlicher als dieser selbst, und eben in dieser Zuschärfung kommt er als mächtiger Bumerang auf den Westen zurück! Wie verteilen sich nun Glaube und Unglaube, Licht und Finsternis, Wahrheit und Lüge, Leben und Tod? Überraschende Analogien!

1. Die große Sonnenwende: „Siehe, wir verkündigen euch große Freude!"

Auffallend ist die immer wiederkehrende große Freude der Massen, eine Art Erlösungsfreude. Mao sagte:

> „Das chinesische Volk wird sehen, daß China, sobald das Volk die Geschichte Chinas in seine eigenen Hände nahm, der im Osten aufgehenden Sonne gleichen wird, die mit leuchtenden Strahlen jeden Winkel des Landes erleuchtet. Geschwind wird sie den von der reaktionären Regierung hinterlassenen Schutt hinwegsengen, die Kriegswunden heilen und eine neue, mächtige und blühende Volksrepublik im wahrsten Sinn des Wortes aufbauen."

Das Echo, das Mao empfing, hat seiner Ankündigung weithin entsprochen. Ein neues China ist erstanden. Wer nur ein wenig bereit ist, an dem teilzunehmen, was geschah, sollte auch etwas von Mitfreude empfinden. Es ist noch nicht lange her, daß Lin Yu tang in seinem Buch *„Mein Land und mein Volk"* schrieb: „Wir sind ein altes Volk ... Als Volk stehen wir mitten im Herbst ...: wie ein Wald, der seiner Sommerpracht beraubt, die Schönheit festzuhalten weiß, die dauern wird" (S. 415 f.). Das alte China ist nicht mehr, weder das über seiner Morschheit verzweifelnde noch ein so klug und freundlich sich bescheidendes. Aber nun entsteht ein neues China als eine im Osten aufgehende Sonne und wird ein Wahrzeichen für alle Welt.

---

* W. Bauer, Chinas Vergangenheit als Trauma und Vorbild, S. 56.

a) *Das Evangelium von der Umverteilung der Macht.* Sie ist
Mao und den Massen gegeben. Statt des Fremdwortes „Revolution" gebrauchen die Chinesen in Wort und Bildschrift
einen Begriff, der voll Jubels ist. Es ist ein uralter Ausdruck:
ge — ming, d. h. „den Auftrag — des Himmels — ändern". War
es nicht schon immer eine frohe Zeit, wenn der Himmel
einem Machtträger den von ihm verwirkten Auftrag entriß und
in andere Hände legte? Schon ein Schüler des Konfuzius hat
es als legitim bezeichnet, einen unwürdigen Kaiser abzusetzen,
da er nicht mehr als Kaiser, sondern nur noch als Schuft be-
trachtet werden könne — im Gefüge der konservativen Staats-
und Sittenlehre gewiß eine erstaunliche Folgerung. Wie mächtig aber weiß sich das China der Revolution als Vollstrecker
einer befreienden Auftragsänderung! Nicht mehr dem Kaiser,
auch nicht mehr der bürgerlichen Kuomintang, sondern
Chinas großen, bis dahin verelendeten und leidenden Volksmassen unter Mao ist der Auftrag gegeben. Die Macht ist
gründlich umverteilt. Sie meinen auch, von den Russen die
Weltführung des Kommunismus übernommen zu haben und
sind zugleich an die Stelle des Himmels getreten, den man früher im Hintergrund eines solchen *ge — ming* gesehen hatte.
Evangelium der Revolution!

b) *Leben „nach der Befreiung": Einst Finsternis, jetzt
Licht. — „Wohin die kommunistische Partei kommt, wird es
Licht! Kein Platz mehr den finsteren Gestalten!"* singt das
neue Lied. In der Selbstdarstellung der chinesischen Revolution erweist sich der internationale Marxismus als Rettungs-
gürtel, nach dem ein politisch gedemütigtes, aus sozialen
Wunden blutendes, kulturell, geistig und religiös verunsicher-
tes Volk griff. Und obwohl auch dieser Importware einer auswärtigen Macht war und wie ein zu starres Korsett einer An-
gleichung an den chinesischen Körper bedürfte, bot er sich
doch an als ein Weg, mit Mitteln, die im Westen gewonnen
waren, sich vom Westen frei zu machen.

Das Einst und das Jetzt ist wie Nacht und Tag. Der chinesisch realisierte Marxismus bot sich zugleich an als endliche
Verwirklichung der jahrtausendelang gesuchten „Großen
Gleichheit", die nie gelungen war. Endlich Befreiung der Armen von den Ausbeutern, der ausgeschlossenen Kulis von der
Kultur der Privilegierten! Licht ging auf! Es brauchte Zeit, bis
es in die Tiefen der Seelen eindrang — ein Wandel, der Mao

gedankt wird! Davon muß man immer wieder erzählen. So z. B. eine von den sechs oder acht oder zehn Betriebsangehörigen, die es dem fremden Besucher einer Betriebsgemeinschaft bezeugt:

„Ich bin das achte von elf Kindern. Mein Vater starb unter den Kugeln der japanischen Aggressoren, meine Mutter unter den Fußtritten eines Gutsbesitzers. Fünf meiner Geschwister starben vor Hunger, drei an Seuchen. Ich mußte für meine beiden kleinen Brüder sorgen. Auch wir wären fast verhungert. Da kam unser Vorsitzender Mao und befreite unser Volk und wir bekamen Arbeit. Wir bekamen zu essen. Zuerst konnten wir uns jeden Monat wenigstens einmal an einem Tag an Reis satt essen. Dann konnten wir uns sogar jede Woche einmal an Reis satt essen. Heute sind wir soweit, daß wir uns sogar fast jeden Tag einmal an Reis satt essen können. Ja, wir bekamen sogar medizinische Versorgung. Mein Bruder brach den Arm. Ein Arzt hat ihn geschient; es ist alles wieder in Ordnung. Auch eine Brille bekam mein anderer Bruder. Aber ich blieb ein schlechter Mensch. Ich habe immer nur an mich selber gedacht. Ich habe z. B. Überstunden gemacht, und wer Überstunden macht, betrügt die Genossinnen und Genossen. Denn wer redlich ordentlich arbeitet, braucht seine Freizeit zur Erholung und Weiterbildung. Aber dann kam die große Kultur-Revolution, und ich habe angefangen, lesen und schreiben zu lernen, und kann jetzt 550 Bildworte. Als ich die Worte des Vorsitzenden Mao las, da wurde mir klar, was ich für ein gemeiner Mensch bin, und wie ich immer nur an mich selber denke, und ich habe mich sehr, sehr geschämt. Aber dann habe ich gelesen, daß der Vorsitzende Mao sagt, die Gemeinschaft der Genossinnen und Genossen werde mir helfen. Da habe ich Mut gefaßt und habe mir gesagt: ,Jetzt muß ich ein besserer Mensch werden.' Und ich habe mir Mühe gegeben, und die Gemeinschaft der Genossinnen und Genossen hilft mir. Zwar falle ich immer wieder in meine alten Fehler, aber das macht nichts, denn dann kritisieren mich die Genossinnen und Genossen. Und so weiß ich, daß ich nun von Tag zu Tag ein besserer Mensch und ein nützlicheres Glied in unserer Gemeinschaft werde."

Hier ist in einem einzigen Zeugnis das ganze Licht des Heute gegenüber dem Gestern zusammengefaßt. Es erinnert unmittelbar an eine Grundbezeugung des Neuen Testaments von der Erlösung aus der Macht der Finsternis und von dem erlebten Aufgang des Lichtes in Christus. Wie viele Asiaten und Afrikaner, an die der missionarische Ruf, die frohe Botschaft von Jesus gelangte, haben bis in unsere Tage hinein diesen an ihnen geschehenen Wandel von der Finsternis zum Licht, vom Einst zum Jetzt bezeugt. Ist er verblaßt?

c) *Die Mitte im neuen Reich der Mitte: „Mao, der Retter ist da!"* Von allen Erscheinungen der chinesischen Revolution tritt am stärksten die Verehrung Maos hervor. Hier sammelt sich wie in einem magischen Brennpunkt der Glaube der Revolution. „Der große Lehrer", „der große Führer", „der große Oberkommandierende", „der große Steuermann", „der große Vorsitzende" ist nicht nur der Kopf, sondern das Herz der Revolution. In den genannten Titeln sammelt sich alle Erwartung, die man überhaupt an einen Menschen stellen kann. Zugleich haben sie eine deutliche chinesische Farbe. Mao ist *Weiser und Lehrer,* aller uralten philosophischen Kraft Chinas überlegen. Er ist unübertrefflicher *Erzieher*. Mao ist *Dichter und Denker.* Seine eigenen Gedichte mit ihrer kraftvollen poetischen Einkleidung politischen und militärischen Geschehens werden in den Schulen meditiert und analysiert. Das Land ist voll der ihm geltenden Lobpreisungen und Gesänge. Und Mao ist nicht nur ein großer *Dialektiker,* sondern auch der große *Stratege*. Nicht nur der allein treue *Schüler von Marx und Lenin,* sondern zugleich *der neue Lenin,* der den Propheten als Erfüller folgte. Nicht nur hinter dem Volkskrieg Chinas, sondern hinter vielen anderen „Volksbefreiungen" steht seine Strategie. Vietnam ist erster Zeuge dafür. Mao ist der große *Inspirator*. Die Wucht notwendiger Zerstörung, das Maß der Verschonung, das Tempo des Aufstiegs und den Start erneuter Wandlung bestimmt er. Mao heißt „Osten" — „Sonnenaufgang", wie naheliegend ist es, ihn selbst als aufgehende Sonne zu besingen, die alle erleuchtet. Eine Epiphanie, die den Christen an die Lobgesänge der Kirche erinnert, mit der sie die Erscheinung Jesu besungen hat.

Seit Mao mit der Kulturrevolution den Sieg über *Liu Schaotschi* gewann, verleiblicht er den Sieg der Revolution überhaupt. Unübersehbar ist die Zahl der Bilder und Denkmäler im ganzen Land. Überlebensgroß, oft haushoch die Plakate und die Statuen. Mao, „die Sonne aller Völker"! Zehntausende junger Menschen stellen ein bewegtes, lebendes Bild aufgehender Sonnenblumen dar, die sich der roten Sonne öffnen. Kinder sehen ihn im Traum und geben ihren Altersgenossen begeistert ihre Visionen weiter.

„Nehmt unsere Hand! Drückt sie fest! Mao hat uns durch einen Händedruck beglückt", riefen heimkehrende Peking-Pilger den Daheimgebliebenen zu. Je weniger der alternde Mao noch persönlich im chinesischen Alltag erscheint, um so allgegenwärtiger sein lächelndes Bild über den Träumen und Ängsten des Volkes. In allen Wohnungen und Versammlungsräumen schaut es von den Wänden herab. In den Reisfeldern und auf den Flüssen, auf Booten und Lokomotiven ist es zu sehen. Im Neonlicht leuchtet es über nächtlichen Städten. Die Bänke in den Wartesälen des großen Flugplatzes von Schanghai sind mit dem Rücken zum Flugplatz gegenüber einem übergroßen Bilde Maos angeordnet.

Stalin konnte Lenin nicht weglügen. Der Glassarg an der Mauer des Kreml setzte seinem unersättlichen Verlangen nach Verehrung eine unübersteigbare Grenze. Mao hat keinen Vorgänger, mit dessen großem Schatten er streiten müßte. Vom ersten Gründungstag der Partei an, weit über ein halbes Jahrhundert hindurch, ist er es, durch den zuletzt alle Wandlung geschah.*

Gewiß wird Mao auch von Unzähligen gehaßt werden als der Zerstörer alten chinesischen Lebens, seines Maßes und seiner schlichten Lebensfreude. Wir werden von scharfer Verurteilung, ätzender Kritik, von dem Albdruck auf den selbständig Denkenden noch reden müssen. Und doch steht Maos Bild vor China und der Welt wie eine Erfüllung jener so anders gemeinten und doch so bildhaft nahen Vision Lin Yu-tangs 17 Jahre zuvor von dem großen Diktator, der das Schwert aus der Tiefe zieht und vor dem Heer der blauen Uniformen vom Lande her in die Staßen der Hauptstadt zieht. *„Beim Dröhnen der Trommeln, beim Anblick des Banners, der Herrin Gerechtigkeit und ihrer Pracht und des großen Diktators geschieht es."*

Denn siehe, der Retter ist da!

d) *Der Sozialanwalt aller Unterdrückten der Welt: „Preiset ihn alle Völker!"* Wo sich die Gelegenheit bietet, bezeugt das neue China seine Solidarität mit allen Unterdrückten, sei es in Vietnam, sei es mit Afrikanern oder den amerikanischen Negern. Und das Echo auf diese Hilfsaktionen findet man in den Blättern Chinas als weltweiten Dank und große vertrauende Erwartung. Alle spiegeln Freude wieder. Sie erinnern an biblische Lobpreisungen.

Mao hat einmal Zeilen seines revolutionären Lehrers *Lu*

---

* Vergl. Olaf Lagercrantz, China-Report, Frankfurt/Main 1971, S. 113.

Hsün als Devise ausgegeben: *„Die Augenbrauen zusammenge-zogen, blicke ich mit kalter Verachtung auf den verurteilen-den Finger des Würdenträgers. Doch bin ich bereit, mit ge-neigtem Haupt dem Kind wie ein Büffel zu dienen."* „Bis zum letzten Atemzug", hat er gemeint. So steht er als Urbild eines Sozialanwaltes der wahren Mitmenschlichkeit da.

e) *Stafette der Freudenbotschaften.* Das Evangelium der Revolution begrenzt sich nicht auf geschehene Heilstaten. Zu ihr gehört eine nicht abbrechende Kette von „Freudenbot-schaften". Sie werden in vielen Sprachen versandt und werden gekennzeichnet als Extra-Blätter im festlichen Rot, Chinas al-ter Freudenfarbe. Eine „äußerst freudige Nachricht", die man nicht nur Chinesen, sondern der ganzen Welt mitteilt, will z. B. das Pressekommuniqué des Sekretariats beim Präsidium des 9. Parteitags der KPC vom 1. April 1969 sein. Dieser Par-teitag bestätigte die „immer siegreichen Ideen Mao Tse-tungs", vollzog eine Neuformierung der Partei, und erbrachte die Mao erwünschte Wahl Lin Piaos zu seinem Nachfolger. Eine „Freudenbotschaft" nennt ein anderes Blatt das Starten des ersten künstlichen Erdsatelliten. „Der vom Vorsitzenden Mao erlassene großartige Aufruf: ,Auch wir wollen künst-liche Satelliten herstellen' ist in die Tat umgesetzt worden!" — „Feiert den 20. Jahrestag der Gründung der großen Volks-republik!" Feiert! ... feiert! (Übrigens: Die Begegnung mit Nixon und das chinesisch-amerikanische Pressekommuniqué wurde in diese herausgehobene Freudenbotschafts-Reihe nicht aufgenommen!) Zur großen Feier wird das Volk immer wieder gerufen, besonders dann, wenn eine einschneidende Veränderung vor der Türe steht.

„Siehe, wir verkündigen euch große Freude!"

2. Das Angebot der Heilsmittel:
„Wer Mao nachfolgt, wird nicht wandeln in der Finsternis."

Wie verhilft man dem Menschen zum Anteil am Heil und an der Heilsfreude? Ein Problem, das Mao und seine Leute mit nie nachlassender Energie verfolgten.

a) „Glaube nur!" Selbstvertrauen durch Anschluß an den Langen Marsch der Heilsgeschichte

Die maoistische Neugestalt des geduldigen, Berge versetzenden

Glaubens des alten Herrn Yü, durch welche auch die hohen Berge des Imperialismus und Feudalismus und alle ihre Nachformen endgültig abgetragen werden (s. oben S. 88 f) wurde zur wichtigsten Pflichtlektüre jedes Chinesen gemacht. Sie gehört zu den drei „immer wieder zu lesenden Artikeln". Was soll hier dem Leser anders vermittelt werden als ein unerschütterlicher, durch keine Mißerfolge, Feindschaften und Katastrophen umzubringender Glaube an den erfolgreichen Verlauf der Revolution? Immer wieder wurde die vom Glauben an den Endsieg durchdrungene Kampf- und Leidensgeschichte des Langen Marsches zum Gegenstand der Vergewisserung gemacht. Diese Geschichte ist nicht vergangen. Sie setzt sich ständig fort. Sie ruft jetzt in die Marschkolonnen des langen Zuges zum gelobten Land der „Großen Gleichheit aller" hinter dem chinesischen Mose her. Es bedarf keines Beweises, daß dieser Ruf nicht nur die junge Generation Chinas erreichte, sondern in mancherlei Formen und Wirkungen in der ganzen Welt aufgenommen worden ist.

Wie kein anderer der revolutionären Führer hat Mao selbst seit langem die Notwendigkeit der *permanenten Revolution* vertreten. Sie ist nicht beendet und darf es nicht sein.

> „Es ist das Problem, ob die Generation unserer Söhne und Enkel weiterhin auf dem rechten Weg des Marxismus und Leninismus fortschreiten können oder nicht ... Es ist die entscheidende Schicksalsfrage für unsere Partei und unseren Staat, bei der es um Leben und Tod, um Sein oder Nichtsein geht. ... Die Propheten des Imperialismus, die sich auf die in der Sowjetunion sich abzeichnenden Veränderungen stützen, hoffen auch auf eine friedliche Evolution in der dritten und vierten Generation der chinesischen Partei. Wir müssen unter allen Umständen darauf hinwirken, daß diese imperialistischen Prophezeiungen restlos bankrott gehen."

Ob in der Jugenderziehung oder der Weltpolitik, im Wirtschaftskampf oder Kulturleben — China gewann ein neues Selbstvertrauen. Dieses Bewußtsein drängte je länger, je mehr die geistigen und technischen Modelle des Westens, ja sogar den eigenen chinesischen Fachmann verächtlich beiseite. *Sollen wir uns noch länger anlehnen? Wir werden Pionierarbeit tun! Sollen wir noch länger nachahmen? Wir werden selbst erfinden!"* Berge versetzender Glaube der Massen!

b) Unbesiegbare Lehre. Land! Land! Land! Höret Maos Wort!

Als eine Lehre, die nie untergeht, wurde den Chinesen Maos

Wort angeboten, in vielerlei Gestalt, immer wieder neu durch Parolen und Aufrufe, durch Startzeichen für neue Kampagnen, durch belehrende Schriften. Die drei Artikel von dem Glauben des Herrn Yü, vom Opfertod des Dr. Bethune, eines kanadischen Arztes für die kommunistischen Kämpfer, und der ebenfalls mit einem Beispiel heldenhaften Todes verbundene Ruf: „Dem Volke dienen!" spielen dabei eine wesentliche Rolle. Sie wurden seit der Kulturrevolution noch übertroffen durch die Zitatensammlung der *„Worte des Vorsitzenden Mao Tse-tung."*

In den Mao-Worten fanden seit der Kulturrevolution die kommunistischen Chinesen und alle, die sich ihm in der Völkerwelt anschließen, ihre Bibel, ihren Katechismus, ihre reine Lehre in Form eines Losungsbuches. Das rote Buch wurde der Paß, ohne den auch der Fremde China nicht durchreisen konnte. Es wurde das Bekenntnisbuch der revolutionstreuen Chinesen im Ausland, mit dessen Parolen sie Gegner bekehren. Die chinesische Presse ist voll von einzelnen Geschichten, die von der Hingabe und der missionarischen Verantwortung erzählen, mit denen einzelne Menschen unter großen Opfern Volksgenossen und Fremden die Weisheit Maos zu bringen suchten.

Sie ist wahrhaftig keine doktrinäre Theorie. Sie dient der *Praxis.* „Lebensbezogen" soll sie angewandt werden. Darauf verwendet man große Mühen. Ein Millionen-Heer von Mao-„Bibelerklärern" half, daß der Arbeiter in der Fabrik, der Bauer bei der oft so mühsamen Bestellung kargen Bodens, der Forscher im Labor, der Soldat im Manöver, der Matrose auf der Seefahrt, die Erstbesteiger eisbedeckter Gipfel, die archäologischen Wissenschaftler, die Männer am Atommeiler, die Studenten auf der Universität, aber auch die kleinen Schüler in den Schulen, die Kinder im Kindergarten und nicht zuletzt die Hausfrauen in ihren täglichen Geschäften — daß alle, alle und auf vielerlei Weise sich den Inhalt der Mao-Lehre aneigneten. Überall wird auswendig gelernt, eingeprägt, durch Diskussion geklärt und angewandt, was Mao gelehrt hat. Das Stichwort „lebensbezogen" kehrt unaufhörlich in Zeitungen und Zeitschriften wieder. Das deutet auch auf die große Gefahr hin, auf dem Heilsweg der Revolution falsche Schritte zu tun, nach links oder rechts abzuweichen und sich im Finstern zu verirren. Wer dem entgehen will, muß immer nah am Mao-Wort bleiben. Strafe verdient, wer die Rote Bibel zu einem toten Besitz werden läßt. Wer aber ihre Wahrheit aufnimmt, braucht nicht in der Finsternis zu wandeln.

Diese Lehre ist *Lebensquell.* Der österreichische Journalist Louis Barcata berichtet in seinem eindrucksvollen Buch „*China in der Kulturrevolution*"* von einer pantomimischen Darstellung, der einige Hunderte Männer und Frauen folgten. Männer erschienen auf einer sonst leeren Bühne, um einmal als Bauern, dann als Eisenbahnschaffner, als singende Marschkolonne, als Chemiearbeiter und als Flieger darzustellen, was das Rote Buch für ihr Leben bedeute und wozu es sie nötige. In Angriffsformation, in Verteidigungsstellung, dann mit vorgereckter Hand und vorwärtsweisendem Arm, dann mit hackenden Bewegungen gegen ein zu vernichtendes Etwas auf dem Boden geben sie sich ihrer Aufgabe hin. Schließlich umtanzen sie alle das Rote Buch, beschwören es und besingen es.

> „Nie habe ich in China eine fasziniertere Zuhörermenge erlebt ... aus jeder Darstellung ging hervor, daß sie aus dem Roten Buch Kraft schöpften ... Je länger ich den Männern zusah, die unermüdlich immer wieder kamen, während der Riese mit dem Stalin-Gesicht todernst trommelte wie ein Berserker und die Musik jaulte und die Märsche herunterheulte, desto kälter wurde mir ums Herz."

Ein anderer Chinabesucher erzählt:

> „Rote Garden kommen hereinmarschiert und zitieren ein Mao-Wort: ‚Der große Vorsitzende Mao lehrt: Seid gut zu den Gefangenen!' Dann tanzen sie mit Geigen und stellen dar, wie ein amerikanisches Flugzeug abgeschossen wird. Klangmalerisch schlägt es auf der Erde auf, kriecht der Pilot aus den Trümmern hervor. Sie gehen auf ihn zu und wollen ihn erstechen. Im Hintergrund aber hebt einer plötzlich das Büchlein hoch und liest: ‚Der Vorsitzende Mao lehrt: Seid gut zu den Gefangenen!' Und dann geht die rote Sonne in ihren Herzen und im Herzen des Piloten auf. Sie umarmen sich, und sie werden Freunde."

Selbst im nahen Land des alten Erbfeindes Japan werden die Mao-Worte fleißig und planmäßig studiert. Sie sind im Verständnis der verelendeten Millionen der ganzen Welt Heilsworte und nur so zu verstehen. „Maos Lehre verändert die Welt."

---

* Wien 1967, S. 163 ff.

c) Die Wunder Maos. Blinde werden sehend, Taube hörend, Tote stehen wieder auf

Wundergeschichte über Wundergeschichte wird berichtet. Im Unterschied zu manchen Legenden, die sich um moderne afrikanische oder asiatische Volksführer, wie z. B. Kwame Nkrumah und Sukarno, bildeten, sind es nicht so sehr Ausstrahlungen, die unmittelbar von der magischen Leiblichkeit des Führers ausgehen, sondern Wunder seines Wortes, seines Geistes, denen wir in Maos Reich begegnen. Das ist beachtenswert. Mao selbst gibt keinen Anlaß zu Personenzauber. In seinen eigenen Schriften wird man auch keine Aufforderung finden, sein Wort magisch zu verstehen. Aber daß es überall so aufgenommen und beschrieben wird, das hat er nicht verhindert und wahrscheinlich auch nicht verhindern wollen.

Ein europäischer Besucher erzählt von einem Hüttenwerk, in dem anstelle von Arbeitsschutzvorschriften Worte des Vorsitzenden Mao hingen. Er fürchtet sich, nahe an das Gußloch zu treten, weil ihm etwas von der glühenden Masse auf die Füße spritzen könnte. Seine Begleiter sagen ihm: „Du brauchst gar keine Angst zu haben. Unsere Arbeiter lesen alle die Worte des Vorsitzenden Mao. Dir passiert nichts!"

Chinesische Blätter und Rundfunkberichte erzählen von der Heilung von Taubstummen und Blinden, die man mit der altchinesischen Akupunktur behandelt hat. Man hat tiefgehende Einstiche gewagt. Der erstaunliche Erfolg aber wird den Mao-Gedanken zugeschrieben, um die man sich vor den Eingriffen sammelte. Ein Bild zeigt die ehemals Blinden, Tauben und Stummen, wie sie das Lob des großen Vorsitzenden Mao besingen.

In einer Nummer der *Peking-Rundschau* des Jahres 1971 (Nr. 45, S. 21) heißt es:

> „In der großen proletarischen Kulturrevolution hat das revolutionäre medizinische Personal eine Handvoll von absolut besserungsunwilligen, den kapitalistischen Weg gehenden Machthabern gestürzt und die von ihnen verbreitete revisionistische Linie im Gesundheitswesen verurteilt. Durch Akupunktur und neuartige chinesische Medizin aus heimischen Heilkräutern, die im Namen Maos angewandt wurde, gelang es von 151 querschnittsgelähmten Patienten 8 so zu heilen, daß sie wieder körperliche Arbeit leisten können, 15 so, daß sie allein laufen und 124 so, daß sie mit Krücken gehen können."

Selbst aus Tansania wird von dieser heilenden Wundermacht der Worte und Gedanken Maos berichtet. So heißt es in einem chinesischen Blatt:

> „Im April vorigen Jahres kam ein chinesisches Ärzteteam auf Einladung der Regierung nach Tansania. Voller revolutionärer Begeisterung und fest entschlossen, dem afrikanischen Volke zu dienen, überquerte es zwei Ozeane ... Die Menschen in Tansania empfingen sie mit Begeisterung und sagten: ‚Ihr seid die Abgesandten des Vorsitzenden Mao, die guten chinesischen Ärzte!‘ Vorsitzender Mao spricht: Rettet vom Tode, helft den Verletzten, laßt die Humanität der Revolution Wirklichkeit werden! Das chinesische Ärzteteam handelte in konkreter Aktion und im vollen Bewußtsein seiner Verantwortung nach dieser Weisung. Eine 30jährige Frau mit einer furchtbar schmerzenden, geschwürartigen Schwellung des Leibes kommt zu den Chinesen, nachdem ihr der europäische Arzt im westlichen Missionshospital nicht habe helfen können. Nun kam sie in ihrer letzten Hoffnung zu den chinesischen Ärzten ...
> Vor der Operation rekapitulierte das chinesische Personal des Vorsitzenden Maos berühmte drei Aufsätze und untersuchte die Patientin noch einmal gründlich ... In einer 6stündigen Operation entfernten sie erfolgreich eine 12pfündige Geschwulst. Nach 17 Tagen konnte die Patientin entlassen werden ... Die Frau sagte bewegt zu ihren Verwandten: ‚Meine Krankheit galt viele Jahre als unheilbar, aber heute ist mir Heil widerfahren. Dafür muß ich dem Vorsitzenden Mao danken. Er war es, der die chinesischen Ärzte ausgesandt hat.‘ "*

Es ist nicht von ungefähr, daß solche Berichte auch uns zugedacht werden. Leider wurde aber im Lande der Wunder Maos die Predigt von den Wundertaten Jesu untersagt. Was Gott damit der Kirche in China zumutet, ist kaum zu ermessen. Bewußt werden sollte aber der Weltchristenheit, daß diese Kirche Fürbitte braucht.

d) Hasset das Arge! Das Gesetz des Widerspruchs wahrnehmen!

Die von Mao entwickelte dialektische Lehre vom Widerspruch wirkt auf den ersten Blick so philosophisch-doktrinär, daß ihr Eindringen in den Geist des Volkes kaum aussichtsvoll erscheint. Aber eben dies ist geschehen. Von ihr gehen immer neue Impulse und höchste Beunruhigung aus. An ihr wird die Fackel der revolutionären Ethik entzündet. Der tathafte Widerspruch gegen das „Böse"!

Weltanschaulich finden wir hier geradezu ein ausgespro-

---

* Jen Min Yih Pao, 31. März 1969, S. 6.

chenes Gegenbild zu jedem religiösen Geschichtsverständnis, besonders aber zu biblisch-christlichem Glauben an einen lebendigen persönlichen Gott, Schöpfer und Erlöser.

Mao nennt die „metaphysische" und die „dialektische" Auffassung von den Entwicklungsgesetzen der Welt „zwei entgegengesetzte Arten der Weltanschauung." Er besteht auf der *innerweltlichen* Entwicklung der Dinge als einer Kette sich entladender Widersprüche. Für ihn galt es, als betroffenes Objekt und Subjekt des unerbittlichen allumfassenden Bewegungsgesetzes, dem niemand entrinnen kann, nicht Träger eines Ausgleichs, sondern Vollstrecker dieser immer wieder stattfindenden Explosionen zu werden. Fanatisch wird die Formel: „Eins teilt sich in zwei" der „reaktionären" Theorie der Verschmelzung von Zwei in Eins entgegengehalten. Bei alledem geht es besonders um die Wahrnehmung der „antagonistischen Widersprüche". Beide, die durch Diskussion und Überredung zu lösenden Widersprüche zwischen Produktivkräften und Produktionsverhältnissen, zwischen Führung und Geführten, zwischen Kollektiv und Individuum müssen gelöst werden, aber auch die radikalen, nicht aufhörenden Klassenwidersprüche müssen in voller Wucht ausgetragen werden. Während man in Rußland erklärt, „der Staat des ganzen Volkes und die Diktatur des Proletariats seien inzwischen ein und derselbe Typus und der Klassenkampf sei beendet, da es keine Ausbeuter mehr gebe" („zwei in eins"), hat der Kampf bei Mao im Grunde erst begonnen und wird nach Pekings Meinung auch Rußland noch neue Revolutionen erleben lassen („eins in zwei").

Diese Überzeugung fand in den Sturmjahren 1966 und 1967 der Kulturrevolution einen radikalen Ausdruck.

Man wird ihr Bewunderung zollen müssen. Wo gibt es ein Land wie das China von 1966, in dem die Jugend von einem 72jährigen Führer zum methodischen Widerspruch herausgerufen wird? Ihr sollt eure eigene Meinung haben! Eine kritische Meinung! Schreibt sie an die Wände! Pinselt jeden Widerspruch gegen Machtmißbrauch von Parteihäuptern, gegen bürokratische Ungerechtigkeit, gegen Lehrer und Betriebsleiter, pinselt die Kritik der Bauern an den Arbeitern und der Arbeiter an den Bauern in große Wandzeitungen hinein! Macht einen großen Meinungskrieg an allen Wänden! Ohne Widerspruch kein Fortschritt, keine Erhebung der Revolution auf eine höhere Stufe!

Kann das gut gehen? Muß es nicht im Chaos enden? Das Zentralkomitee stellt sich auf Maos Seite gegen seine damals noch weithin führenden Widersacher:

> „Vertraut den Massen! Stützt euch auf sie und achtet ihre Initiative! Befreit euch von der Furcht! Habt keine Angst vor Unordnung! Vorsitzender Mao hat uns oft gesagt, daß Revolution nicht derart verfeinert, sanft, gemäßigt, gütig, höflich, zurückhaltend und großmütig sein kann. Laßt die Massen sich in dieser großen revolutionären Bewegung selbst erziehen und es lernen, zwischen richtig und falsch und zwischen korrekter und unkorrekter Handlungsweise zu unterscheiden. Macht den größtmöglichen Gebrauch von den Wandzeitungen ..., so daß die Massen ... alle finsteren Elemente entlarven können."

Damals wurde eine junge Chinesin von einem ausländischen Journalisten nach dem Grund dieser Kritik und dieser Selbstkritik, dieser Forderung nach immer neuem Durchdenken und nach Bekehrung gefragt.

> „Weil sich bereits wieder ein neues Mandarintum zu bilden begann ... Wir können anscheinend nicht in einer Umbruchszeit leben ... Wir sind keine Schwimmer. Wir wollen uns immer festhalten ... Nur eine Dauerrevolution, die unser Volk von innen nach außen stülpt, so daß es einfach nicht mehr weiß, wo oben und unten, wo Ruhe und Bewegung ist, kann uns helfen, eine Mentalität los zu werden, mit der wir immer, immer, immer in einer bürgerlichen Situation landen werden."

Ein „Fest der Kritik" nannten die jungen Menschen deshalb die Kulturrevolution. Und Mao rief ihnen zu: *„Die Welt ist euer, wie sie auch unsere ist, doch letztes Endes ist sie eure Welt. Ihr jungen Menschen, frisch und aufstrebend, seid das erblühende Leben, gleichsam die Sonne morgens um 8 oder 9 Uhr. Unsere Hoffnungen ruhen auf euch."* So hat Mao im chinesischen Volk geradezu einen sechsten Sinn für seine Idee vom Widerspruch erweckt. Wer den Pinsel in die Hand nimmt, muß denken. Er muß seine Trägheit verlassen. Er muß Stellung nehmen. Er muß eine kritische Äußerung wagen. Sie soll durch andere widerlegt werden, Spruch und Widerspruch sollen weitertreiben. So wird immer wieder neu entstehende Fäulnis ausgemistet. So soll das immer wieder ausbrechende Böse mit hartem Besen ausgekehrt werden.

Daraus wurde *„Aufbau durch Zerstörung!"* Man ist hier mitten im Herzen der maoistischen Revolution. Ob es aufhört zu schlagen, wenn Maos eigenes Herz zu schlagen aufhört? Es scheint, daß der Anstoß nicht so schnell zum Stillstand kommen kann, auch wenn besonnene und nüchterne Kräfte immer wieder das chaotische Übermaß neuer Widerspruchs-explosionen um des Wohles und der Ehre Chinas willen zu bändigen suchen. In welchen Zwiespalt gerät gerade der seines Chinesentums bewußte Revolutionär! Lin Piao hat die-sen widerspruchsvollen Tatbestand mit den Worten ausge-drückt: *„Wenn wir Revolution machen, heißt das, daß wir gleichzeitig Revolution gegen uns selbst machen. Der Revolu-tionär ist ein Revolutionär gerade der Kultur, die er selber hat."* Wie anders aber ist schon Tschu En-lai!

Können Menschen solche Anforderungen lange oder öfter verkraften? Können sie es, ohne an ihrem Menschsein selbst Schaden zu leiden?

e) Die rote Seelsorge. Sie will die Übertreter Maos Wege lehren

Man muß im Sinne der chinesischen Revolution das Angebot des Widerspruchs noch ergänzen durch das Angebot einer revolutionären Seelsorge, die den in seiner Selbstsucht befange-nen Menschen mit den Mitteln schonungsloser psychologi-scher Therapie zu Hilfe kommt. Wir sprechen mit einem nicht ganz zureichenden Ausdruck von der „Gehirn-Wäsche"; sie ist die chinesische Form der in totalitären Systemen kom-munistischer und nichtkommunistischer Art geübten Ver-suche, Menschen bekämpfter Klassen und Denkweisen durch eine Verbindung von physischen und psychischen Schocks ge-waltsam zu bekehren.

Wenn irgendwo, so manifestiert sich hier „der andere Glaube!" Was ließ man es sich in China kosten, Menschen durch „Überwindungsbewegungen", „Denkreformen", „Umer-ziehungen" und „Reinigungskampagnen" für die Erkenntnis ihrer falschen Denkart und gesellschaftlichen Sünden und Ver-brechen, für ihr rückhaltloses Bekenntnis und die Aufnahme der „reinen Lehre" in einem erneuerten Bewußtsein zu gewin-nen!

Im Sinne Maos waren schon die öffentlichen *Blutgerichte*, mit denen das neue Regime einsetzte, aus solcher Sorge um das ganze Volk entstanden. In aller Öffentlichkeit sollten des-halb die Umkehr-Unwürdigen und zum Umdenken Unfähigen, die konterrevolutionären reinen Bösewichte ihrer abgrund-tiefen Bosheit überführt werden. Wie soll man sonst die in keinem anderen kommunistischen Land praktizierte, staatlich

organisierte Teilnahme der ganzen Bevölkerung an den großen
Anklageversammlungen und Hinrichtungen verstehen? Vor
Tausenden und Zehntausenden mußten sich die Opfer als Abschaum der Menschheit erklären und ihre Verbrechen laut in
die Welt hinausschreien, um schließlich unter dem so erweck-
ten Abscheu und Haß des Volkes, besonders seiner Jugend,
den verdienten Tod durch öffentliche Erschießung oder eine
andere Hinrichtungsart zu erleiden. Der Minister für öffentliche Sicherheit berichtete, daß in Peking allein in wenigen
Monaten etwa 30 000 solcher Gerichtsversammlungen statt-
fanden und daß an ihnen insgesamt über 3 Millionen Menschen teilnahmen.* Eine eindrückliche, unvergeßbare Mahnung an das ganze Volk: Wie lange hinket ihr auf beiden Seiten?

Ihre eigentliche Kraft aber entfaltete diese Seelsorge in der
methodischen Form der Umerziehung, die in *Lager- und Ge-
fängnis-Gruppen* und durchweg unter Ausschluß der Öffentlichkeit stattfand und stattfindet. Sie wurde auch einzelnen
repräsentativen Vertretern der zur Vernichtung bestimmten
feindlichsten Klasse zuteil.

Ein hervorragendes Beispiel ist der letzte Sproß des Kaiser-
hauses Pu Yi. Diesen von den Russen ausgelieferten zeitwei-
sen „Kaiser von Mandschukuo" aus Japans Gnaden, dem letzten „Sohn des Himmels", wurde vergönnt, umzulernen und
ein einfacher Gärtner zu werden. Er bekennt vor einem ausländischen Besucher:

> „Ich bin ein Verbrecher. Meine ganze Vergangenheit ist ein
> einziger abscheulicher schwarzer Schatten. Aber dieses Gefäng-
> nis ist meine Schule, und ich hoffe nun auf eine lichte Zu-
> kunft. Einst und jetzt, das bedeutet so viel für mich, wie Tag
> und Nacht ... In der Vergangenheit war ich ein dem Feudalis-
> mus ergebener Feind des Volkes. Ich war der Lakai für die
> imperialistischen Japaner, ein Vaterlands- und Volks-Verräter.
> Ich habe mich nie um das Leben des Volkes gekümmert, ich
> habe nur an mich gedacht und habe das Volk ausgebeutet.
> Aber nun hat mich die Volksregierung darüber belehrt, was
> das Leben ist und was ein Mensch bedeutet. Nun kenne ich die
> Wahrheit ... Jetzt hasse ich meine Verbrechen und bereue sie.
> Vor mir liegt das Bild einer herrlichen Zukunft. Ich werde das
> Volk bitten, mich hart zu bestrafen."

---

* St. Schram, Mao Tse-tung, S. 265.

„Warum hat man Sie seinerzeit nicht hingerichtet? Waren Sie nicht sehr erstaunt darüber?"

„Ich war sehr überrascht. Sehen Sie sich in der Weltgeschichte um: Nirgends werden Sie ein Beispiel ähnlichen Großmuts finden. Ich hatte zuerst diese Güte gar nicht begriffen ... Ich wußte noch nicht, daß Rache um ihrer selbst willen für sie (die Kommunisten) keinen Wert besitzt. Nur die Wandlung eines Menschen zählt, selbst die des schlimmsten Verbrechers, eines Verräters, wie ich es war. Anstatt mich zu töten, haben mir die Kommunisten das wahre Leben geschenkt."

Dieses markante Beispiel einer gelungenen „Gehirnwäsche", das uns der französische Journalist Lucian Bodard* aufgrund eines Besuches des Gefangenen erzählt, spricht für unzählige.

Mao selbst hat einige Regeln für die Behandlung der Gesellschaftskranken aufgestellt: *„Man muß sie überraschen, ja so schockieren, daß ihnen der Schweiß – und noch anderes – ausbricht"* und das Eingeständnis ihrer Fehler ihnen mit Sicherheit über die Lippen kommt.

Maos Initiative an der großen „Kampagne der Gedankenreform" bestand aber vor allem in der Vorlage eines sorgfältig ausgewählten Lerngutes, einem Kanon seiner von ihm selbst revidierten und von den eigenen jugendlichen Irrtümern stillschweigend befreiten Schriften. Wahrscheinlich gehört dazu auch eine Ausgabe von Lektionen für das „Sonderstudium" der „negativen Elemente". Das *Rote Buch* enthält einige seiner hierhin gehörigen Grundsätze:

„Unter gewöhnlichen Umständen sind Widersprüche im Volk nicht antagonistisch. Aber wenn man sie nicht richtig behandelt oder wenn man die Wachsamkeit verliert, sorglos und nachlässig wird, kann ein Antagonismus entstehen ... Unsere Worte müssen von dem heißen Bestreben durchdrungen sein, das Volk zu schützen und zu erziehen." Die normale Behandlung geschieht ohne Gewalt. „Probleme ideologischen Charakters oder Streitfragen, die im Volke entstehen, können nur mit der Methode der Demokratie, mit der Methode der Diskussion, Kritik, Überzeugung und Erziehung, nicht durch Zwangs- und Unterdrückungsmaßnahmen gelöst werden."**

Man wird nicht übersehen dürfen, daß für die besonders gefährdete, verunsicherte und von Mao mit besonderer Sorge beobachtete Klasse der *Intellektuellen* die ihnen angebotene Umschulung und Umerziehung eine Art Hilfe bedeutete. Wie

---

* Chinas lächelndes Gesicht, Frankfurt 1965, S. 65 ff.
** Rotes Buch, Peking-Ausgabe, S. 63, 65 und 67.

Mao selbst hatten sich viele schroff von ihren Vätern gelöst, ohne in westlichen Idealen oder antiautoritärer Anarchie Befriedigung finden zu können. In die entstandene Lücke trat das „gute neue Regiment" und die mächtige, besorgte Vatergestalt Maos. Das war ein Prozeß, der in leichteren Fällen in den Diskussionsgruppen der Parteikader zustandekam.

Die wenigen Berichte über hartnäckige politische Verbrecher, besonders belastete Ausländer, die sich in den Gefängnissen mit ihren „Mitstudenten" unter Anleitung der mitgefangenen Zellenleiter zusammenfinden mußten, sprechen freilich eine bestürzende Sprache:

> „Die Regierung hat dir die Hände verbunden und die Fußknöchel. (Wahrscheinlich eine sinnbildliche Strafe für die China widerfahrenen Demütigungen durch den Westen.) Wie geht es deinen Beinen?" „Sie beginnen anzuschwellen." „Das darf dir keine Sorge bereiten. Die Regierung ist gut wie eine Mutter, und wenn du guten Willens bist, ist es der Regierung eine Kleinigkeit, dich von den Ketten zu befreien. Du mußt Vertrauen haben zur Regierung."

Im Munde der Gefangenen selbst hat dieses Vertrauen dann etwa folgenden Wortlaut, mit dem ein dazu ersehener Gefangener dem anderen eine Verschärfung der Umerziehung ansagt:

> „Der einzige Grund ist der Regierungsbeschluß, diese Beichtkampagne fortschrittlicher zu gestalten, um auf diese Weise unsere Umformung zu beschleunigen und uns zu zwingen, mit oder gegen unsere Überzeugung" — hier machte er eine Pause, schaute bedeutungsvoll von einem zum anderen, die „negativen Elemente" etwas länger musternd —, „den Weg von Reaktion und Tod zu verlassen, um auf der glorreichen Heeresstraße zu marschieren, die vom Tod zum Leben führt ... Dies alles muß uns ein weiterer Beweis dafür sein, daß sie sich stets um unser Wohlsein bemüht und uns also weit besser behandelt, als so verdorbene Kerle und feige Verbrecher, wie wir es sind, erwarten können. Können wir untätig bleiben gegenüber einer solchen Sorge und Güte? Undankbare und Quertreiber handeln anders. Nein, wir müssen diese außergewöhnliche Gelegenheit mit beiden Händen ergreifen ... Wir müssen uns von der stinkenden Vergangenheit und dem verderblichen Schmutz der alten Gesellschaft reinigen. Wir reinigen uns im Bad dieser Kampagne, so daß wir, ohne verstoßen zu werden, sauber und brauchbar wieder zum Vorschein kommen und mit großem Vertrauen und neuer Hoffnung wohlgemut dem neuen Leben entgegensehen können."*

---

* Dries van Coillie, Der begeisterte Selbstmord, Donauwörth, S. 57 und 214 f.

Wir erinnern uns an ein so wortnahes und so ganz anderes Gebet:

„Sei mir gnädig nach deiner Güte und tilge meine Sünde nach deiner großen Barmherzigkeit", betet der Psalmist (Ps 51).

f) Waffen gegen Tod und Teufel — Tod, wo ist dein Stachel?

Die geistige Waffenrüstung gegen Tod und Todesfurcht ist ein besonders charakteristisches Stück des maoistischen Heilsangebots. Mao, der selber von dem Drang nach revolutionärer Unsterblichkeit erfüllt ist, hat mit großer Entschlossenheit die Aufgabe ergriffen, seinem Volk eine regelrechte Anti-Tod-Unterweisung zu geben und einen revolutionären „Unsterblichkeitssinn" einzupflanzen.*

Dazu gehört zunächst *die Unterscheidung des gewichtigen und ungewichtigen Todes.*

> „Der Tod ist jedem beschieden, aber nicht jeder Tod hat die gleiche Bedeutung. Der altchinesische Schriftsteller Sima Tjiän sagte einmal: ,Es stirbt ein jeder, aber der Tod des einen ist gewichtiger als der Tai-Berg, der Tod des anderen hat weniger Gewicht als Schwanenflaum.' Stirbt man für die Interessen des Volkes, so ist der Tod gewichtiger als der Tai-Berg; steht man im Sold der Faschisten und stirbt für die Ausbeuter und Unterdrücker des Volkes, so hat der Tod weniger Gewicht als Schwanenflaum" (Rotes Buch, S. 205).

In allen drei, dem Volk zu immer neuer Lektüre anbefohlenen Schriften wird am Vorbild todesmutiger Revolutionäre und im Gedenken an solche, die sich von der Sterblichkeit des biologischen Lebens nicht schrecken ließen, Waffenrüstung gegen Tod und Todesfurcht ausgeteilt.

Dabei steht die „Entmythologisierung" der todbringenden Macht des *Feindes* an hervorragender Stelle. Er wird zum „Papiertiger", ist hohl, hat keine Substanz, weil er nicht im Volk verwurzelt ist. Warum sollte man sich vor ihm fürchten? Auch die schwerste technische Waffe muß dem menschlichen Mut weichen. Selbst die Atombombe wagt Mao als Papierbombe zu bezeichnen, obwohl die Russen den Chinesen warnend zuriefen, daß dieser Papiertiger „Zähne habe"! Es ist geradezu gut, wenn man Feinde hat. Dann hat man jemand, dem man die Waffen wegnehmen kann, um sie selbst zu ge-

---

* Vgl. R. I. Lifton, Die Unsterblichkeit des Revolutionärs, S. 26 f.

brauchen. Der Feind kann so das lebenerhaltende Brot werden, das Brot der Unsterblichkeit, das sich der todesmutige Rebell raubt und ißt.

Der Umgang mit dem Tod ist im neuen China völlig anders als zuvor. Friedhöfe und *Ahnenkult* passen nicht mehr hinein. Man sucht den Tod selbst beiseite zu drücken, um in die neue Zukunft vorzustoßen.

Dafür gibt es auch *symbolische Handlungen*. Charakteristisch, welche Rolle *Wasser* und Feuer in Worten und Handlungen spielten. Man feiert den Gedenktag eines Edelmannes, der als eine Art Mao Tse-tung vor etwa 2000 Jahren sich auf die Seite der armen Bauern gegen die Tyrannei des Kaisers stellte und sich im Fluß ertränkte, als er ohne Erfolg blieb. Auch Mao hat als kleiner Junge dem Vater mit dem Sprung in den Dorfteich gedroht und damit die Bresche in die Freiheit gebrochen. Vor allem aber hat er mehrfach durch ein symbolisches Schwimmen den Start zu kühnen Unternehmungen gegeben, in denen es um Tod und Leben ging. So der ... Sechzigjährige durch sein Durchschwimmen des riesigen Yangtse zur Ankündigung des „großen Sprungs" im Jahre 1956, und noch bedeutungsvoller nach schwerer Krankheit und Totsage im Jahre 1966 vor der Kulturrevolution, als der 72jährige — nach den begeisterten Berichten Chinas — neun Meilen in 65 Minuten durchschwamm.

> „Ich durchquere den Yangtzu,
> den Strom von zehntausend Meilen,
> und blicke weit in den Himmel des südlichen China
> ich achte es nicht, daß der Wind die Wellen peitscht,
> es ist herrlicher, als im stillen Hofe ziellos zu wandern.
> Hier wird alles groß und weit,
> auch wenn Konfuzius sagte, als einst am Wasser er stand:
> Ach, alles geht so dahin wie dies."

Viele Formen der Auswirkung dieser Todesrüstung und Feindesverachtung kehren deshalb wieder in den Geschichten von einzelnen und von Gruppen der Mao-Kämpfer.

Überschwenglich wird berichtet von dem Brandeinsatz einer Kindergruppe, deren Kampflied lautete:

> „Wir sind kleine rote Soldaten,
> unsere Speere haben rote Quasten.
> Heldenmütig schreiten wir zum Kampfplatz,
> stehen aufmerksam Posten jederzeit,
> immer halten wir gute Wache,
> fürchten weder Mühsal noch Tod.

Wir kämpfen gegen den USA-Imperialismus,
gegen den sowjetischen Revisionismus,
und wir schlagen alle Wölfe tot."

Diese Kindergruppe entdeckt einen entstehenden Wald-
brand. „Da gedachten die kleinen roten Soldaten der großen
Lehre des Vorsitzenden Mao: ‚Stirbt man für die Interessen des
Volkes, so ist der Tod wichtiger als Tai-Berg.' Laut riefen sie
im Chor: ‚Fest entschlossen sein, keine Opfer scheuen und
alle Schwierigkeiten überwinden, um den Sieg zu errin-
gen!' " (Mao-Wort). Einer stürzt sich in die Glut und rollt
sich hin und her. Als die Bauern kommen, haben die Kinder
bereits gelöscht. „Gerührt schlossen sie die durch das Feuer
verletzten kleinen roten Soldaten in die Arme und riefen tief
bewegt aus: ‚O Vorsitzender Mao! Jeder von dir erzogene
kleine rote Soldat ist ein Held.' "

Diese Ermutigung zum todesverachtenden Kampf ist von
besonderer Bedeutung *im Blick auf die inneren Gegner,* die
gefährlichen Vergifter und drohenden Verführer auf dem Weg
des Lebens. Das Schrifttum der letzten Jahre ist voll davon, zu
berichten, was es kostete, das Gift *Liu Schao-tschis,* der doch
durch viele Jahre hindurch gelehrt hatte, „wie man ein rechter
Kommunist wird", und die immer neuen Störversuche seiner
Anhänger kämpfend zu überwinden. Auch die Überwindung
dieses schlechthin zum Teufel gewordenen Geistes geschieht
durch die Ermutigung mit Mao-Gedanken, „die Wurzel unseres Lebens". Auch für diese unmittelbar ideologischen
Kämpfe gilt die Strategie Maos:

> „Wenn wir den Feind sehen, dürfen wir nicht zu Tode er-
> schrecken wie die Ratte vor der Katze, nur weil er eine Waffe
> in den Händen hält. Wir dürfen uns nicht scheuen, in die Mitte
> seiner Reihen vorzudringen, um ihn zu sabotieren. Wir sind
> Menschen. Der Feind besteht genauso aus Menschen. Wir sind
> alle Menschen. Was also sollten wir fürchten? Die Tatsache,
> daß er Waffen hat? Wir können einen Weg finden, um ihm
> seine Waffen abzunehmen ... Was sollten wir fürchten? Wir
> sollten keinen Himmel fürchten. Wir sollten keine Geister
> fürchten. Wir sollten keine Toten fürchten. Wir sollten keine
> Bürokraten fürchten. Wir sollten keine Militaristen fürchten.
> Wir sollten keine Kapitalisten fürchten."

g) Das Vorbild der Helden und Heiligen

Fast selbstverständlich, daß ein neues Heroen- und Heldentum
zum neuen China gehört. Man könnte sagen: das Heldenlied

des kleinen Mannes. Von ihm wird erwartet, daß er die Revolution nicht sterben läßt. Die Helden und die Heiligen sind die, die alle Brücken abgebrochen haben, dem bürgerlichen Geist widerstehen und sich keine Ruhe gestatten im „Dienst des Volkes". Das können Arbeiter sein, die gegen ihre Betriebsleitung eine längere Arbeitszeit fordern. Das können auch Soldaten sein, die ihr Leben für nichts achten, wenn der Feind in die Luft gesprengt werden soll. Das können Frauen sein, die sich an die Spitze eines ländlichen Revolutionskomitees stellen, um den Aufbau eines durch Naturkatastrophen verwüsteten Dorfes ohne fremde Hilfe, im großen Selbstvertrauen, zu leiten.

3. Die Forderung der totalen Hingabe. „Von ganzem Herzen, von ganzer Seele, aus allen Kräften."

Worin sie sich äußern muß, braucht nach dem Vorangehenden nicht lange ausgeführt zu werden. Daß sie aber radikal, gegebenenfalls unbarmherzig gefordert wird, ist deutlich zu unterstreichen. Für alle Lebensgebiete gilt, was Mao gegen den „Liberalismus" sagt, so wie er ihn versteht:

> „Man weiß genau, daß einer unrecht hat. Weil es sich aber um einen guten Bekannten, einen Landsmann, einen Mitschüler, einen intimen Freund, einen geliebten Menschen, einen alten Mitarbeiter oder einen alten Untergebenen handelt, führt man keine prinzipielle Auseinandersetzung mit ihm darüber, sondern läßt ihn gehen, um Frieden und Freundschaft zu erhalten."

Das ist die lässige Lauheit, gegen die mit allen Mitteln angegangen werden muß.

In der Bibel heißt es einmal: „Verflucht ist der Mann, der des Herrn Werk lässig treibt." Wer wollte leugnen, daß Maos Ansporn zur ganzen Hingabe an das revolutionäre Werk und seine Verurteilung der Lauheit auf eine der empfindlichsten Stellen der alten Christenheit drückt und uns danach fragt, was es um das biblische Engagement des „ganzen Herzens" bei uns sei?

4. Der totale ideologische Krieg an allen Fronten — ein heiliger Krieg

Der totalen Hingabe entspricht ein totaler Bereich, der Intensität entspricht die Extensivität des Kampfes — ein heiliger Krieg an allen Fronten, in allen Lebensbereichen.

a) Die totale Befreiung und die totale Beschlagnahmung von Kultur und Wissenschaft. Das andere ora et labora

Mao wurde mehrfach verglichen mit dem genialen und sagenumwobenen, ersten selbsternannten und in mancher Hinsicht großartigsten Kaiser der chinesischen Geschichte *Shih Huangti,* d. h. „Erster Göttlicher" (ein Titel, der zuvor nur verstorbenen Kaisern verliehen wurde), welcher im dritten Jahrhundert vor Christus für nur 12 Jahre das ganze Reich Ch'in regierte. Von ihm wird erzählt, daß er mit atemberaubendem Tempo und in ständiger Sorge um einen frühen Tod durch tausenderlei einschneidende Verfügungen und bis dahin unerhörte Neuerungen ein Staatswesen schuf, in dem es kaum eine Einrichtung gab, die nicht neu war. Das geschah auf der Asche einer riesigen Bücherverbrennung im ganzen Reich, die er im Namen des Fortschrittes befahl. Kein Klassiker außer dem „Buch der Wandlungen" soll der Vernichtung entgangen sein. Durch diesen totalen Kulturkampf sollte ein „Zeitalter höchsten Friedens" heraufgeführt werden. Wohl die erste große, noch Jahrhunderte nachher schockierende chinesische Kulturrevolution, in der der Zweck jedes Mittel heiligte.

Die Kulturpolitik Maos, der Schrecken vieler Intellektueller, hat im Namen der die neue Zukunft eröffnenden Revolution nicht weniger gründlich mit dem Alten aufgeräumt. Anerkannt blieb nur Kunst, die Klassencharakter hat. Auf Theater und Oper hat besonders Maos vierte Frau *Tschiang-Tsching* eingewirkt. Im Jahre 1971 kannte das ganze riesige Reich nur noch ein Programm von sieben Opern. Ihre Heldengestalten haben einen „in der Geschichte der Kunst der Menschheit nie dagewesenen, glänzenden typischen Charakter". Es sind rein ideologische Spiele, in denen die „negativen Charaktere" schwarz in schwarz dargestellt werden und die Heroen und Märtyrer verkünden:

> „Mag es Meere von Feuer und Wälder von Schwertern geben,
> Ich werd' vorwärts stürmen . . .
> und den Frühling willkommen heißen, der die Welt der Menschheit ändert . . .
> Um die Banditen auszurotten, muß ich selbst mich kleiden wie ein Bandit
> und eindringen in ihre Festung wie ein Dolch —

Wir sind die Söhne von Arbeitern und Bauern,
hergekommen, die Reaktionäre zu vernichten
und die Welt zu ändern —
Wie ersehn' ich Tag für Tag die Stunde,
wo die Bestien abgeschlachtet und die Blutschuld beglichen.
Voll tiefsten Hasses am Morgen und Abend
schärf ich mein Schwert und öl' mein Gewehr.
Mag Schneesturm toben auf den hohen Felsen,
des Tigers Höhle zu erstürmen — das wag' ich ..."

So heißt es in der „Peking-Oper" „Den Tigerberg erobern!"*

Unter dem Motto der „Erneuerung der Wissenschaft" mußte
jeder Wissenschaftler, gleich welchen Fachbereichs, als erstes
die revolutionäre Bekehrung seines Denkens nachweisen und
seine Tätigkeit durch sie bestimmen. Mehr noch: Die einzige
wirkliche Wissenschaft ist die des dialektischen Materialismus
maoistischer Prägung. Den kapitalistischen Ländern wird
nachgesagt, daß ihr wissenschaftlicher Fortschritt niemals mit
dem Chinas Schritt halten könne, weil das wissenschaftliche
Denken noch geschwächt sei durch den Glauben an den
Schöpfer. Es gehört heute zum Lernpensum jedes Schulungs-
kursus, die Unwissenschaftlichkeit der Religion nachzuweisen,
und das heißt zugleich: ihre Schädlichkeit. Die eigentliche
wissenschaftliche Arbeit leistet auf allen Gebieten die Volks-
masse mit ihrer schöpferischen Erfindungskraft. „Tempelhü-
ter der Arbeit" soll ein jeder werden. „Bete nicht den Himmel
an und nicht die Erde. Bete nur die Arbeit des Volkes an!"
Das ora et labora des anderen Glaubens.

b) Das Volksbefreiungsheer — eine neue Heilsarmee

Im Kampf um Sinn und Einsatz des chinesischen Heeres nach
der Machtübernahme gewann Maos Grundverständnis die
Oberhand: Nicht ein mit perfekten technischen Waffen und mit
traditioneller Strategie zu führendes Kriegs- und Verteidi-
gungsinstrument soll das Heer sein, sondern in erster Linie
Werkzeug der ideologischen Kriegsführung. Eine Heilsarmee!
Sie war es, die als erste den Zitatenschatz der Weisheit Maos
als Soldatenkatechismus empfing. Ihr war der Sieg der kommunistischen Partei zu danken, und das nur, weil die Kämp-

---

* Mehnert a.a.O., S. 311 und 317 ff.

ferscharen um Mao her unmittelbar mit dem Volk verbunden waren, von ihm Proviant, Quartier, Versteck und Spionagehilfe empfingen. Von ihren Soldaten gilt noch mehr als von den Parteifunktionären, daß sie wie „Fische im Wasser" leben, d. h. als Partisanen einer immerwährenden Massenrebellion. Wollte man sie umbringen, müßte man ein ganzes Volk umbringen. Lösen sie sich, kommen sie um wie Fische auf trockenem Land.

Diese Soldaten sind die „Universal-Spezialisten" der Revolution. Je nach Bedürfnis oder Notlage werden sie eingesetzt als soldatische Landarbeiter und Kanalbauer, als Krankenpfleger und Kollektivhelfer, als Industriemiliz und Volkserzieher. Mit einem Wort, als die Hauptschrittmacher der Kulturrevolution.

Diese Armee ist wohl die einzige, in der es keine Rangabzeichen mehr gibt, ein Heer der „großen Gleichheit"! So jedenfalls stellt das neue China sie dar, die militia des Mao.

c) Die Schulen des Volkes — Die Einübung der Kinder auf den Weg des Lebens

Auch hier mußte der altböse Feind hinausgeworfen werden. „Auch diese Elementarschule, erklärt eine Lehrerin, erlebte den Kampf zwischen den zwei Wegen. Der Schuft und antirevolutionäre Revisionist *Liu* hat die geistige Schulung überbewertet, die Kinder zu Bücherwürmern gemacht und dazu erzogen, Beamte werden zu wollen, um dann auf die handarbeitenden Menschen herabzuschauen." Jetzt ist die wahre „Schule des Volkes" da. Verantwortlich sind ohne Unterschied der besonderen Schularten nach dem „Drei-in-eins"-Prinzip der Revolutionskomitees jeweils ein Vertreter der Volksbefreiungsarmee, einer der Partei und einer des „Volkes", hier Lehrer und Schüler. Der theoretische Unterricht wird von Anfang an mit dem praktischen in Schulwerkstätten und in Fabrik- und Landwirtschafts-Aufenthalten der Schüler verbunden. Hauptgesichtspunkt bei der Zensurenverteilung: das politische Bewußtsein. Und bis in jedes Unterrichtsfach hinein Kriegsübungen! Eine Rechenstunde kann verlaufen als Veranschaulichung des Vietnam-Krieges.

China fragt uns, ob in unseren Schulen und Bildungsstätten, in unserer Erziehung noch junge Menschen heranwachsen können, die durchdrungen sind von der „kriegerischen" Aufgabe des Christen, das Böse durch Gutes zu besiegen.

d) Der Sieg des Selbstvertrauens im Klassenkampf der Landwirtschaft und Industrie. — „Gebt ihr ihnen zu essen!"

> „Wir lebten schlechter als Rinder und Pferde ... Aber dann er-
> glühte der Osten und die Sonne ging auf ... Der große Rene-
> gat Liu aber wollte uns durchaus wieder auf den kapitalisti-
> schen Weg zerren. Dagegen setzten wir uns zur Wehr! ... Mao
> gab uns die Richtlinie: Selbstvertrauen."

Nach vernichtender Überschwemmung verlangte das Dorf
Dad Schai vom Staat weder Geld noch Getreide, noch andere
Hilfe.

> „Daraufhin erließ unser großer Führer, Vorsitzender Mao, den
> Ruf: ‚Lernt in der Landwirtschaft von Dad Schai!' Es war für
> uns die größte Ermutigung. Wir waren entschlossen, zum
> Ruhm des Vorsitzenden Mao mit größerer revolutionärer Kraft
> ein neues sozialistisches Dorf noch besser aufzubauen."*

Hier äußert sich ein Dorf, von dem alle 750 Millionen
Chinas wissen, weil Mao es für alle zum Vorbild machte.
„Lernt von Dad Schai!" *„In der Industrie lernt von Tat
Ying!"* Wirkliche neue Erfolge werden vor allem den Arbei-
terführungsgruppen mit ihrem Kampf gegen die „rein ökonomischen" Methoden und das „Geldmachen" und der gelungenen Entmachtung der Fachleute, der Ingenieure und Organi-
satoren zugeschrieben. Es gibt offiziell keine Manager mehr.
Die Selbstbestimmung der arbeitenden Betriebsangehörigen,
ein ständiger Arbeitsplatzwechsel, der „Geist der Brüderlich-
keit" in den immer neuen Regelungen einer Betriebsordnung ist
das Entscheidende. Auch diese Praxis steht unter der Grund-
lehre Maos: *„Das Kriegführen durch den Krieg selbst erlernen!" „Handeln ist schon lernen!"* Die Fabrik ist und soll
immer wieder Schauplatz des ideologischen Dramas sein, in
dem die arbeiterfremden Manager in gemeinsamen Experimen-
ten mit den Arbeitern und von ihnen lernen müssen, jede Ein-
bildung und jeden Ruhm fahren zu lassen und ihr Glück darin
zu finden, „ein fröhliches Schräubchen" im Ganzen zu werden!

> „Wir woll'n uns gerne wagen, in unsern Tagen —
> Wir woll'n uns fröhlich plagen —"

---

* China im Bild, 1969, Nr. 6, S. 43 f.

e) Das revolutionierte Gesundheitswesen. — Wer „trägt der Armen Krankheit und nimmt auf sich ihre Schmerzen?"

„Die staatliche Gesundheitsbehörde gehört nicht dem Volk. Sie müßte umbenannt werden in Behörde für Städter oder in Gesundheitsbehörde der Bourgeoisie!" Mit dieser wütenden Kritik Maos begann es. Die medizinischen Kapazitäten wurden in die vernachlässigten Landgebiete geschickt, um von den Massen umerzogen zu werden. Davon berichtet z. B. der Chirurg Tschen Tschang-wei, dem schon 1963 das Wiederanwachsen der abgehauenen Hand eines Arbeiters gelang, der aber, wie seine Beichte sagt, erst nach einer solchen Kur sich in seine schlichten Patienten hineindachte und ihre Schmerzen verstand. So bekennt auch eine pharmakologische Schlangengiftspezialistin, die mitteilt, daß sie sich nun erst mit ganzer Kraft auch um die Schlangenbißheilung bemüht habe.

Entscheidender noch wurde die scharenweise Aussendung kurzfristig ausgebildeter „Barfußärzte" in die unversorgten Gebiete. *„Wir sollten die wichtigsten Forschungsziele nicht außer acht lassen, aber sollten denen, die damit arbeiten, weniger Mittel geben. Der Hauptanteil muß für die Lösung der Probleme ausgegeben werden, die für die großen Massen am wichtigsten sind"*, bestimmte Mao. Obwohl diese Forderung heute nicht mehr zitiert wird, hat sie doch offensichtlich Frucht getragen. China ist nicht mehr zu denken ohne die energische Seuchenbekämpfung durch die soldatischen Krankenpfleger und ohne die sog. „Barfußärzte", die in einen klaffenden Riß traten.[*] Dem ideologischen Ziel nach soll es keine medizinischen Halbgötter mehr geben, sondern nur noch Ärzte des Volkes. Nicht von oben nach unten, sondern von unten nach oben, nicht von der Stadt auf das Land, sondern von dem Land auf die Stadt soll sich die revolutionierte geistleibliche Gesundung Chinas ausbreiten.

f) Die ganze Welt als Feld eines Vernichtungskampfes zwischen der wahren Heilslehre und ihren Feinden und Verrätern

Zweierlei muß hier ins Auge gefaßt werden. Ziel ist, sowohl

---

[*] Weiteres siehe bei P. Kuntze, Der Osten ist rot, Seite 73 ff., und Lancratz a.a.O., Seite 55 und 63.

den Imperialismus und Kapitalismus wie auch den „Revisionismus" auszurotten. Als ihre führenden Repräsentanten und als tödliche Feinde des kommunistischen Chinas galten bisher auf der einen Seite die USA, auf der andern Seite die Russen, genauer gesagt, die politische Führung beider Völker. Aber sie haben beide ihre Welterlöser-Rolle verspielt. Dabei gelten *die USA* bereits als eine schon von ihren eigenen Verwesungskräften überwältigte, dem Untergang bestimmte Menschheitsgruppe. Der Ausgang des „heiligen Kriegs" in Vietnam wird es zeigen. Gesprächsweise meinten einige chinesische Intellektuelle sogar:

Auf dem Hintergrund der Apartheidspolitik Süd-Afrikas ist „der weiße Mann die einzige Sache, die auf unserer Erde falsch funktioniert".*

Zorn entfacht nach wie vor *die sowjetische Politik.* Daß man in den USA immer noch nicht den unwiderruflichen Charakter der kommunistischen Revolution und die absolute Unvermeidbarkeit der Befreiungskriege aus Armut und Verzweiflung begriffen habe, kann nach der Meinung der Maoisten zur Kenntnis genommen und ertragen werden. Nicht aber der Verrat an der Weltrevolution, den die Russen nach chinesischer Sicht begehen.

Der Gegensatz hat geradezu „religiöse" Tiefe. Sagen nun die Russen: „Was uns mit euch eint, ist stärker, als was uns trennt", und versuchen sie immer wieder mit alter Weltpartei-Disziplin die Tiefe der aufgebrochenen Feindschaft vor den Augen der Nichtkommunisten zu überdecken, so entgegnen die Chinesen um so öffentlicher: „Es gibt nur noch, was uns trennt! Was uns eint, ist nicht mehr."**

Halten die Russen an dem orthodoxen marxistischen Satz fest, daß eine hilfreiche Veränderung der Menschen erst möglich sei auf der erkämpften Veränderung des sozialen und wirtschaftlichen Milieus, so hält Mao trotz aller Fehlschläge unbeirrt daran fest, daß eine „heile Welt" mit neuen gesellschaft-

---

* L. Barcata, a.a.O., S. 197–200.
** Zitiert in der ausgezeichneten Untersuchung von Pietro Quarnoni, Russen und Chinesen, Die Krise der kommunistischen Welt, Frankfurt/Main 1967, Seite 175. Vergleiche zu diesem Thema auch das bekannte Buch von Klaus Mehnert, Moskau und Peking, und Edward Crankshaw, Moskau–Peking, oder der Neue kalte Krieg, Hamburg, Rowohlt 1963 u. a.

lichen Strukturen und Wirtschaftsformen nur durch vorangehende Umerziehung der Menschen zu erreichen sei. Respektieren die Russen unorthodox im Schatten der Atombombe das allgemeine Gleichgewicht der Schrecken, bereit zu zwangsläufiger Koexistenz mit der kapitalistischen Welt, so halten die Chinesen orthodox an der marxistischen Unvermeidbarkeit des Krieges, eines auf Staats- und Völkerebene erhobenen Klassenkampfes zur Herstellung der kommunistischen Weltordnung fest. Auch ein verbleibendes Drittel der gewaltigen chinesischen Volksmassen nach atomarer Zerstörung sei noch groß genug, meinte Mao, um die geforderte Gesellschaftsform zu realisieren! Lassen die Russen wissen, daß „Fülle und Überfluß" ein durchaus erwünschtes und zum Teil bereits erreichtes Ziel des Kommunismus sei, so beanspruchen die Chinesen als Sachwalter der 80 % unterdrückter Mehrheit der Menschheit, den Klassenkrieg gegen die „reichen Wölfe", die kapitalistische Minderheit Europas und der USA u. a., anzuführen. Sie prophezeien den Russen eine neue Oktoberrevolution und rufen das russische Volk gegen seine jetzige Führung auf.

In Verhandlungen und Verträgen mit dem kommunistischen Rußland kann man vergessen, daß auch dieses sich wohl grundsätzlich noch zu weiterer ideologischer Vernichtung der nichtsozialistischen Welt verpflichtet weiß und alle sozialreformerischen Bemühungen in der Welt verachten und bekämpfen müßte. Es besteht aber kein Zweifel, daß die chinesische Weltrevolution hier bis in die Alterstage Maos radikal blieb.

Das ergibt einen Krieg der Rivalen, dessen Beendigung aussichtslos scheint. Weil es sich um eine weltumspannende Ideologie handelt, würde auch eine Aufteilung in regionale Bereiche für beide Seiten keine annehmbare Lösung bedeuten. Sind beide Partner als Repräsentanten *eines Heiles* für die ganze Welt nicht genötigt, auch an einem ideologischen Führungs- und Machtanspruch über die *ganze Welt* festzuhalten? Von Mao jedenfalls wäre nicht zu erwarten, daß er das, was er in der Kulturrevolution mühsam und rücksichtslos genug in seinem eigenen Volk erzwang, in der Weltpolitik aufgeben sollte!

Das kommunistische Schisma, dessen oft uneinsichtige, ja blinde Zeugen und Opfer wir selber sind oder zu werden drohen, kann nur beendet werden, wenn sich ein Teil zum andern bekehrt und damit sich dem andern ausliefert, seiner Welterlöser-Ideologie anschließt.

Oder — wenn der wahre Herzensbekehrer und Heiland der Menschen eingreift und sich mit seinem Gericht und seiner Gnade erbarmt. Welch eine Herausforderung an die Christenheit, sich an diesen zu halten!

5. Das religiöse Kerngeschehen. Die revolutionäre Trägerschaft, eine „Kirche für andere" der durch Mao neuen Menschen und Brüder

a) *„Massenlinie" und Elite bedingen einander.* In der Revolution Maos geht es um die „Massenlinie"

> „Das Volk und nur das Volk ist die Triebkraft, die die Weltgeschichte macht" — „Den Volksmassen wohnt eine unbegrenzte Schöpferkraft inne" — „Die wahren Helden sind die Massen; wir selbst aber sind oft naiv bis zur Lächerlichkeit. Wer das nicht begriffen hat, wird nicht einmal die minimalen Kenntnisse erwerben können." (Rotes Buch, S. 140.)

Der Glaube Maos an die Massen scheint unbegrenzt.

Aber man muß das nicht statisch, sondern dynamisch verstehen. Die Masse muß immer wieder werden, was sie sein soll. Immer wieder droht sie die rechte Richtung und die notwendige Leidenschaft gegenüber der Revolution zu verlieren. Wer vollzieht die notwendige, unablässige Korrektur? Das Steuermann-Lied antwortet: *„Unentbehrlich für die Revolution ist die kommunistische Partei."* Nach dem Sturm der Kulturrevolution muß man es differenzieren: die Revolutionskomitees mit ihrem Prinzip des *„Drei-in-eins",* die zusammenwirkenden *Vertreter des Volkes, des Heeres und der Partei* auf allen Ebenen und in allen Betrieben. Immer wieder ist eine Trägerschaft von Aktivisten da, eine „Kerngemeinde", eine missionarische Zelle, Menschen, die einen hohen Einsatz leisten.

Sie nehmen den atemberaubenden Wechsel der Revolutions-Losungen und Forderungen als erste auf und geben ihn weiter. Sie müssen bereit sein, heute die allgemein geforderte Geburtenbeschränkung mit allen praktischen Folgerungen zu propagieren, während sie gestern diesen Versuch als der kommunistischen Gesellschaft unwürdig und dem Aufstieg Chinas feindlich zu bekämpfen hatten. Sie sind die Rebellen gegen die versandende Revolution. Rote Kader, rote Garden, Revolutionskomitees, Soldaten, Barfüßler-Ärzte — die Seele der Revolution sind diese Erwählten, ohne die die Revolution sterben müßte. Diese Elite muß zuchtvoll und elastisch sein, fähig zu ständigem Antreiben der anderen, zum Herausholen ihrer Kritik, zur grausamen und brutalen Verfolgung aller Revolutionsfeinde drinnen und draußen. Es müssen aber auch selbstlose, geduldige, freundliche und höfliche, mit den Ärmsten solidarische Menschen sein, gleicherweise fähig zu Haß und Liebe. Mao hat solche Jünger gefunden. Das ist sein Geheimnis.

Diese immer wieder neu erstehende Trägerschaft des Glaubens und Handelns ist ein Phänomen, das nach den Maßstäben der bisherigen Weltgeschichte nur mit den missionarischen Kerntruppen und -gruppen der Religionen und Kirchen verglichen werden kann. Eine „Kirche für andere" — mit den Massen eins werdend, um sie ganz zu durchdringen mit dem Geist der Revolution. Gewiß voller dunkler Zwänge. Das wird auch in China eingestanden. Und doch eine staunenswerte Wirklichkeit, welche Christen in Hongkong unter dem Erlebnis zäher Versuche zu einem gesellschaftlichen und politischen Umsturz in der Kronkolonie fragen ließ: Warum entwickelt die kleine kommunistische Minderheit eine so viel größere Kraft der Ausstrahlung als die viel größere Zahl der Christen Hongkongs! Schenkt Jesus Christus uns nicht einen soviel größeren, beglückenden Auftrag?

Jene Erklärung indischer Kommunisten an indische Christen fällt einem ein: *„Ihr Christen habt eine viel bessere Lehre als die von Marx und Lenin. Aber ihr setzt euch kaum dafür ein, oft nicht einmal mit Geld und Gut, geschweige denn mit eurem Leben. Das tun wir. Darum werden wir trotz allem über euch siegen."* Die kommunistische Kirche fragt die christliche nach ihrer Erwählungs- und Missions-Kraft. Dort die „große Gleichheit" aller Menschen als Endziel, hier die Gemeinschaft aller aus allen Völkern und Sprachen und Zungen, die Gott preisen sollen. Wie steht es um die Leidenschaft der Hingabe an dieses Ziel?

b) *Das Geheimnis der unio mystica zwischen Mao und den Massen.* Ein Wechselverhältnis, das Aufeinander-Angewiesensein der Massen auf Mao und Maos auf die Massen, ist hier zu beobachten. Er formuliert die in der Masse lebenden Gedanken, er spiegelt sie wider, aber weckt sie auch erst wirklich auf und zieht sie ans Tageslicht und in die Tatwerdung. Noch mehr: Mao wäre kein Führer ohne ihre Erwartung, kein Retter ohne ihren Glauben. Man könnte dies alles geradezu taoistisch formulieren. Er wäre kein Gottähnlicher ohne die, die vor ihm alle zu einer Gemeinschaft von Lobsängern zusammengeschmolzen sind, kein Mose durch die Wüste ohne ihre Hoffnung auf ihn, sie aber keine Bruderschaft von Menschen, wenn er sie ihnen nicht bereitet hätte. Er wäre nichts ohne sie und sie nichts ohne ihn.

Im Unterschied zu Lenin und Stalin brachte Mao in das neue Stadium der Geschichte Chinas eine volkstümliche verschworene Gemeinschaft ein. Sie war entstanden und bewährt in den Drangsalen des Langen Marsches und allem, was ihm folgte. Eine amerikanische Beobachterin fühlte sich bei der Begegnung mit den Menschen des kommunistischen Gemeinwesens in Yenan, die hier auf Gedeih und Verderb unter einem gemeinsamen Druck miteinander lebten, an den Stil eines religiösen Sommerlagers in den USA erinnert. Das wirkt nach. Und an die Stelle dieser vorgeformten Anhänger scheinen neue getreten zu sein, die sich in das Geheimnis der mystischen Einigung mit Mao haben hineinziehen lassen. Liebhaber Maos! Seine Familie!

In einer Hongkonger Zeitung vom 27. März 1969 wird das Erlebnis eines Hongkong-Chinesen wiedergegeben, der seine Angehörigen in Kanton besuchte. Er wurde zum Zeugen des täglichen Rituals einer maoistischen Familie:

Morgens beim Aufstehen grüßt jeder den Vorsitzenden Mao, indem er sich vor dessen Portrait verbeugt. Alle stehen fünf Minuten still. Das nennen sie: um Unterweisung bitten. Es geschieht stets, bevor die Arbeit beginnt. Vor dem Mittag- und Abendessen werden Zitate gelesen. Das nennen sie Danksagung. Abends um 10 Uhr etwa versammeln sich alle noch einmal um das Bild für ein paar Minuten der Stille. Dann lesen sie einige Zitate. Das nennen sie: Bericht erstatten. So geschieht es in allen Häusern und auch in den Hotels.*

Liebhaber Maos sollte jeder ganz persönlich sein bis in den Tod. „Ein tiefinniges proletarisches Gefühl für ihn haben die Treusten. Sein Anblick läßt ihr Herz schlagen wie die Brandung des Meers".

---

* Hongkong-Ming Pao, zitiert in den Berichten der Berliner Mission „Der Ruf" 1969, S. 615.

„Unterläßt du es einen Tag, Vorsitzenden Maos Schriften zu studieren, wird das Essen dir nicht schmecken, und du kannst des Nachts nicht schlafen.

Unterläßt du's zwei Tage, Vorsitzenden Maos Schriften zu studieren, wird es dir sein, als seien deine Augen mit Schuppen bedeckt.

Unterläßt du es aber drei Tage, Vorsitzenden Maos Schriften zu studieren, wirst du die Richtung verlieren, und dein Verstand wird trübe.

Wirst du aber jeden Tag Vorsitzenden Maos Schriften studieren, so wird die Revolution nicht verloren sein, für immer nicht."

Es handelt sich um mehr als Verehrung und Gehorsam: eine wirkliche Beschlagnahmung des Lebens. Eine Bewußtseinswandlung wird von ungezählten jungen Menschen bezeugt, die bekennen, Mao Tse-tung so ausschließlich und so nahe zu gehören, wie in der bürgerlichen Gesellschaft man den Eltern oder dem Gatten, dem Verlobten oder dem Freund zugehört.

„Lieben Sie Ihre Eltern?" wird ein junges Mädchen gefragt.
„Eigentlich nein. Ich empfinde keine Sehnsucht nach ihnen. Ich bin nicht traurig, wenn sie mir nicht schreiben. Ich habe kein Bedürfnis, ihnen mitzuteilen, was ich treibe und wie es mir geht."
„Also Liebesgeschichten?"
Sie lachte herzlich.
„Sie sind nicht so interessant wie Politik. Wir denken nicht an solche Sachen. Entweder, es gibt gemeinsame geistige und politische Interessen, wozu dann noch körperliche Komplikationen?"
„Sie wünschen sich keine Leidenschaft, keine große Liebe?"
„Meine große Liebe ist schon vergeben. Meine große Liebe ist spirituell, verstehen Sie? Mao!"
„Lieben Sie Mao?", fragte der Fremde betreten.
„Lieben Sie ihn nicht? Ich liebe ihn."*

Ähnlich erklärt ein junger Mann in stolzer Ruhe:

„Liebesleben ... auch weibliche Schönheit ist ein kapitalistisches Wort. Die Hauptsache ist die politische Zusammenstimmung."

Man läßt es sich ohne erkennbaren Unwillen gefallen, daß zur Regulierung der chinesischen „Bevölkerungsexplosion"

---

* L. Barcata, a.a.O., S. 56 ff.

den jungen Männern erst mit 28 Jahren, den Mädchen nur
wenig früher zu heiraten nahegelegt wird.

Und wenn sich die Liebe doch nicht so festlegen läßt?

> „Ich verliebte mich in einen Studenten. Meine Genossinnen
> fragten mich: ‚Warum bist du so unruhig?‘ Ich habe ihnen
> die Ursache gebeichtet. Da haben wir zusammen die Worte des
> großen Vorsitzenden Mao aufgeschlagen. Sie haben mir gehol-
> fen. Dann haben die anderen mir ein besonders schönes Bild
> des Vorsitzenden Mao geschenkt. Das habe ich über mein Bett
> gehängt. Wenn ich nachts unruhig werde, entzünde ich das
> Licht und schaue das Bild an. Dann werde ich wieder ruhig.
> Ich danke dem großen Vorsitzenden für das, was er an uns ge-
> tan hat, und denke an mein großes chinesisches Vaterland.“

Selbst aus dem „befreiten“ Tibet kommt diese Stimme:

> „O majestätischer Himalaja! Wie kannst du dich vergleichen
> mit dem erhabenen Geist des Vorsitzenden Mao! O Tsampo-
> Fluß! Meine Liebe zum Vorsitzenden Mao wird so lange dau-
> ern wie deine mächtigen tobenden Wasser!“
> Ein Kindervers aber lautet: „Ich denke an dich am Morgen.
> Ich denke an dich am Abend. Und wenn ich erwache, lächle
> ich.“

Über die Überschwenglichkeit, den Schwulst und die Scha-
blonenhaftigkeit der Sprache und die Unwahrscheinlichkeit
mancher Schilderungen kann man gewiß nicht hinwegsehen.
Und doch bleibt es Tatsache, daß das Gefühls- und Willens-
leben unzähliger Menschen sich an Mao binden ließ.

Wir ahnen das hungrige Vakuum, das sich in jenen Zeiten
meldet, wo keine politische Begeisterung und keine Massen-
demonstration, keine Schulungspflicht und keine Diskussions-
leidenschaft mitreißen. Wir hörten auch den tragischen Unter-
ton Maos im vertrauten Gespräch: „Mit den Massen allein!“*

c) *Verräter und Teufel.* Kann unter solchen Umständen der
Judas der Revolution fehlen? Mit fanatischer Leidenschaft
werden die Verräter bekämpft, die den „Weg des Lebens“ verlassen und den „Weg des Todes“, den „revisionistischen“ oder
den „kapitalistischen“ Weg gehen. Das Schicksal, das Liu
Schao-tschi, wegen seiner Opposition gegen die von ihm als
abenteuerlich beurteilten Experimente Maos widerfuhr,
spricht für sich. Wäre es nur um einen Machtkampf gegangen,

---

* Malraux, a.a.O., S. 484.

so wäre die Verurteilung nicht so heftig gewesen und nicht dauernd wachgehalten worden. Man hätte Liu entmachten und verschwinden lassen können. Man hat ihn aber biologisch weiterleben lassen, jedoch moralisch millionenfach hingerichtet. Sein Name wird nicht vergessen, aber nie ohne die Verbindung mit den Schandtiteln „Arbeiterverräter", „Schlange" und „Teufel" genannt. Das weist auf eine geradezu religiöse politische Leidenschaft Maos und seine Überzeugung von einer „Finsternismacht" hin, die sich in Liu gegen ihn und das Volk erhob.

d) *Der neue Mensch. Stirb und werde!* Wie wird man ein echter Jünger und Nachfolger Maos? Wie kann man es bleiben? Nur durch eine geistige Transformation, die nicht nur einmal, sondern immer wieder vorgenommen werden muß. Die von Mao entworfenen Grundlinien und die Berichte über ihre Praxis machen deutlich, was das heißt. Es muß zu einer *Wiedergeburt* kommen — eine Erinnerung an das visionäre Erlebnis des Anführers der Taiping-Revolution, des „jüngeren Bruders Jesu" Hung, dem alle inneren Organe von dem höchsten Gott gegen neue ausgewechselt wurden! Und an entsprechende Bilder der biblischen Prophetie!

Mao hielt es für erstrebenswert, „arm" und „leer" oder „blank" zu werden, um unbehindert das Denken, die Empfindungen und die Willensbeanspruchungen der großen Revolution aufnehmen zu können.

Diese Wiedergeburt kostet viel, sowohl den „alten Menschen", der durch bürgerliches Denken verdorben ist, wie den revolutionären Geburtshelfer. Sie wird unter ungeheuren Anstrengungen und Qualen empfangen. So entsteht der neue, der proletarische Mensch, der sich den Massen und ihrem revolutionären Alltag als „fröhliches Schräubchen" oder „williger Ochse" einfügt und zugleich in dauerndem Kontakt mit den Gedanken Maos bleibt. So sorgt jede Reinigungskampagne dafür, daß dies Geschehen nicht abbricht. Aus „Stirb und werde!" entstehen immer wieder neue Menschen. Sie imponieren der ganzen Welt mit ihrer Teilhabe an der Unsterblichkeit der Revolution und der Unsterblichkeit ihres Führers.

China birgt ein ungeheures Rohmaterial für solche fortlaufende Wiedergeburt zum kommunistischen Menschen, der zugleich „rot" und Spezialist ist, zugleich Bauer und Soldat, Arbeiter und Philosoph in jeder neuen Generation.

III. Sonnenfinsternisse. Fragen des christlichen Glaubens an den maoistischen

1. Wie darf und muß er reagieren?

Im letzten Abschnitt seines Buches über die erstaunlichen Taten des neuen Menschen im „*China nach dem Sturm*" hat Klaus Mehnert es eines jeden persönlicher Entscheidung überlassen, ob er an das Ideal und die Möglichkeit dieser neuen Menschen glaubt oder nicht. „Wenn ja", — fährt er fort — „wird er bereit sein, den auf dem Wege dahin zu entrichtenden Preis als berechtigt anzusehen; tut er es nicht — und ich neige zur Skepsis —, so wird ihm dieser allzu hoch erscheinen, und ihn das Beispiel des Fernen Osten schrecken." (S. 261) Er entschließt sich, abzuwarten. Können, dürfen wir abwarten? Können und dürfen wir wirklich abwarten?

Zur Zurückhaltung mahnt noch eine andere Überlegung als die, daß noch nicht aller Tage Abend gekommen ist. Der schwedische Schriftsteller Olaf Lagercrantz hat ihn im Schlußwort seines „China-Reports" genannt.

> „Heute gibt es wieder viele, die China idealisieren und romantisieren, man benutzt China als Trumpf im Hoffen auf einen erträumten neuen Menschen und eine neue Gesellschaft. Dagegen verharrt ein nicht unbedeutender Teil der Bevölkerung der Welt gegenüber China in Furcht, Haß und Verachtung ... Wer dem kommunistischen China gegenüber feindlich ist, verlangt von jedem, der über China schreibt, daß er zu einer Reihe von gegen China gerichteten Anklagen Stellung nimmt ... Ich will diese Vorwürfe durchaus nicht überhören oder kommunistische Hinrichtungen und andere Manifestationen der Alleinherrschaft der kommunistischen Partei in China beschönigen. Und dennoch gehe ich ungern auf diese Vorwürfe ein wegen der zweifelhaften Position, von der aus sie erhoben werden. Chinesische ‚Verbrechen' werden vor ein Weltgericht gebracht. Wer macht die Voruntersuchungen und fragt nach den Voraussetzungen? ...
> Wir haben fast die gesamte Urbevölkerung Nord- und Südamerikas ausgerottet. Wir haben in Gaskammern und Konzentrationslagern ein ganzes Volk umgebracht, das europäische Judentum. Wir haben im Laufe von knapp 50 Jahren 2 grauenvolle ‚Bürgerkriege' geführt, in denen ein großer Teil unserer jungen Männer gefallen ist. Wir haben Städte dem Erdboden gleichgemacht, und Frauen und Kinder in den Trümmern lebendig verbrennen lassen. Und trotzdem finden wir uns vernünftig und zivilisiert. Aber schon der Gedanke, das amerikanische Volk ein böses Volk zu nennen, weil es die Indianer ermordet hat, oder das deutsche Volk, weil es so und so viele Millionen Juden umgebracht hat, empört uns ... Es ist

keine Verzerrung unserer Geschichte ins Ungeheuerliche, die sich in China abgespielt hat. Aber sie ist schrecklich genug! Als die Japaner am 13. Dezember 1937 Nanking eroberten, metzelten sie 50 000 Menschen nieder, sie erschossen, verbrannten oder erstachen sie mit dem Bajonett. Die chinesische Bevölkerung hat während der japanischen Besatzungszeit schätzungsweise 20 Millionen Menschen verloren. In den Vernichtungskampagnen Tschiang Kai-scheks gegen den Kommunismus wurden 1927 und danach 50 Millionen Menschen umgebracht ... Die Kommunisten konnten in Krieg und Bürgerkrieg genausowenig wie andere Menschen von Haßgefühlen, Panik und Terror freibleiben ... Alle Forscher, die mich beraten haben, sind sich darin einig, daß die chinesischen Kommunisten im Vergleich zu ihren Gegnern auf diesem Gebiet große Zurückhaltung gezeigt haben ... Wir können feststellen, daß bestimmte Dinge, die wir schätzen, in China nicht existieren. Aber es hat sie dort auch niemals gegeben. Keine Freiheit, keine miteinander konkurrierenden Parteien, keine Rechtssicherheit. Das Volk konnte nicht lesen. Die Kultur war nur für eine kleine Schicht da. Millionen hungerten. Jetzt können alle lesen und niemand hungert. Will man China irgendwie vergleichen, muß man es zunächst mit dem vergleichen, was es einst war. Tut man das, muß man für das jetzige Regime Stellung nehmen und darauf hoffen, daß es in Frieden weiterarbeiten kann" (a.a.O., Seite 125 f.).

Diese Stellungnahme ist eindrücklich genug. Aber kann sie uns als *Christen* genügen? *Darf* sie es? Wir haben auch als solche – gerade als solche – kein Recht, uns zum Richter Chinas aufzuwerfen, auch nicht seiner Führer, schon gar nicht des soviel geprüften Volkes. Es geht um eine sehr reale Solidarität aller Verschuldeten vor Gott, der allein zu fürchtenden und rettenden, allein gerechten und allein guten Instanz. Das ist mehr und anders, als „für das Regime Stellung nehmen".

2. Entzauberte Geschichte

Der rote Einband – Färbung und Fälschung

Nicht ohne Humor hat ein maoistischer Chinese auf die Frage, warum so vieles verschwiegen werde, geantwortet: „Wir wollen unsere Feinde nicht alles sehen lassen und unsern Freunden nicht den Eindruck vermitteln, als müßten sie uns helfen!"

Läßt China die Umwelt seine großen Krisen wahrnehmen? Nicht einmal, nachdem sie überwunden sind, wird uns eine ungefärbte Einsicht gewährt. Die Lüge verdirbt aber nicht nur den einzelnen, sondern ganze Völker.

Für historische Wahrheit fehlt das Forum. Sie kann sich von heute auf morgen ändern. Sogar in hohem Maße. So waren Erinnerungen an die alte Geschichte Chinas Jahre hindurch verpönt. Fast alle Museen waren geschlossen. Das Schrifttum aus der Zeit vor der Kulturrevolution war weithin verbannt. Gleich nach dem Besuch Nixons im Februar 1972 erscheint eine zurückgedrängte „Richtlinie" Maos wieder auf dem Plan: „Altes in den Dienst der Gegenwart stellen, Ausländisches für China nutzbar machen!" Bücher aus der Zeit vor der Kulturrevolution werden in neuer Bearbeitung durch ihre Verfasser angeboten. Auch Bildbände mit archäologischen Funden. Historiker wurden beauftragt, die „vierundzwanzig Dynastie-Geschichten" zu „revidieren" und zu „interpunktieren" *(Peking-Rundschau* 1972, Nr. 8, S. 5). Über die geopferten Millionen, den Aufbau und die immer neue Gefährdung und Zerstörung des mit Mühe Erreichten, eine notwendige Folge der „permanenten Revolution" und der quälenden „Berichtigungskampagnen", gibt es kein klares Bild.

Die unglaubliche Isolierung eines so großen Volkes von dem Weltgeschehen und fremden Nachrichtenwesen, die stetig wiederholte Irreführung des Auslandes — ihm soll zum Beispiel der Einblick in die innerchinesische, nicht durch die Pekinger Zensur gegangene Presse verschlossen bleiben — mag für eine kurze Zeit der Selbstfindung eines Volkes verständlich sein, nach mehr als 20 Jahren bedeutet das alles eine die große Propaganda Lügen strafende Entmündigung schwerster Art. Zugleich heißt es, dieses Volk, diese Masse sei „die einzige Weltgeschichte schaffende Kraft"! Es wird sehr deutlich, was auch bei uns nicht taugte und taugt — im Land der Pressefreiheit.

3. Der Betrug der revolutionären Wahrheit

Man kommt an dieser paradoxen Formulierung nicht vorbei, denn *die Lehre von den antagonistischen und den nichtantagonistischen Widersprüchen findet willkürliche Anwendung.* Die chinesische Revolution hält sich für den alleinigen Vertreter der permanenten „Diktatur des Proletariats", der „epochemachenden Weiterentwicklung des Marxismus-Leninismus", und zwar mit prophetischem Wahrheitsanspruch, der das russische System als Lüge „entlarvt". Was ist hier Lüge? Hat es nicht zu allen Zeiten auch in Rußland Vertreter „antagonisti-

scher Widersprüche" gegen die kommunistische Wahrheit gegeben, und stößt Rußland sie nicht auch heute noch als Volks-
feinde aus? Gab es im stalinistischen Rußland nicht 14 Millionen Menschen im KZ? Außerdem behaupten die Russen
keineswegs mit der Intensität, wie die Chinesen es ihnen nach-
sagen, den gesellschaftlichen Kampf hinter sich zu haben.

Aber ist diese ganze Wahrheit denn überhaupt wahr?

Erschreckend ist der Mißbrauch der „Widersprüche" in
China. Willkürlich wird heute als Verbrechen verurteilt, was
gestern noch gut war. Heute ist todeswürdiger Widerspruch,
was gestern noch als ein „Widerspruch im Volke" galt, der
auf dem Wege geduldiger Diskussion zu beseitigen sei. Welche
Vergewaltigung der menschlichen Gewissen! Nur eine Vergot-
tung der Revolution – der eigenen Idee von der Revolution!
– kann es rechtfertigen, daß hingebungsvolle Helfer von gestern heute in die Wüste geschickt oder Menschen allein ihrer
konservativen Natur wegen der „Konterrevolution" geziehen
und wie Teufel behandelt werden.

*„Permanente Revolution" zwingt zur gewaltsamen Aus-
lösung der „Widersprüche".* Das Erscheinungsbild der Revolution täuscht immer wieder die Spontaneität der Masse bei der
Auslösung der erwünschten Kampagnen gegen eine behauptete Konterrevolution vor. In Wirklichkeit ging es dabei nie
ohne Zwang. Die Kulturrevolution von 1966 bis 1967 hat
diese Tatsache überdeutlich gemacht. Damit entpuppen sich
diese plötzlichen Verpflichtungen zu härtester Kritik an
andern, die erwartete Gewaltanwendung, vielleicht Mord an
Unschuldigen oder Unbeteiligten als *Versklavung unter das
Gesetz des Widerspruchs und das der permanenten Revolution.*

Es ist tragisch, daß die chinesische Revolution mit ihrem
Einsatz für die Entrechteten, Armen und Leidenden, mit
ihrem hohen Anspruch wahrer Menschlichkeit nicht durchgeführt werden konnte und kann ohne Haß und Haßvergiftung
schon im frühesten Kindesalter. Dieser großen Revolution
fehlt die Orientierung an dem Größeren über ihr. Sie hat kein
anderes Maß als sich selbst. Wir sollten das für unsere eigene
Situation bedenken.

Zum Betrug der revolutionären Wahrheit gehört auch die
intolerante Verteufelung ernsthafter und verantwortungsbe-
wußter Überzeugungen anderer. Mao und die Maoisten hatten

keine Hemmung, unangenehme Ratgeber oder Mahner von der Bildfläche verschwinden zu lassen, auch hochverdiente Bahnbrecher und Fackelträger der Revolution.

Hier ist der Mensch nur so viel wert wie seine Funktion im Rahmen eines Prinzips.

Der Betrug des Prinzips Hoffnung. Die chinesische Revolution hat eine Eschatologie. Der Kampf gegen die Selbstsucht und Schwäche des Menschen, der mit immer neuem Mißtrauen geführt wird, ist doch zugleich verbunden mit der These, daß der Mensch von Natur gut ist und darum durch Umerziehung und Befreiung von den verderblichen Einflüssen erlöst werden kann. Durch harte Maßnahmen kann er zu dem werden, was er ist: Ein guter Mensch. Müßte es also nicht auch in China einmal dahin kommen, daß das Ziel erreicht ist? Wird nicht auch dort einmal die Zeit der großen und kleinen Widersprüche zu Ende sein? Wird das Nacheinander immer neuer Klassenkämpfe nicht einmal in der klassenlosen Gesellschaft enden?

Mao hat mehrfach die Vision einer solchen Zeit, einer Vollendungszeit nach marxistischer Urlehre ausgeprochen, in welcher der Staat abgestorben ist und die vollendete Solidarität aller mit allen gefunden ist.

Das ist aber gewiß eine Utopie, die immer vor Augen und Geist stehen muß, damit man auf dem Wege nicht ermatte und nicht nachlasse bei der Abtragung der „zehntausend Klafter hohen Berge“. Sieht man näher zu, so ist deutlich, daß Mao mit gelegentlichen visionären Endbildern nie etwas anderes als ein unerreichbares Ideal gemeint hat. Damit steht er gewiß nicht allein. Nicht einmal unter christlichen Theologen. Bedient man sich aber so nicht letztlich doch eines Betruges schlichter Erwartungen und Hoffnungen? Diesem Dilemma wird man nie entrinnen, solange die Hoffnung nichts anderes als ein Prinzip ist. Als solches ist sie innerlich unwahr. Das Hoffnungsprinzip der chinesischen Revolution ruft uns an. Es lehrt uns die Bedeutung des Sieges Christi erkennen, der geschehenen Gottestat, durch seine Auferstehung; der kommenden Gottestat durch ihn in der neuen Welt, „in der Gerechtigkeit wohnt“. Ohne diese Hoffnung wäre der Christ verloren. Wenn ein Prinzip Hoffnung die Wiederkunft des Herrn als „St. Nimmerleins-Tag“ beiseite schiebt, dann wird uns keine Aktions-Utopie vor der Auszehrung bewahren.

*Der unheilige Krieg. „Was reaktionär ist, muß man nieder-
schlagen, sonst fällt es nicht!"* Der tschechoslowakische
christliche Erzieher, Sozialarbeiter und Schriftsteller Premysl
Pitter, der sich während der nationalsozialistischen Besatzung
seiner Heimat unter großen Gefahren der Rettung und Pflege
jüdischer Kinder und nach dem Zusammenbruch des Dritten
Reiches elender und verlassener deutscher Kinder unter ebenso großer Gefahr und schließlicher Verfolgung annahm, berichtet über ein hierher gehöriges bezeichnendes Gespräch mit
einer jungen Kommunistin und ihrer Mutter gegen Ende der
deutschen Fremdherrschaft:

> „ ‚Ich bin überzeugt, daß Hitler mit jedem Sieg seinen Fall be-
> schleunigt', sagte ich. ‚Ich wüßte gern, was nachher sein wird.'
> ‚Dann kommen wir Kommunisten an die Macht', antwortete
> die Tochter.
> ‚Und was werdet ihr mit uns Nichtkommunisten anstellen?',
> fragte ich.
> ‚Menschen wie Sie werden wir brauchen und Euch helfen, daß
> ihr Euch durchsetzt. Allerdings nur, wenn ihr Euch an uns an-
> schließt.'
> ‚Und wenn ich mich nicht anschließe?'
> ‚Dann stellen wir Sie an die Wand', erklärte sie kalt. Die
> Mutter wurde aschfahl über die — sagen wir — Unhöflichkeit
> der Tochter. Ich versuchte die Angelegenheit ins Scherzhafte
> umzubiegen, allein die Tochter sagte:
> ‚Ich meine es ernst.' Wie ernst sie es gemeint und wie sie es
> vorausgewußt hat, das bewiesen die Fünfziger Jahre."*

Mao-China ist bisher nicht müde geworden, den permanenten Klassenkampf als höchstes Gebot und einziges Mittel des
Fortschritts und einzige Garantie endlichen Heils zu verkünden. Es hat die Theorie vom Erlöschen des Klassenkampfes
geradezu zur „politischen Hochstapelei" erklärt. Auf der geg-
nerischen Seite darf deshalb nur Unheil, Verbrechen und in-
fame Teufelei zu finden sein, weswegen immer wieder alle
Register des Hasses zu ziehen sind. Von diesem Prinzip eines
verabsolutierenden Klassenkampfes sind wir aber alle und auf
vielen Ebenen bedroht! Hier geht es um ein klares Gegenzeug-
nis der Christen.

> „Dem Motiv des Klassenkampfes", sagt Harold Brown in seiner
> ungewöhnlichen, eindringlichen Schrift über „Evangelium und

---

* Premysl Pitter, Unter dem Rad der Geschichte. Ein Leben mit
den Geringsten. Zürich 1970, S. 79.

Gewalt"*, begegnen wir auch im Kampf zwischen Rassen, Altersschichten und sogar zwischen verfestigten Gesinnungen und Lebensstilen (z. B. bürgerlich und radikal).

In den USA haben „die Liberalen bis 1945 das Böse mit Hitler identifiziert, nach 1948 mit Stalin, nach 1953 mit Mao Tse-tung, nach dem Versagen der US-Vietnam-Politik auch mit Johnson, Nixon und den Falken. Sie hatten immer einen Sündenbock und damit allezeit ein reines Gewissen. Auch die jungen Amerikaner und Westdeutschen, die ihre eigene Gesellschaftsform so heftig kritisieren, beteuern, daß sie nicht die Schuld daran tragen — nur die Alten. Also üben sie nur scheinbar Selbstkritik; denn wenn sie den eigenen Staat anklagen, distanzieren sie sich immer konsequent vom ‚Establishment‘."

Wir sind China eine Antwort schuldig: einen wahrhaft heiligen *Krieg gegen unsere eigene Bosheit* und um *das Ja des Gewissens der Gegner zu dem gerechten und barmherzigen Gott über uns.* Schwärmerei? Sein Gebot!

4. Die unmenschliche Schöpfung des neuen Menschen

Ein Besucher erzählt, daß es ihm nur mit Mühe und Not einmal gelungen sei, an einer „normalen" innerchinesischen Sportveranstaltung teilzunehmen. Sie war nicht ideologisiert, nicht maoisiert. Sie stand nicht unter der Verpflichtung, eine ausländische Mannschaft mit allen Zeichen begeisterter Freundschaft oder gar — im Falle eines kommunistischen Landes — der herzlichen Bruderschaft zu empfangen. Es ging schlichtweg um ein sportliches Ringen und einen sportlichen Sieg, nicht um die Umwandlung eines sportlichen Wettkampfes in eine Weltverbrüderungsaktion. Man schrie nicht: „Der große Vorsitzende soll 10 000 Jahre leben!" sondern „Tor!" Diese Art Sportkampf ist ein Zugeständnis, das man offenbar nicht gerne sehen läßt. So spielt man nur mit einem ideologisch schlechten Gewissen. War man ganz „reinen Herzens" geblieben, als man den Amerikanern bei Gelegenheit des Präsidentenbesuches im Februar 1972 zum erstenmal mit guten Sportleistungen ohne ideologisches Gewand die Fähigkeiten der jungen „Mannschaft" Chinas vorführte? Eine harmlos erscheinende Manipulierung des natürlichen Empfindens und Bedürfens ist das, aber gerade als solche ein charakteristischer

---

* Gießen 1971, S. 27.

Hinweis auf eine Zwangsjacke, in der das ganze öffentliche Leben steckt. Sie bedürfte der guten Antwort, der Überwindung unserer eigenen bösen Sportentartungen und -lügen.

Ein tiefergreifendes Beispiel: Man liest in der *Pekinger Rundschau*, der verfluchte Schuft Liu habe „die kollektive produktive Arbeit der einstmaligen Hausfrauen den kapitalistischen Irrweg (Abweg) geführt"! Es handelte sich vermutlich um Erleichterungen für Ehefrauen und Mütter in den Arbeitsbrigaden, in der Volksbefreiungsarmee. Sie erleiden die leib-seelische Tortur der Umschulungen, die Entpersönlichung der Liebe zwischen Mann und Frau, Mutter und Kind. Aber der Aufstand der Schamlosen in unsern Ländern schließt uns den Mund, er erlaubt uns nicht eine hämische Kritik an der manipulierten „puritanischen" Sauberkeit des chinesischen Volkslebens.

Der „neue Mensch" in China ist Frucht eines unerhörten seelischen Gewaltaktes, einer Art Besitznahme und Besessenheit, die Christen letztlich nur vom Erbarmen Jesu her beurteilen können.

Das bestätigt die besondere Art von „Gedankenreform", die abseits von der Öffentlichkeit in den geschlossenen Lagern und Gefängnissen geschieht. Es kann nicht nachdrücklich genug auf Erlebnisberichte und Untersuchungen von Christen und Nichtchristen hingewiesen werden.* Wir müssen uns hier auf einige Grundlinien und Beispiele beschränken: Es besteht kein grundsätzlicher Unterschied zwischen dem, was außer und in den Lagern und Gefängnissen an maoistischer Seelsorge geschah und geschieht. Die „Massen", die erzogen werden und erziehen, sind hier die Gefangenen selbst. Der gesellschaftliche Druck, der sich in den Zellen intensiviert, ist ungeheuerlich. Hier entwickeln ihn die Gefangenen selbst als Pflicht-„Studenten", die Diskussionsgruppen unter der Leitung eines

---

* Eine überzeugende Analyse findet man bei R. I. Lifton: Thougth-Reform and the Psychology of Totalism. A study of "brainwashing" in China. New York 1961. Aus einer Mehrzahl von Erfahrungsberichten, die zugleich Methodik und Zielsetzung der „Gehirnwäsche" wiedergeben, seien besonders genannt: G. T. Bull, Am Tor der gelben Götter, Wuppertal, 1959, besonders Seite 160—266; Dries van Coillie, Der begeisterte Selbstmord. Im Gefängnis unter Mao Tse-tung, Donauwörth, und Sara Perkins, Gefangen in Rotchina, Bern 1968.

mitgefangenen Zellenleiters. Auf diesen liegt der höhere Druck von Funktionären und Richtern innerhalb der Gefängnis- oder Lagerräume. Sie wieder stehen unter dem wachsamen, weithin anonymen Druck der „Regierung". Er wirkt wie eine ständige Presse auf Leib, Seele und Geist. Ein „Volksgewissen", das nie zur Ruhe kommt und nie zur Ruhe kommen darf. Die einander folgenden „Beichtkampagnen" schließen sich großenteils an die in der Öffentlichkeit vorgehenden „Reinigungskampagnen" an, sie machen deren Zielsetzung zum Pflichtstudium der Gefangenen.

Wie sehen die Studenten dieser Gedankenreform aus? Dries van Coillie schildert den Eintritt von neuen weiteren Gefangenen in seine Zelle:

> „Sie schauten uns an, und wir schauten sie an mit den durchdringenden Blicken von Menschen, deren psychologische Einsicht durch langes Abgesondertsein und innere Einsamkeit geschärft worden war. Die Augen nahmen gierig die Physiognomien der andern auf. Es war für manche das erste Mal seit Jahren, daß sie mit einem Schlag zehn fremde Menschen ungehindert ansehen konnten ... Es war beinahe so, als schauten sie in einen Spiegel. Wir erkannten in ihnen uns selbst. Ja, so sahen auch wir aus ... Gefangene ... Ruinen von Menschen ... gefüttert mit Maiskuchen und marxistischen Lehren ... Menschen, deren Augen Angst und Mißtrauen verrieten ..., deren Benehmen von aufgezwungener Einfalt, deren Mimik berechnend war ..., deren Reden einen unangenehmen Einschlag von nachgeäfften und eingetrichterten kollektivistischen Gemeinplätzen verrieten ..., deren Innenleben durch die tagtäglichen Reibungen und Zwangsmaßnahmen völlig entpersönlicht ..., deren Denken nach allgemeinen gleichgeschalteten Begriffen zerknetet war."

Das unverrückbare Ziel: Die völlige geistige und seelische Atomisierung und Entkleidung des „alten Menschen", die künstliche Herstellung jener völligen „Armut" und „Blankheit", die „Leere" eines unbeschriebenen Blattes, die Mao als Voraussetzung des neuen China erklärt hat. Eines der eindrücklichsten Beispiele dafür ist gewiß der Kaisersprößling im blauen Baumwollanzug, Pu Yi, der „früher Englisch gesprochen, jetzt aber alles vergessen hat", der dem Besucher völlig ausdruckslos, verloren, undurchdringlich gegenübersitzt und erklärt: „Man ist hier sehr gut zu mir. Ich kann in diesem Gefängnis umhergehen und tun, was ich will." Es ist derselbe Mann, der leichenblaß wird, als über einer unerwünschten

Antwort auf eine unerwartete Frage des Besuchers der bewachende Offizier plötzlich in einen Wutanfall gerät.*

Die *Methoden* der Gehirnwäsche stehen unter dem allgemeinen Prinzip: „Härte und Milde vereint." Unerbittlich wird auf Bekenntnisse gegenrevolutionärer, reaktionärer und revisionistischer Verbrechen gedrängt, nie aber werden sie als ausreichend erkannt. Bis in die letzten Winkel hinein wird die Vergangenheit nach bösen Taten und Motiven untersucht, das Seelenleben ausgeleuchtet. Der Gefangene wird in eine Dauerangst versetzt, die ihn zwingt, immer neue Verbrechen zu erfinden, sie konterrevolutionär zu färben und im Wetteifer mit den andern Gefangenen eindrucksvoll zu beichten. Jede Anerkennung der Beichtleistung und jede Unterbrechung der permanenten Geständnis-Forderung soll von ihm als unerhörte Gnade und Güte empfunden und gepriesen werden. Keine solcher Gnaden aber wird denen vergönnt, welche den Umdenkungsprozeß ihrer Gruppe durch Weigerung und Fehlleistungen aufhalten. Die fortschrittliche „Masse" der Zellengruppen dagegen darf als Anerkennung Neujahr und den Geburtstag der Volksrepublik mitfeiern und Freude und Dank in „eigener" Spruch- oder Bildgestaltung ausdrücken. Losung: „Wir können Spiele organisieren — die Zellen hübsch aufräumen — die Wände schmücken. Jeder kann seine guten Einfälle frei ausführen. — Aber alles nur in Übereinstimmung mit den andern: Gemeinschaftlich und demokratisch".

Man pinselt etwa einen Spruch auf die Wand: „Nur wer der Regierung schenkt sein unerschütterliches Vertrauen, kann mit Sicherheit auf Fortschritt und eine gute Zukunft bauen" oder:

„Wer sein Verbrechen nicht schnell und umfassend bekennt, der haßt sich selbst; um sein Leben gebe ich keinen Cent."**

Die *Gruppendiskussion* ist es hauptsächlich, durch welche die Gedankenreform vorwärtsgetrieben wird. Die Gruppen erhalten immer neue Aufgaben des Studiums von Zeitungsausschnitten, ja gelegentlich auch des Anhörens eines politischen Aufrufs, der Schilderung eines Volksgerichtes, der Verdam-

---

* L. Bodard, a.a.O., Seite 67 f.
** van Coillie, a.a.O., Seite 240 f.

mung eines führenden Politikers oder Funktionärs, der Belobigung einer besonders eifrigen Arbeitskommune. Ständige Orientierungs- und Meditationshilfe sind natürlich die Worte des großen Vorsitzenden. Da ihre einfache Bejahung als Heuchelei gilt, andererseits eine Bezweiflung der revolutionären Wahrheit als höchstes Verbrechen, muß jede Gruppe, die *vom „Weg des Todes" auf „den Weg des Lebens"* kommen will, in immer neuen Anstrengungen Formen finden, in denen sie immer wieder den in ihr lebenden Widerspruch reumütig bekennt und damit sich von ihm löst. Bleibt einer zurück oder widerspricht, so steigern sich die bis in die Nächte hinein gehenden verordneten Diskussionen zu wütenden Redekämpfen, zu dem Gelärme eines Irrenhauses. Die Hilfeleistung, die die Gruppe dem einzelnen gibt, reicht von der sanftesten Anrede, dem Mitleid über seine bedauernswerte Zurückgebliebenheit bis zu dem angstvollen Kollektivterror der Verurteilung seiner verfluchten Heuchelei und Bezweiflung der Güte der Regierung, ja bis zum furienhaften Zuschlagen, Bespucken, Niedertreten und Ausschließen von Nahrungsaufnahme und Schlaf durch ständige Bewachung und ständiges Abverlangen der zurückgehaltenen nicht eingestandenen Bosheit. Diesem Verhalten kann auch eine gelegentliche Gruppen-Ehrung entsprechen, die freilich unmittelbar wieder zu einem Verstoßen in die Hölle überwechseln kann. Persönliche Gespräche und Kontakte, selbst Seitenblicke aus dem vergitterten Fenster oder auf Personen einer anderen Gruppe sind verboten.

Im Gefängnis praktizieren am konsequentesten die Agenten, Funktionäre und Richter des Umerziehungsbetriebs die Kulturrevolution, das Gesetz des Widerspruchs und die permanente Beichte. Sie handhaben nicht nur ein seelisches und geistiges Folterungsgesetz, mit dem den bisherigen Imperialisten, Kapitalisten und Bürgern ihr bisheriger Sittenkodex zerschlagen und das Gute in Böses, das Böse in Gutes verwandelt wird, je nach Anordnung der allein guten Regierung. Sie verhelfen auch zu Erinnerungen an geschehene und nie geschehene Taten, welche die Angeklagten als Saboteur oder Spion, als Volksfeind oder Egoisten entlarven. Sie können den Psycho-Terror auch durch Anlegung von Ketten, durch Schläge und andere Folterungen steigern. Und ebenso können sie durch plötzliche freundliche Trost- und Ermunterungsworte, durch sorgsame Behandlung der entstandenen Wunden und Krankheiten beglückten Dank in ihren Opfern erwecken.

Wer kann sich der Auswirkung eines solchen Verfahrens entziehen, auch wenn er einen starken Geist hat? G. Bull sagt: *„Auf Grund des ständig zunehmenden Anspruchs des Staates kann im heutigen China selbst der Christ, der fest entschlossen ist, nicht nachzugeben, plötzlich feststellen, daß er sich verführen ließ."* Auch er „bringt es im Sinne der kommunistischen Auffassungen zu ganz erstaunlichen Leistungen". *Langsam, aber sicher preßt ihn die geistige Zwangsjacke ein und macht ihn zu einer Mißgestalt seiner selbst.* Er erlebt in solchen Kampagnen zur „Überprüfung des Denkens", wie *„der Verstand systematisch ruiniert* wird und die einzelnen in ihrem verzweifelten Bemühen, für fortschrittlich gehalten zu werden, auf die wahnwitzigsten Ideen kommen" (Bull a.a.O., Seite 230—232). Aus Angst, völlig den Verstand zu verlieren, oder in den Halluzinationen des Schlafentzuges wird man willenlos bereit zu fast allen Forderungen, zumal es keine Möglichkeit gibt, den ersehnten Tod zu finden. Man muß absterben, aber darf nicht sterben. Man soll leben, aber nicht mehr das eigene „alte" Leben, sondern das vorgeschriebene neue.

Das können wir nicht deutlich und nicht selbstkritisch genug erkennen.

Der französische Journalist Lucien Bodard schrieb nach seinem China-Besuch im Jahre 1957:

„Ich bin aus diesem staunen- und schreckenerregenden China zurückgekehrt. Wie sollte man nicht überrascht sein von der Gesundung eines Landes, das schon so weit verfallen war, wie sollte man Mao und seine Leute nicht bewundern? Ich habe keine Menschen getroffen, die so waren, wie ich es bin, sondern vollkommene Wesen: tugendhaft, opferbereit, voller bewundernswerter Gefühle, glänzende Vorbilder. Aber leider ist nichts davon natürlich; alles ist ‚hergestellt' durch eine kollektive Psychologie; man hat eine automatisch ferngesteuerte Welt geschaffen ... Früher zögerte das Regime bei dem Wort ‚Gehirnwäsche'. Aber alle Scheu ist verschwunden. Die führenden Männer sprechen es stolz aus: ‚Warum waschen die Leute sich nicht das Gehirn, wie man sich die Zähne putzt? Jeden Tag muß man sich von schlechten Gedanken befreien.' Und ich habe begriffen, was hier Milde heißt. Sie ist zur großen Errungenschaft Chinas geworden. Sie bedeutet die Eigenart Chinas im kommunistischen Universum. ... Es gab eine Zeit, in der das kommunistische Regime, kaum an die Macht gelangt, noch sehr schwach war. Um sich Geltung und Sicherheit zu verschaffen, mußte es unbarmherzig sein, es mußte alle seine Feinde vernichten. Als dann der ‚Sozialismus' fest gegründet war, ist der Tod auf einmal nicht mehr notwendig. Er ist sogar ein ideologischer Fehler. Wenn nämlich ein Mensch etwas Schlechtes tut, so ist das ein Fehler seines Geistes. Ganz China ist eine Gehirnklinik ... Die ganze Nation bis zum letzten Chinesen ist damit beschäftigt, Listen mit Fehlern und ganze Hefte voller Beschwerden anzulegen — jede Läuterungskampagne ‚eine Anwendung der Freud'schen Lehre auf die kollektive Psychologie' " (a.a.O., S. 151 ff.).

Der Preis ist zu hoch! Der neue Mensch, der aus dieser psychagogischen gewaltsamen Retorte hervorgeht, ist ein Kunstprodukt. Diese Gehirnwäsche ist nicht dem Zähneputzen zu vergleichen, sondern dem Herausreißen eines brauchbaren natürlichen Gebisses und seines Ersatzes durch ein künstliches Gebiß. Mehr noch: Der ganze „neue" Mensch ist eine Prothese. Und nur als kollektiver Mensch, als Gruppenwesen kann er funktionieren. Diese Psychologie mit ihrer vernichtenden und formenden Gewalt hat offenbar millionenhaften Erfolg.

Nun sind Psychoanalyse, Psychotherapie und Psychagogik, besonders auch Gruppen-Arbeit durchaus praktikable Wege, einander zur Erkenntnis und zur Überwindung verborgener Fehler, Schwächen und Hemmungen zu verhelfen. Sie enthalten aber auch Gefahren, denen das neue China erlegen ist: der Tyrannei auf der einen, der Entpersönlichung auf der anderen Seite, und gemeinsam ist hier die nie befriedigte Sucht, neue Menschen zu schaffen. Aber lebendige neue Menschen schafft nur der lebendige Gott. Er allein weiß, was im Menschen ist. Er leuchtet in Tiefen hinein, die kein anderer Analytiker erreicht. Die Bibel weiß, daß wirkliches Erkennen des anderen darin besteht, daß man ihn liebt. Liebe allein kann auch wirklich verwandeln. Nicht nur der maoistische Gehirn- und Seelenwäscher muß immer wieder erkennen, daß der „alte Mensch" immer wieder unter dem so mühsam fabrizierten „neuen Menschen" auftaucht und die qualvolle Behandlung aufs neue erforderlich macht. Welcher Schule man sich auch immer angeschlossen haben mag, heilsam wirken kann man nur in dem Maße, als man um die Analyse und Therapie Christi weiß. Wir können es im Gegenüber zu dem großen Experiment in China nicht genug bedenken.

5. Die Entzauberung des Führers

„Wer hat euch so verzaubert?" fragt der Apostel Paulus galatische Christen, die durch eine judaisierende Schwärmerei geblendet und verblendet wurden. Im Licht der biblischen Offenbarung ist Verzauberung immer fauler Zauber und wir glauben, daß Maos Entzauberung eine höchst notwendige und gute Sache ist. Wir glauben, daß sie letzten Endes Gott allein vornimmt. Aber uns sind Maßstäbe anvertraut, mit deren Gebrauch geschehen kann – geschehen muß, was heilsam für alle von Mao Verzauberten, für uns selbst und nicht am wenigsten für Mao Tse-tung selbst sein wird.

a) Ein Mensch wie wir – nicht ohne Sünde

André Malraux, dem es nicht an intimer Kenntnis des Menschen Mao fehlt, sagt von ihm: „Er schreitet einher wie eine aus der Kaiserzeit auferstandene Sagengestalt" – so souverän! (a.a.O., S. 481). Darum steht man immer wieder vor einem „verfließenden Bild" (T. Grimm, a.a.O., S. 15). Die Umwelt hat ihn bereits bei Lebzeiten in ein mythisches Gewand gehüllt. Verschweigungen und Entstellungen lassen schwer zu ihm vordringen.

Allzuviele persönliche Züge sind uns auch nicht bekannt. Gewiß wird er von der Mutter den Blick für die Not anderer und die Fähigkeit zum schlichten, volkstümlichen Kontakt haben. Wahrscheinlich wird das Erbe des harten, tyrannischen Vaters, den er ablehnte, in vielen anderen Wesensäußerungen Maos ebenfalls zu finden sein, besonders in seinen letzten Lebensjahren. Wir wollen daran nicht hängenbleiben. Wenn irgendeiner, so ist Mao gewiß kein ausgeklügelt Buch, sondern ein Mensch mit seinem Widerspruch.

Sein Sendungsbewußtsein ist unübersehbar. Es ist ihm keine Frage, daß er zum Führer Chinas berufen ist. Offenbar war das schon früh so. Er hat sich auch immer als Vorbild gesehen. Seine Biographen – T. Grimm, St. R. Schram, R. J. Lifton u. a. – haben jedoch auch andere Züge, außerordentliche Grausamkeiten und hier und da „dreisten Betrug" in Maos Lebensgang aufgezeigt. Lifton gelang es (a.a.O., S. 313 u. a.), den Menschen in Mao aufzufinden, der den Tod nicht anerkennen will, als der Held, der ihn flieht!

Hinter einer langen Reihe von Mißerfolgen und Katastrophen in der Geschichte der chinesischen Revolution stehen zweifellos auch Maos eigene, unmittelbar verschuldete und auch unmittelbar erlittene Mißerfolge und Katastrophen. Mao ist kein permanenter Sieger. Ein Mensch wie wir ist hinter der Statue zu suchen, die man bei lebendigem Leibe aus ihm gemacht hat.

Mao ist ein Mensch besonderer Sünde. Er empfing den berechtigten Dank seines Volkes für die Befreiung aus dem Elend. Er hat aber auch die Klagen und Flüche der Enttäuschung, Tränen und den Tod von unzähligen Vergewaltigten und Ermordeten zu verantworten. Es war eine böse Verharmlosung, als er in einer Rückschau auf die Zeit des Langen Marsches in einem Gespräch mit André Malraux erklärte: *„Die berüchtigte Gehirnwäsche hat die meisten unserer Gefangenen auf unsere Seite treten lassen. Wie ging sie vor sich? Wir sagten: Warum kämpft ihr eigentlich gegen uns?“* (Malraux a.a.O., S. 468).

Sicher liegt es an uns, ob wir uns von Mao blenden lassen; aber ob es uns gelingt, ihn zu entzaubern? Das wird letzten Endes von unserem Verhältnis zu dem abhängen, „der ein Mensch ward gleich wie wir, *doch ohne Sünde“.* Denn Mao ist eine messianische Gestalt. Er nimmt nach dem Urteil unzähliger Chinesen und Nichtchinesen — jedenfalls nach ihrem Lippenbekenntnis — den Erlöserplatz ein, den die biblische Offenbarung Jesus Christus zuweist. Er ersetzt ihn. Er hat nach diesem Urteil nicht nur die kommunistischen Vorgänger und Propheten Marx, Engels und Lenin hinter sich gelassen, sondern auch Jesus Christus. Dies wird uns im Schlußteil dieses Buches noch beschäftigen.

Die Stimmen maßloser Apotheose sind leiser geworden. Der alternde und kränkelnde Mao lebt lange schon zu ferne von seinem Volk.

So gehört je länger je mehr der überschwängliche Lobpreis nicht der Person, sondern der unvergänglichen Lehre Maos, dem „fleischgewordenen Wort“ der Revolution. Das bestätigt seinen pseudomessianischen Charakter. „Hütet euch vor den Abgöttern!“

Mao bedarf der göttlichen Rettung. Es wäre das wichtigste Ereignis seines Lebens, wenn er sie annähme, wenn er nicht dem Gesang aus der Tiefe ausgeliefert würde: „Wie bist du vom Himmel gefallen, du schöner Morgenstern!“ Gott hat nur dem einen, der gehorsam war bis zum Tode am Kreuz, den Namen über alle Namen verliehen, daß vor ihm sich einmal alle Knie beugen werden. Die Entzauberung hat begonnen. Sie zu vollenden ist Gottes Sache.

b) Der Mensch des Widerspruchs

Allen ausländischen Besuchern, die Mao nahe kamen, ist übereinstimmend immer wieder der Eindruck einer unerwarteten Ruhe und Gesammeltheit begegnet, die von Mao ausstrahlte. Welch ein Unterschied zu der nervösen Unrast solcher Männer wie Lenin oder Hitler. Wer von den anderen großen Revolutionären unserer Zeit hat Sammlung und Gemütskraft genug besessen, um zu dichten wie Mao Tse-tung?

Fast jeder aber, der Mao kennenlernte, erlebte auch mitten im gesammelten und gelösten Gespräch plötzliche Ausbrüche flammenden Zorns. Malraux berichtet — es war kurz vor der Kultur-Revolution — von der plötzlich von Mao ausgehenden knisternden Atmosphäre im Kreise der führenden Männer „wie vor einer geheimen Kernexplosion" (a.a.O., S. 473).

Von Chinesen selbst kann man hören, daß keiner der anderen Führer, ob Liu Schao-tschi, Lin Piao, Tschu En-lai oder ein anderer, an Volkstümlichkeit, Bildkraft der Rede, Wärme der Empfindung und vor allem an Einfühlung in die Nöte der am meisten leidenden Volksschichten mit Mao zu vergleichen sei. Man weiß auch, daß er denen, die mit ihm die bittersten Zeiten durchstanden, dies mehrfach in Zeiten ihrer Anfeindung oder tödlichen Bedrohung durch andere Machthaber der Revolution vergolten hat. Dicht daneben finden wir eine raffinierte Verdrängung der Andersdenkenden, eine brutale Verteufelung ihn enttäuschender langjähriger Kampfgenossen, eine unbarmherzige Beseitigung andersdenkender Mitkämpfer, nicht nur solcher von arglistiger, sondern auch von offenbar redlicher Art. Neben der einfühlenden Wärme eiskaltes Denken und Planen.

Man kann die Widersprüche noch mehren: Hinter betonter Geduld eine diszipliniert zurückgehaltene, aber im Augenblick der Entscheidung auch chaotisch herausbrechende Ungeduld. Hinter Bescheidung und Askese in Ansprüchen und Verhalten ein triumphierendes Selbstbewußtsein. Er meinte einmal, Marx, Engels, Lenin, Stalin und er selbst würden eines Tages wie lächerliche Erscheinungen der Vergangenheit wirken. Aber der Durst nach Ewigkeit seiner Revolution und seiner Führerkraft erfüllte nicht nur seine Lobsänger, sondern auch ihn.

Das sind wichtige Beobachtungen. Wir gewinnen an ihnen ein entzaubertes Verhältnis zu dem faszinierenden Stichwort

der chinesischen Revolution, dem Begriff des „Widerspruchs"
und der Unterscheidung von „Widersprüchen im Volk" und
„antagonistischer Widersprüche". Woher haben sie in der
chinesischen Revolution eine so unerhörte, Millionen von
Menschen aufwirbelnde und bannende Bedeutung bekommen?
Warum die Heftigkeit der These: „1 wird 2!", und ja nicht: „2
wird 1"!? Ohne den Widerspruchscharakter Maos ist dies alles
nicht zu begreifen. Mao als die personifizierte permanente
Revolution, sein Handeln, Empfinden und Wollen stellt eine
spannungsvolle Folge sich ablösender und verdrängender
Widersprüche dar. Es war stark genug, sie einem ganzen Volk
aufzuprägen und gegen seine ideologischen Gegner in Moskau
durchzuhalten.

Ist er nicht auch ihr Gefangener? „Man muß durch Bewäh-
rungsproben hindurchgehen", meint er, durch immer neue
Änderungen und Reinigungen in einem nie zur Ruhe kommenden Prozeß. Man muß sie durchleiden. Wenn aber einmal das
unruhige Herz des neuen China stillsteht, wird dann die
permanente Revolution noch so permanent sein können wie
bisher? Wird dann die Heftigkeit der überraschenden Widersprüche noch einen solchen Auslöser haben wie Mao? Schon
haben andere Denkweisen und Formen sich vor ihn gedrängt.
Tschu En-lai schon ist gewiß ein anderer als Mao Tse-tung.

Tiefe Tragik schaut uns an. Ein Mensch des Widerspruchs.
Eine Revolution des Widerspruchs. Widerspruch auch gegen
den Anspruch Gottes. Auch gegen das Ja Gottes, bei dem
„kein Wechsel des Lichts und der Finsternis" ist.

c) Der neue Konfuzius?

Werner Schilling hat in seiner gründlichen Untersuchung
„Einst Konfuzius, heute Mao Tse-tung" mit einem interessan-
ten, höchst notwendigen Vergleich die Hintergründe der Mao-
Faszination zu erhellen gesucht (Weilheim/Obb., 1971). Un-
gemein wichtige Verbindungen und Vergleiche tauchen hinter
der Absage Maos an den „Heiligen des Feudalismus" auf.
Wieviel Altes im Neuen! Das soziale Gewissen, die Bevorzu-
gung der Gerechtigkeit vor dem Gewinn, das Gängeln des
Volkes, das Horchen auf seine Stimme, die Überordnung der
Praxis vor der Theorie. Und wieviel Umschmelzungen und
Überhöhungen! Mao will ein neuer, der größere Konfuzius
sein, ohne es je so zu formulieren.

Gewiß mußte er ein anderer sein. Das war seine geschichtliche Aufgabe. Aber zeigt nicht gerade sein Kampf gegen die Tradition des großen Meisters Kungtse auch seine Bindung an die Tradition? Es ist zu viel Nachahmung in der Gestalt und im Lebenswerk Maos, zuviel verzerrte, verfälschte Humanität — unmenschliche Menschlichkeit, auch dies menschliche-allgemeinmenschliche — Tradition.

d) Maos Scheitern am Todesschicksal.*

Man kann den Eindruck gewinnen, daß Mao zwar seinem biologischen Absterben gelassen gegenübersteht, um so weniger aber der Gefahr, daß sein revolutionäres Werk sterben könne! In vertrauter Rede konnte man, besonders unmittelbar vor der Kulturrevolution, die Sorge hören, daß die junge Generation Chinas alles wieder verspielen würde. Darum rief Mao sie heraus. Darum zwang er sie, selber zu rebellieren, durch Revolution zu lernen, was Revolution sei. Sie sollte der Revolution den jugendlichen Elan der altgewordenen und erstarrten ersten Kämpfer zurückgeben. Sie sollte den Frühling als Jahreszeit der Revolution personifizieren, die Jugend als das ihr gemäße Lebensalter.

Immer leidenschaftlicher wurde darum auch Maos Ruf zur Überwindung der Todesfurcht: Nur hohle Papiertiger sind auch die stärksten Gegner! Bereits verwesende Leichname sind die Regime der kapitalistischen Welt! Wer für die Massen stirbt, stirbt den gewichtigen Tod! Mao gibt ihm Anteil an der Ewigkeit der Revolution. Ein sterblicher Mensch sucht zu verewigen, was ebenso sterblich ist wie er. Die Worte und das Schriftbild eines Alters-Gedichtes bezeugen das Verlangen nach einem neuen Trunk Ewigkeit, je länger je mehr in fast despotischer Ungeduld.

> „Klein, klein der Erdball;
> gibt ein paar Fliegen — stoßen an Wände an.
> Summen, summen,
> einige laut erbittert,
> einige laut hinklagend ...
> Wieviel Aufgaben,
> von Anfang an drängend,

---

* Vgl. hierzu besonders R. J. Lifton, „Der unsterbliche Revolutionär" und sich ihm anschließende und weiterführende Beurteiler wie Robert P. Kramers, „Mao Tse-tung und die Kulturrevolution" in Evang. Missionsmagazin 1969, S. 197 ff.

Himmel- und Erddrehung,
die Zeit nötigt.
Zehntausend Jahre – allzu lange,
Vier Meere aufgebäumt, Wolken und Wasser zornig,
wetteifert früh bis spät.
Fünf Erdteile bebend, Wind und Donner entfacht.
Müßt sie auskehr'n, allesamt, die üblen Insekten:
Nirgend sonst Feinde!" (zitiert bei Lifton, a.a.O., S. 121 f.)

„Zehntausend Jahre allzu lange"! Mao konnte zwar im Gespräch mit ausländischen Freunden den Unsterblichkeitskult,
den man mit ihm machte, selbst kritisieren. Aber er konnte
auch im gleichen Atemzug seine zeitweilige Berechtigung behaupten.

Offensichtlich ist er nicht damit fertig geworden, daß gestorben werden muß. Er stellte zwar seine Person zurück und
schob die Revolution vor, um sie zu verewigen. Aber was ging
in ihm vor, als er seinem amerikanischen Freunde Edgar Snow
bei seinem Besuch im Januar 1965 zweimal nacheinander
sagte, er werde bald Gott sehen, und dann noch einmal, er
mache sich bereit, in Kürze Gott zu sehen? War es nur ein
spielerischer, vielleicht sogar höhnischer Ausdruck dafür, daß
er, unmittelbar vor der Kulturrevolution, sich zu einem Kampf
auf Leben und Tod mit höchsten Spitzen der Partei, seinen Be-
leidigern und Wegbestreitern rüstete? Snow erzählt, daß er
auf eine etwas verwunderte Gegenfrage jeden Glauben an
eine Gottheit ablehnte, aber daß sein Lächeln verzerrt gewesen sei und daß er sich schwer auf den Arm eines Begleiters
stützte, als er von ihm Abschied nahm (Lifton, a.a.O., S. 31 f.).

e) Der Einsame

Er ist offenbar im tiefsten Grunde bei aller Kontaktfähigkeit
und Strahlkraft ein einsamer Mensch gewesen. Wem hat er
sich je ganz anvertraut? Charakteristisch, daß dies offenbar
am ehesten nichtchinesischen Genossen, ausländischen Freunden gegenüber geschah: gegenüber dem australischen Arzt
Bethune, gegenüber den Amerikanern Edgar Snow und Robert
Payne (vgl. seine von Einfühlung und Bewunderung zeugende
Biographie: *Mao Tse-tung*, Hamburg 1968), gegenüber dem
Franzosen André Malraux. Malraux ist es auch, der uns jenen
Satz überliefert, den er ihm kurz vor der Kulturrevolution zu-
rief, schon außerhalb der Hörweite der übrigen chinesischen
Führerschaft: *„Ich bin allein mit den Massen"*! Edgar Snow,
der ihm wohl vertrauteste, inzwischen gestorbene und betrau-

erte Freund, berichtet von seiner letzten Begegnung mit Mao im Jahre 1971 die Worte: *„Ich bin wie ein einsamer Mönch mit einem durchlässigen Schirm."*

Wie nahe kommt uns hier dieser Mensch!

D. Mao gegen Jesus. Die zweifache Wandlung der chinesischen Christen im Schmelztiegel der Revolution

I. Das Ende einer Aera: Westmission und chinesische Kirche am Vorabend der kommunistischen Volks-Republik

Paul Gerhard Möller berichtet von einem mehrtägigen Beisammensein mit chinesischen Pfarrern und Bischöfen, Diakonen und Bibelfrauen in den Vorweihnachtstagen 1949 in der Provinz Yünan. Er stellte ihnen die Frage, wie sie sich ihre Zukunft unter dem neuen Regime Mao Tse-tungs vorstellten. Die Antwort lautete:

> „Wir wissen, daß es sehr dunkel werden wird, aber wir wissen auch, daß uns Gott in diese Lage und in die Nacht, die auf uns zukommt, hineingestellt hat. Wir haben vom Glauben an Jesus Christus geredet und gesagt, daß er unser Trost und unsere Kraft sei. Wenn wir jetzt verzagen würden, würde das Evangelium unglaubwürdig, und niemand würde mehr an Jesus glauben wollen, wenn er sieht, daß die Christen versagen. Die um uns her leben, sollen merken, daß es sich lohnt, an Christus zu glauben. Wir haben nur eine Sorge, daß wir unserem Herrn durch Unglauben und Abtrünnigkeit Schande machen könnten."[*]

Die chinesischen Christen gingen also nicht unvorbereitet in die neue Zeit. Hinter ihnen lagen Jahrzehnte, eigentlich ein Jahrhundert, in dem sie sich der gewonnenen Erlösung durch Jesus Christus freuten und einer mit nichts sonst vergleichbaren Gemeinschaft des Glaubens und der Liebe durch ihn. Hinter ihnen lagen Jahrzehnte, eigentlich ein Jahrhundert, in dem sie ständig verspottet, beargwöhnt, befeindet, oft ausgestoßen, tödlich bedroht und viele auch ermordet wurden, weil sie sich zur Religion der fremden Teufel bekannten.
Sie hatten als Christen unvergeßliche Erfahrungen mit dem

---

[*] Paul Gerhard Möller, Christen im Fernen Osten; Calwer Hefte, 84, 1967, Stuttgart, S. 20.

göttlichen Geheimnis Jesus Christus gemacht und hatten als Christen bereits viel durchlitten. Für sie begann jetzt *ihr* Langer Marsch.

1. Die zu Ende gehende Ausbreitung des Evangeliums unter dem Vorzeichen der fremden Mächteexpansion

a) Eine Religion fremder Teufel und doch Glauben findendes Christuszeugnis

Konnten Chinesen wirklich Christen werden? Konnten sie es unter den China-feindlichen Bedingungen einer Invasion der Gewalt und Verfügung durch landfremde namenchristliche Händler und Soldaten, Machthaber und Wissenschaftler? James Clavell gibt in seinem Hongkong-Roman: *„Tai Pan"* das Gespräch eines Opiumhändlers mit seiner chinesischen Geliebten wieder. Das Gespräch macht deutlich, welche Hindernisse für solche „Bekehrungsversuche" entstanden, aber auch, wie groß in der Anfangszeit des westlichen Machteinbruchs die Gefahr eines Anschlusses an die ins Land gekommene Fremdenreligion aus Gründen reiner opportuner Anpassung war. Sicher beleuchtet es auch zugleich die Skepsis des Erzählers.

> „Du willst, ich soll Christin sein? Dann bin ich Christin", hatte sie fröhlich erklärt.
> „Aber so einfach ist es nicht, May-May. Du mußt glauben."
> „Natürlich. Ich glaube, woran ich nach deinem Willen glauben soll. Es gibt den einen Gott. Den christlichen, barbarischen Gott, den neuen Gott ..."
> „Es ist kein barbarischer Gott und auch kein neuer Gott. Es ist ..."
> „Dein Herr Jesus war doch kein Chinese, heja? Dann ist er ein Barbar — und was erzählst du mir, dieser Herr Jesus ist nicht neu, wo er doch vor 2000 Jahren noch nicht einmal geboren war, heja? Dann ist er eine Menge sehr neu. Ajii jah, unsere Götter sind 5000, sind 10 000 Jahre alt."
> Tai Pan tadelt, daß sie wieder zur Pagode ging. „Warum gehst du nur dahin? Damit bist du wieder Heidin. Du verneigst dich vor Götzen."
> „Aber für was ist die Holzschnitzerei des Herrn Jesus am Kreuz in der Kirche? Ist das kein Götzenbild? Oder die Kreuze selber? Sind das nicht alles Götzenbilder?"
> „Das ist nicht dasselbe."
> „Der Buddha ist nur Symbol von Buddha. Ich bete nicht Götzen an, mein Freund. Ich bin Chinesin. Chinesen beten nicht Götzen an, sondern nur die Idee einer Statue ... die

Chinesen sind nicht dumm. Wir sind furchtbar klug in diesen Gottdingen. Und woher weiß ich, daß der Herr Jesus, der ein Barbar war, die Chinesen liebt, heja? ... Der christliche Barbarengott, der allein ist und der einzige Gott, erscheint mir, der armen einfachen Frau, sehr blutdürstig und schwierig, um mit ihm auszukommen ... Ich glaube, euer Himmel ist ein verdammt seltsamer Ort, Tai Pan. Alle fliegen herum wie Vögel und alle tragen Bärte. Kennt man im Himmel auch Liebesspiele?"

„Das weiß ich nicht!"

„Wenn wir uns nicht lieben können, gehe ich nicht in den Himmel. O nein, bestimmt nicht. Wahrer Gott oder nicht. Das wäre ein sehr schlimmer Ort. Das muß ich feststellen, bevor ich hingehe. Und noch etwas, Tai Pan. Wozu sollte der einzige wahre Gott, der aus diesem Grunde unerhört tüchtig sein muß, sagen: nur eine einzige Frau, heja, was entsetzlich dumm ist? Und wenn du ein Christ bist, wofür sind wir ein Mann und eine Frau, wenn du schon eine Frau hast? Ehebruch, he? Sehr schlimm. Wofür brichst du soviele der zehn Gebote, heja, und nennst dich doch selbstverständlich einen Christen?"

Tiefen des Widerstandes! Aber konnte ein Übergang zum Christentum etwas anderes sein als *Anpassung* an die neuen Machtverhältnisse, in denen vorerst die Weißen bestimmten? Trotzdem erlebten die Christen echte Bekehrungen aus dem alten Heidentum zu Jesus. Zwischen den Polen des Ausländerhasses und kluger, biegsamer Unterwerfung und Ausnutzung der Verhältnisse entstand dennoch lebendiger, freudiger, heilsgewisser und leidensfähiger Glaube an Jesus Christus und ein bisher unbekannter neuer Umgang mit Gott und den Menschen. Der verräterische Anhänger der „fremden Teufel", der „Hilfsbarbar", der willige Empfänger religiösen „Opiums" war Nachfolger Jesu Christi geworden.

Ein Außenstehender hat von dem südchinesischen Christen *Wong Yün* gesagt: „Wenn die Mission nichts erreicht hätte als die Bekehrung dieses lauteren und gütigen Mannes, so hätte sie Großes erreicht." Aber dieser Mann hatte vorher Glauben geheuchelt und anvertraute Mittel veruntreut. Die geduldige Seelsorge eines Fremden wurde das Mittel, durch das Wong seinem frommen Betrügerdasein entrissen und ein aufrichtiger und reich gesegneter Zeuge Jesu Christi wurde.*

Später waren es oft die Machtkonstellationen der rivalisierenden Fremdmächte auf dem Boden des ohnmächtigen China,

---

* W. Kempgen, Kampf am Tigertor, Wuppertal 1948, S. 91 f.

die zu *unechten oder vorgetäuschten „Bekehrungen"* verführten.

So nutzten in Südchina zwei feindliche Dorfstämme die vorübergehende Überlegenheit westlicher Macht und Gerichtsbarkeit und den gleichzeitigen Gegensatz evangelischer und katholischer Missionen aus, um sich gegenseitig auszustechen. Aus diesem Grunde meldete der eine Stamm sich geschlossen bei den katholischen, der andere bei den evangelischen Missionaren zur Taufe.

Hier geschah ein Wunder. Mehrere der Taufbewerber bei der evangelischen Mission, insonderheit der opiumsüchtige Lehrer an der Spitze, erfuhren über der nun einsetzenden Begegnung mit Gottes Wort, Gebet und christlichem Lied eine Umkehr. Sie erlebten das Wesen christlicher Gemeinschaft. Sie erfuhren die Wahrheit Gottes.

Mit Staunen beobachtet man hier und anderswo die Ausbreitung des Evangeliums und das Heranwachsen einer chinesischen Christenheit unter dem wachsenden Haß gegen die Religion der fremden Gewalt. Alle Formen nationalen, weltanschaulichen und schließlich kommunistischen Hasses entluden sich im Lauf dieses Jahrhunderts über den Christen.

b) Der Gegenangriff des atheistischen, antichristlichen Kommunismus

Dann kamen neue Bedränger mit neuen Weltanschauungen. Neben den Westmächten die *Japaner* und auch die Russen. Auf *bolschewistische Initiative* hin wird ein in China weit verbreitetes Blatt, *„Der Gottlose"*, begründet.

Noch unter dem christlichen, aber kommunismusfreundlichen Sun Yat Sen, heftiger dann in der Zeit der Vereinigung von Kuomintang und Kommunisten unter Tschiang Kai-schek (bis 1927), nach einer ruhigeren Zeit wieder besonders hart seit dem Ausbruch des Japankrieges und dem großen, blutigen Wirrwarr der provinzialen Militärbefehlshaber, der Räuberbanden und des kommunistisch bestimmten Bauernaufstandes kommt es zum brutaleren Kampf gegen das Evangelium.

Charakteristisch ist die Reaktion auf die *Internationale christliche Studentenkonferenz* in Peking im April 1922, die einen großen Feldzug für das Christentum unter der studierenden Jugend Chinas plante. In Kürze organisierte sich ein „Nichtchristlicher Studentenbund" mit vielen Einzelgruppen in allen Provinzen: *„Von allen Religionen ist das Christentum* *die verabscheuungswürdigste! Eine seiner Sünden ist sein gemeinsames Spiel mit Militarismus und Kapitalismus ... Das Christentum verdient ... die größte Verachtung"*. Es sei schuld an den Menschenschlächtereien des Weltkriegs und am Hochmut der Kolonialvölker. Es wirke, indem es Jesus als König verkündige, reaktionär und habe kein Verständnis für die Republik.* Die chinesischen Christen wurden in einen unerwartet breiten Geisteskampf hineingezogen und schwer bedrängt, besonders an den christlichen Schulen. Marxistisch denkende Offiziere der Kuomintang-Armee rufen hier zur Absage an Christus auf. Man verteilt Flugblätter:

> „Das Christentum ist ein Gift, das jeden heißblütigen Patrioten eiskalt macht und jede nationale Gesinnung vernichtet. Ihr Schüler und Schülerinnen der Missionsschule, ich trauere um euch, ich bin besorgt um euch! Wacht auf, ehe es zu spät ist! Reißt euch los von diesen betrügerischen Menschenfängern, den Missionaren! Seid doch nicht so abergläubisch, zu meinen, Jesus sei Chinas Retter! Nicht Jesus kann uns retten, sondern nur der große Sun."

Immer wieder kam es auch zu tätlichen Angriffen, sei es durch Soldaten, sei es durch Räuber oder Anhänger der revolutionären Bauernbünde. Schulen, Missionsstationen, Hospitäler wurden überfallen, geplündert, in Brand gesteckt, Missionare entführt, zum Teil monate- oder jahrelang gefangengehalten und nur gegen Lösegeld wieder freigegeben, viele chinesischen Christen auf vielerlei Weise schikaniert und mißhandelt.

In christlichen Hospitälern und Stationen fanden sich manchmal bis zu 20 000 Flüchtlinge ein, bis auch dort immer wieder eine unbarmherzig wütende Soldaten-, Räuber- oder Partisanengruppe einbrach.

Die Zeit der kommunistischen Angriffe war gekommen mit ihren spezifischen geistigen und materiellen Waffen: *„Es gibt keine Geister, keinen Gott, keine übermenschlichen Rächer und Richter des Bösen"* (Witschi a.a.O., S. 123 und 125).

„26 Jahre bin ich Missionar in China gewesen", berichtet ein deutscher Missionar. „Es waren 26 Jahre Bürgerkrieg." Nicht nur für den Missionar, sondern für alle Christen bedeutete dies, je mehr es auf das Jahr 1949 zuging, im allgemeinen

---

* Zitiert bei H. Witschi, Geschichte der Basler Mission, 1920–40, Basel 1970, S. 101.

Leiden ein besonderes Leiden um den verstellten Weg des Evangeliums und für das Evangelium.

c) Nicht vergeblich

Die Lähmung und Zwangsgestalt einer so stark politisch verhafteten Mission hat den Herrn des Gottesreiches nicht gehindert, sein Werk zu tun. Zunächst in erster Linie durch ausländische Missionskräfte. In kein anderes Land hatte man soviele ausgesandt. Um 1925 waren es etwa 16 000, damals etwa die Hälfte protestantisch. Bei Maos Machtübernahme waren es noch etwa 5000 ausländische Missionskräfte.

Man muß sich an einigen positiven Beispielen klarmachen, was das alles bedeutet. Hudson Taylor, der Begründer der China-Inland-Mission, trug lebenslang Kummer um Chinas unerlöste Millionen, wurde aber auch zu einem unübersehbaren Zeugen für die Gebetskraft in der Mission. *„Aufruf zum Gebet um 18 Missionare!"* Je zwei für neun christuslose Provinzen Chinas im Jahre 1875; Gebet um siebzig im Jahre 1883, um hundert im Jahre 1886. ... Hier drang ein beispielhafter Glaube an die Möglichkeiten Gottes in die Unmöglichkeiten Chinas hinein und wurde nicht beschämt!

> „Pionierarbeit ist kein Kinderspiel. Satan wird sich seine Beute nicht ohne weiteres entreißen lassen. Die Inangriffnahme neuer Gebiete ist mit Schwierigkeiten verbunden, die nur der verstehen kann, der ein solches Unterfangen gewagt hat."

So schreibt ein anderer Bahnbrecher. Und wieder ein anderer:

> „Befreiung von dunklen Mächten kommt durch ein bewußtes Widerstehen auf dem Boden des Kreuzes. Ich bin Ingenieur und erwarte, daß eine Sache sich praktisch bewährt. Ich beobachte, daß viele geistliche Wahrheiten, die man hört, anscheinend wirkungslos sind. Die passive Seite, alles dem Herrn Jesus überlassen zu dürfen, ist wohl beglückend wahr. Mich befreite jedoch eine andere Seite der Wahrheit. Bewußtes Widerstehen auf dem Boden des Kreuzes, dem Frieden, den Jesus am Kreuze erwarb — das war die Hilfe."

Ein hervorragendes Beispiel für die umkehrende und zum Boten bevollmächtigende Lebenskraft Christi an Chinesen ist sicherlich besonders Dr. John Sung. Noch bis in die letzten Tage vor dem Einbruch der Japaner und dem Grauen des Japan- und Bürgerkrieges trug dieser feurige chinesische Evangelist neben vielen anderen in alle Provinzen und bis weit in das

Ausland-Chinesentum hinein das Zeugnis von der rettenden Kraft Christi. Es geschah, nachdem er selbst durch schwerste Krisen gegangen war. Die Begegnung mit dem amerikanischen Ausland, die niederdrückende und zerstörende Wirkung einer kraftlos gewordenen Theologie auf einem amerikanischen Seminar, die vorübergehende Rückkehr zur überkommenen chinesischen Religions- und Sittenweisheit und die höchsten Auszeichnungen, die man ihm als jungen Atomforscher verlieh, bezeichnen einen ungewöhnlichen Weg. Eindrücklich schildert er, wie ihn Christus aus beginnender Umnachtung herausholte und durch eine Vision seines eigenen Todes und einen deutlich gehörten Ruf auf seine Seite zog. Als er nach China zurückkehrte, flogen alle Ehrenzeichen und Diplome ins Meer, und der Knecht Gottes begann seine dornenvolle, aber an unzähligen Chinesen gesegnete Bahn. „Auf daß die Kraft sei Gottes und nicht von uns!"*

Der chinesische evangelische Evangelist, Pfarrer Marcus Cheng, zählte bei einem Besuch in Deutschland im Jahre 1949, dicht vor der Machtübernahme Mao Tse-tungs im Anschluß an 2. Kor. 6, 4—10, „die 27 akademischen Grade des Apostels Paulus, eines Knechtes Jesu Christi", auf — lauter missionarische Leidensgrade. Er bekennt: *„Wir sollen nicht nur über Christus reden, sondern selbst Christus darstellen. Wenn Gott es uns erlaubt, zu leiden, dann widerfährt uns nichts Seltsames. Das ist gerade die Schule, in der wir von Gott ausgebildet werden." (Christusbotschaft eines Chinesen,* Marburg 1949, S. 17).

Mit dem Wissen um eine gemeinsame Aussaat unter nahezu hoffnungslosen Bedingungen der Säeleute, des Bodens und des Klimas, die dennoch hier und dort kostbare, gute Frucht gebracht, gingen Missionare und chinesische Christen dem maoistischen Sturm entgegen. Einem Ende oder einer radikalen Wende der chinesischen Missionsgeschichte?

---

* Näheres in Johanna Lorch, Solange es Tag ist. Dr. John Sung. Salzuflen 1955.

2. Abbruch des gemeinsamen Suchens und Verwirklichens eines chinagemäßen Zeugnisses der Gemeinde

a) Chinesisches Glaubenszeugnis in widerstreitenden Denkformen westlicher Theologie.

Der schon zitierte, weltberühmt gewordene chinesische Religionswissenschaftler und Schriftsteller Lin Yu tang beschreibt in seinem Buch *„Kontinente des Glaubens"* eine lange und aufregende religiöse Pilgerfahrt. Als Sohn eines eifrigen methodistischen Predigers war er schon von Geburt an Chinese und Christ. Aber er blieb es nicht. Es zog ihn in die *„Odyssee der Menschen, die ihr Ziel nicht kennen"*. Es wurde eine jahrzehntelange Suche nach der Wahrheit. Er entdeckt persönlich noch einmal „mit freudigem Erschrecken" die altchinesischen Geistesreichtümer, die Weisheit Laotses, die Tugend des Konfuzius und die Güte Buddhas. Auch die Religiosität Indiens und die Philosophien des Westens in ihren vielen Spielarten, einschließlich der marxistischen, nimmt er mit durstiger Bereitschaft auf. Am Ende aber kehrt er zu Jesus Christus zurück, der nun für ihn *„die Sonne ist, bei deren Glanz die Kerzen verlöschen"*. Es geschieht im chinafernen Amerika. Aber kehrt er auch in die Kirche seines Vaters zurück, so doch nicht zu einer ihn „erschreckenden" „unfreundlichen" christlichen Theologie von Sünde und Gnade, von Gottes Zorn und Gericht, sondern zu einem „dogmenlosen" und toleranten praktischen Christentum der Verehrung der göttlichen Liebesmacht Jesu und der Gemeinschaft mit ihm. Er weiß sich frei von den Sonderbekenntnissen der Kirchen und Sekten.

Es gibt viele schlichte Chinesen, die ohne solche Auseinandersetzung mit den ihnen überlieferten Formen des christlichen Glaubens, der Theologie, des Gottesdienstes und der christlichen Diakonie bereit waren, chinesische Christengemeinden unter der prägenden Führung der fremden Mission zu bilden. Wie selbstverständlich entstanden katholische und evangelische Kirchen und Kirchlein nebeneinander, viele Gemeinden, deren Glieder ebenso wie ihre missionarischen Begründer ein auf Einzelbekehrung dringender Ernst prägte. Anderswo eine Unterwerfung unter das biblische Wort in der bewußten Übernahme seiner reformatorischen Deutung, auch der lutherischen Rechtfertigungslehre. Daneben fand auch ein abendländisches Verständnis des Reiches Gottes nach der mitmenschlichen Weise Christoph Blumhardts Eingang unter den Chinesen.

In einem wesentlichen spannungsvollen Unterschied zu den ersten Pionieren hatten ebenfalls westliche, besonders amerikanische Missionare seit der Jahrhundertwende ihre „modernistischen" Ideen auch unter die Chinesen getragen. Es entstand eine Kampfsituation, in der die Missionare pietistischer und reformatorischer Prägung als „Fundamentalisten" angegriffen wurden, die zur Anpassung an die neue Situation und Aufgabe und einer „neuen Sprache" nicht fähig seien. Umgekehrt wurde u. a. mit Recht beklagt, daß christliche Studenten nach einem Besuch theologischer Seminare in den USA als Nichtchristen zurückkehrten, weil sie den dort stattfindenden Anfechtungen ihres Glaubens nicht gewachsen waren. Die Kritik an der Heiligen Schrift, am stellvertretenden Opfertod Christi, an seiner Auferstehung und anderes beschäftigte nun auch chinesische Theologen. *Die prägende westliche Theologie zerfiel in zerstrittene Gruppen.*

Auch das „social gospel" hatte kraftvolle Vertreter, die mit großer Hingabe und mit mächtigen finanziellen Mitteln sich der Nöte Chinas annahmen und chinesische Christen das Gleiche zu lehren versuchten. Es kam zu seltsamen Verschmelzungen mit den reformerischen und revolutionären Ideen, die China erfüllten.

Noch unmittelbar vor dem Zusammenbruch der Regierung Tschiang Kai-scheks und zuvor der Japaner hat China nicht nur einen starken militärischen und diplomatischen Einsatz Amerikas erlebt: seine Christen und Kirchen erfuhren auch noch einmal eine wahre Überflutung mit Mitteln, um zerstörte Gotteshäuser wieder aufzubauen und neue Institute christlicher Erziehung und sozialer Hilfe einzurichten.

So war es gewiß nicht einfach für chinesische Christen, unter der starken Führungskraft westlicher Theologien und Christentumsverständnisse und ihrer so großen Gegensätze Gemeinden aufzubauen, die vom lebendigen Christusglauben erfüllt waren und ihre eigene Sprache für diesen Glauben fanden. Als es in die neue Bewährungszeit hineinging, hatten viele beides erlebt: Die Anfechtung und das Ungenügen auch der besten und bibeltreuesten Verkündigung durch die westliche Mission und ein Sichzusammenfinden der Gläubigen aus West und Ost zu frohem und gewissem Bekenntnis zu Jesus. Unter dem heftigen Druck des Heidentums, unter dem jeder Christ blieb, auch angesichts spezifisch chinesischer Entartungen des Christentums wie der Taiping-Revolution wurden doch immer und immer wieder Wege gefunden, Gemeinden auf dem Grund der Apostel und Propheten aufzubauen.

b) Chinesischer Gottesdienst trotz westlicher Prägung

Die chinesischen Katholiken hielten *Gottesdienst* nicht wesentlich anders als ihre europäischen oder amerikanischen Glaubensbrüder, ob in Kathedralen oder Kapellen oder in den Klöstern. Eine imponierende, aber auch ungemein hemmende Uniformierung! Erst als ein feingesponnenes Netz in den bereits kommunistisch verwalteten Gebieten Hirt und Herde zu umspannen und von einander zu trennen suchte, wurde das strikte Verbot einer Abweichung von der lateinischen Sprache in der Messe durchbrochen. Der Papst hatte das Verbot noch zwei Jahre zuvor (1947) in der Enzyklika „Mediator Dei" bekräftigt. Nun wurde China eine große Ausnahme gestattet. Zu spät!

Stand es in manchen evangelischen Gottesdiensten so sehr viel besser? Es hat oft lange gedauert, ehe man sich vom Vorbild westlicher Gottesdienstordnungen, von schwer singbaren deutschen Chorälen oder von Liedern schlechthin angelsächsischer Glaubensempfindung zugunsten chinesischer Gesänge trennte. Zu lange! Kein Wunder, daß die Lieder der chinesischen „Gottesanbeter", der Taiping, auch in christlichen Gemeinden willkommene Aufnahme fanden.

Dennoch kann nicht behauptet werden, daß die westlichen Formen das geistliche Leben der chinesischen Gemeinden verhindert hätten. Die Ehrfurcht chinesischer Katholiken vor dem Heiligen und den Heiligen und die Heilsfreude chinesischer Protestanten waren oft lebendiger und tiefer als die ihrer Glaubensgenossen im Westen. Einen Beweis dafür geben bis heute chinesische Gottesdienste außerhalb Festland-Chinas, etwa in Hongkong. Keine politische oder kirchliche Bevormundung nötigt sie dort, in einer vom Westen überkommenen Tradition zu verharren. Aber sie tun es mit Eifer und offensichtlich innerster Beteiligung. In China ist dies nach der Machtübernahme Maos nicht mehr unangefochten möglich.

c) Chinesisches Helfen und Heilen in Gemeinschaft mit der westlichen Diakonie

Unverkennbar spiegeln sich die Praxis der westlichen Ausgangskirchen und ihre „praktischen Christentümer" in der Fülle der Einrichtungen nach westlichem Muster wider: Die Krankenversorgung durch Missionsärzte und -schwestern und ihre chinesischen Mithelfer in großen und kleinen Hospitälern und Polikliniken, die Blinden- und Aussätzigen-Asyle, die Alters- und Kleinkinderheime — besonders für die vielen ausgesetzten kleinen Mädchen —, Kindergärten und handwerkliche und technische Lehrbetriebe, besonders aber westliche Schularten in großer Zahl, christliche Universitäten und andere Ausbildungsinstitute. Erst als die christlichen Institute in Stätten des kommunistischen Gesundheits-, Erziehungs- und Bildungswesens umgewandelt wurden, erkannte man, wie unkritisch und an westliche Vorbilder gebunden man vorgegangen war. So wenig auch der chinesische Kommunismus diese Art von Verwestlichung scheute, so sehr wurden doch oft chinesische Christen in der eigenen Entfaltung des Liebesdienstes an ihrem Volk dadurch begrenzt.

Den Chinesen ein Chinese? Die allgemeine Mißdeutung der christlichen Missionare und Schwestern, Ärzte und Lehrer als religiöser Propagandisten westlicher Gewalt und Vermittler eines religiösen Opiums gegenüber den schreienden sozialen Nöten konnte in der chinesischen Öffentlichkeit leider so nicht überwunden werden. Die fremden Missionsarbeiter konnten ja ihre Zugehörigkeit zu den China demütigenden Völkern nie abwerfen. *Gladys Aylward* versuchte es: sie wurde Chinesin mit chinesischem Paß. Sie brauchte daraufhin nicht in Zeiten und an Orten besonderer Gefahr dem Wink ihrer Regierung zu gehorchen und ihren Arbeitsplatz zu verlassen. Je länger, je mehr erkannten aber auch Nichtchristen, daß gerade die fremden Teufel an den Verzweiflungen, die das Volk zerriß, teilhatten. So war es in der großen Hungerkatastrophe des Jahres 1872, die 13 Millionen Menschen forderte, so war es vor der großen Revolution, z. B. im Bürgerkrieg von 1922—1925, als Millionen schlecht besoldeter Soldaten und Deserteure durchs Land zogen, so war es während der Flüchtlingswanderung von Millionen hilfloser Menschen während des japanischen Krieges 1937—1945. Immer waren die Missionare mit vielerlei Formen der Hilfe zur Stelle, die selbstverständlich erkrankte oder verwundete Kommunisten einschloß. Gladys Aylward schrieb mitten aus der Japanernot noch auf einen Fetzen Papier ein paar Zeilen an ihre Mutter:

„Das Leben ist erbärmlich, der Tod so vertraut, Leid und Schmerz etwas so Gewohntes — und doch möchte ich nirgends anders sein. Bitte wünscht mich nicht fort von hier, versucht nicht, mich auf irgendeine Art herauszubekommen, denn ich will hier nicht heraus, solange diese Prüfung andauert. Das hier sind meine Menschen, Gott hat sie mir gegeben, und ich will für ihn und für seinen Ruhm mit ihnen leben oder sterben.*

Wir wissen von Männern und Frauen des Westens, die tatsächlich mit gestorben — erschossen oder auf andere Weise umgekommen — sind, weil sie Christus und China in Japan- und Bürgerkrieg die Treue hielten. Damals fiel das Wort eines chinesischen Generals: „Welcher Chinese würde so etwas tun?“

Und sie gewannen Chinesen zu gleichem gemeinsamem Tun! Erst als die Kommunisten in der christlichen Kranken- und Entwicklungshilfe eine unerträgliche Rivalin ihres Gesundheits- und Bildungsprogramms sahen, stahlen sich manche bewährten und treuen Mithelfer aus langjährigen Dienstgemeinschaften heraus. Aber keineswegs alle! Man mußte 40 Mitarbeitern an einer Stelle erklären: Wir haben kein Geld mehr, euch zu bezahlen! Aber sie blieben!

Zu *Anie Skau,* eine Zeitlang einzige qualifizierte medizinische Kraft unter 2 Millionen Menschen, sagen beim Abzug aller anderen missionarischen Kräfte aus demselben Gebiet ihre Mitarbeiter:

„Wenn Sie uns jetzt verlassen, da wir Sie so nötig haben, sind Sie nicht wert, Gottes Dienerin zu heißen!“
„Ich werde nie den Augenblick vergessen“, schreibt sie, „da wir im Missionsgehöft einen Kreis schlossen und versprachen, treu zu Gottes Willen und zueinander zu stehen bis zum Tode“.
Und die chinesischen Mitarbeiter erklärten:
„Solange wir noch eine Schüssel Mais haben, wollen wir sie mit dir teilen“ (a.a.O., S. 76).

Es wuchs aus derselben Wurzel auch die ganz spontane und einzigartige Liebe chinesischer Menschen zu den Notleidenden ihres Volkes. Von einer Siebzigjährigen in einer katholischen Gemeinde in der Provinz Kansu wird erzählt, wie sie dem Schicksal verachteter Bettler begegnete. Sie baute ihnen mit Hilfe anderer Christen ein Haus, das im Winter bis zu 120 Menschen Aufnahme bot. Waren sie krank, so verkamen sie

* Phyllis Thompson, Der Spatz von London, Wuppertal 1972, S. 53.

nicht mehr in einem schmutzigen Winkel. Li-Nä-Nä versorgte
sie mit Tee und Suppe und Heizmaterial. Sie konnte es nicht
hindern, daß man die Hungerleider vor einer drohenden Bela-
gerung vertrieb, aber steckte ihnen noch ein Getreidesäckchen
zu. Nur 6 von 40 kehrten später wieder zurück. Die anderen
waren erfroren, verhungert oder einer Krankheit zum Opfer
gefallen. Aber sie hatten den Trost von Li-Nä-Nä's Güte mitge-
nommen und auch von dem Quellwasser getrunken, aus dem
sie selber nahm (siehe Lenzen, a.a.O., S. 75 f).

Da war eine chinesische Christin, die viermal des Tages für
eine hilflos krebskranke Frau, für welche man nur antisepti-
sche Mittel hatte, betete! Sie wurde geheilt. Die Europäerin
kann sich nicht fassen. „Bei uns hätte auch der beste Arzt
nichts dagegen tun können!" Große Beschämung, als die andere sagt: „Was heißt das? Sicher kann doch Gott mehr tun
als der beste Arzt!"

Mit dem Wissen um diese Gemeinsamkeit und dieses Gebor-
gensein gingen die chinesischen Christen in die Mao-Zeit hinein.

3. Der Chinesische Gemeinde-Aufbau unter westlicher Leitung und Verfassung, Finanzierung und Verwaltung hört auf

Die Zielsetzung der China-Inland-Mission, von den westlichen
Kirchen *unabhängige Gemeinden* zu bilden, ist von anderen
Missionen weder von Anfang an geteilt noch auch von der
CIM bis in die Wendezeit des Jahres 1949 konsequent verwirklicht worden. (Von manchen trotz des warnenden chinesischen Beispiels auch nach dem Abbruch der Kolonialzeit
und dem Heraufkommen der Weltrevolution auf anderen
Arbeitsgebieten der Westmissionen in der Dritten Welt bis
heute noch nicht!) Doch gingen auch die ersten Anregungen
zu der später so einflußreichen *„Drei-Selbst-Bewegung"* aus
der Mission hervor. Die chinesischen Christen nahmen sie
durchweg mit Leidenschaft auf. Schon 1922 wurde ein *„Nationaler Christenrat"* gebildet. Schon damals entstanden Beschlüsse, den chinesischen Christen bei ihrem „Übergang von
der ausländischen Mission zur chinesischen Gemeinde" beizustehen. Im letzten Jahrzehnt vor dem Sieg Maos hieß es, daß
die Missionare den Gemeinden nur noch beratend beistehen
sollten. Die Praxis folgte den Grundsatzbeschlüssen freilich an
vielen Stellen nur sehr langsam. Oft waren es die chinesischen

Christen selbst, die den Missionaren zu einer klaren Einschätzung der Lage und ihrer Forderung verhelfen mußten.

Die *finanzielle Abhängigkeit* chinesischer Gemeinden, Gruppen und Werke vom Ausland sollte zu einem der empfindlichsten Angriffspunkte des kommunistischen Staates werden. Nicht überall wurde sie vorher als grundsätzlich drückend empfunden. Im Bereich der deutschen Mission schon darum nicht, weil die Missionsgegnerschaft des „Dritten Reiches" die Versorgung von Missionaren und ihren Mithelfern außerordentlich beschränkte. An anderen Stellen aber lernte man, daß mit bezahlten Kräften allein eine Kirche nicht zu bauen war. Der Not und der Erkenntnis entsprach es, daß freiwillige und unbezahlte Kräfte in die Bresche sprangen. Immer und immer wieder wurde schon vor der Gründung der Volksrepublik betont, daß nur eine von der Auslandmission finanziell selbständige nationale Kirche sie vor dem chinesischen Volke glaubwürdig mache.

Ähnliches gilt auch für die Einordnung der kleinen chinesischen Christenheit in die *Gesamt-Christenheit der Welt* und ihre weltweiten Organisationen. Die Tochterkirchen nahmen an den Weltbeziehungen der Mutterkirchen teil, aber auch an deren strukturellen und konfessionellen Begrenzungen. Doch war bereits ein Chinese, *Dr. T. C. Chao,* zum Präsidenten des Oekumenischen Rates der Kirchen bestimmt worden. Und gerade unter chinesischen Christen fanden sich solche, welche eine tiefe Überzeugung von der Verbundenheit der Glieder des Leibes Christi in sich trugen, die allen nationalen Erwägungen und Interessen vorangehen müsse. *„Engländer, Amerikaner, Franzosen, Deutsche und Russen waren meistens zuerst Vertreter ihres Volkes und in zweiter Linie Christen. Die Kirche Jesu lebt nur dann, wenn ihr der erste Platz eingeräumt wird. Wir wollen in erster Linie Christen und nicht Chinesen sein."* Der chinesische Evangelist Markus Cheng grüßte bei einem Besuch, den er noch im Frühjahr 1949 in Deutschland machte, seine Freunde mit folgenden Worten:

> „Sehen Sie, ich bin Chinese, und Sie sind Deutsche. Ich komme hierher, nicht, um Sie als Chinese zu begrüßen und Sie als Deutsche kennenzulernen, sondern ich komme als Christ zu Christen, um Gemeinschaft in Christus zu haben. Denn Sie haben Christus in Ihren Herzen wohnen. Und ich habe Christus, der in mir lebt. Darum sehen wir einander mit unseren Augen und schauen auf Christus, der in Ihnen und in mir wohnt ... Es ist ein gewaltiger Unterschied zwischen Christus

als Mensch und allen anderen Menschen ... weil Gott in ihm ist."*

Diesen Willen zu weltweiter geistlicher Gliedschaft am Leibe Christi haben chinesische Christen auch im japanischen Krieg bewährt. Da trat zum allgemeinen Schrecken in eine christliche Gemeindeversammlung ein japanischer Soldat ein. Wie oft hatte ein solcher auch Christen gefoltert. Hier gehörte er selber zur Gemeinde Jesu Christi. Als er auf die Bitte des chinesischen Pfarrers ein chinesisches Neues Testament aus der Versammlung mitnahm, trug es die eigenhändige Inschrift des Bruders aus dem anderen Volk mit der Schriftstelle Galater 3, 28: „Hier ist nicht Jude noch Grieche, nicht Knecht noch Freier, nicht Mann noch Weib, sondern einer in Christus." — Im Gefangenenlager durchströmte tiefer Dank chinesische Christen, als ein Japaner am Stacheldraht vorbeigeschritten war und die strenge Beobachtung durchbrach mit einem Satz in der griechischen Ursprache des Neuen Testaments: „Ego doulos Jesu Christou" — „ich bin ein Knecht Jesu Christi!" In vielen Gemeinden hörte man nicht auf, auch für die Japaner zu beten.

Die Besinnung auf die Glaubwürdigkeit der Kirche in ihrem eigenen Volk hat chinesische Christen nicht gehindert, sich als Glied der gesamten Christenheit in der Welt zu verstehen und diesem Wissen Ausdruck zu geben. Das war Wirkung Gottes. Es war Vorbereitung auf die Zeit, in der eine solche Bezeugung zu einem verachtungswürdigen und strafwürdigen Verhalten erklärt wurde!

4. Exemplarische Selbstbesinnung eines amerikanischen Missionars an der Zeitenwende 1949

Noch im Jahre 1947, nach der Niederwerfung der Japaner und vor der noch nicht absehbaren Verdrängung der Regierung Tschiang Kai-scheks durch die Roten Armeen Maos, erging aus China ein Ruf nach Amerika.

„Es ist noch Platz für den Pioniermissionar; denn bei nur 600 000 Protestanten unter einer Bevölkerung von fast 500 Millionen scheint unser Werk doch kaum begonnen zu sein ...

---

* Markus Cheng, Christusbotschaft eines Chinesen, Marburg, 1949, S. 11 f.

Die politische Situation in China ist derart, daß einige die Be-
fürchtung ausgesprochen haben, ob die Gelegenheit für die
Mission noch lange so günstig bleiben wird. Wir wollen sie
wahrnehmen in unaufhörlichem Gebet, aufopfernden Gaben
und mutigem Einsatz!"

Anders die gründliche, aber auch noch hoffnungsmutige
Einkehr des amerikanischen Missionsmannes Ben T. Cowles
im März 1949:

„Amerikanische Christen haben ein unruhiges Gewissen hin-
sichtlich der Beziehungen ihres Landes zu China. Erstens hat
man böse Ahnungen über die Weisheit und Gerechtigkeit unserer auswärtigen Politik. In den dreißiger Jahren unterstützten
wir den japanischen Angriffskrieg in China, in den vierziger
Jahren ... fingen wir an, die Kuomintang in großem Maße zu
unterstützen, ohne eine entsprechende Kontrolle über die Lie-
ferungen zu haben ... Zweitens wurden Fragen gestellt über
unsere Beiträge an die verschiedenen China-Hilfsfonds. Wieviel
erreichte davon wirklich die Bedürftigen? Was konnten wir aus-
richten angesichts der ungeheuren Notlage Chinas, auch wenn
wir unser Höchstes leisten würden? Gibt es nicht eine gründ-
lichere Art der Hilfe? Drittens bewegen uns Fragen hinsicht-
lich der Wiedereinsetzung der christlichen Missionen ... Haben wir recht getan, unsere Stationen wieder aufzubauen, die
kurz darauf im Bürgerkrieg wieder zerstört wurden? Können
wir uns rechtfertigen, daß wir soviel Personal und soviel Geld
an unsere Institutionen hingegeben haben? Konnten wir die
Unterschiede zwischen dem chinesischen Personal und den Missionaren nicht wesentlich verringern ...?

Amerikanische Christen ... können sich der Dialektik von
Christentum und Kommunismus im Reiche der Theorie hin-
geben. Wenn wir es dabei belassen, versäumen wir die von
Gott gegebenen Gelegenheiten für ein neues Verständnis des
Kommunismus und Chinas ... Man sollte der Heimatgemeinde
neben den Zeugnissen vom Wirken des Heiligen Geistes auf
dem chinesischen Feld auch genauen Bericht davon geben, wie
erfolgreich der Teufel an der Arbeit war. Es ist unehrlich,
wenn man den sendenden Kirchen die wahren Gründe und die
Art der mannigfachen Schwierigkeiten und Nöte vorenthält,
durch welche die Missionen in den Nachkriegsjahren in China
hindurch mußten. Wo wird denn sonst die Einzigartigkeit des
verwandelnden und erneuernden Werkes der Gnade Gottes
sichtbar inmitten der abgrundtiefen Nöte des chinesischen
Volkes und der ungeheuren Probleme, welche diejenigen begleiten, die heute in China sich Mühe geben, das Evangelium
zu verkündigen? ... Missionen und Missionare sollten notwendig die Zeichen des Gottesgerichtes in dieser Entwicklung
des chinesischen Missionsfeldes sehen und anerkennen. Wir
müssen uns ganz neu in die Propheten des Alten Testamentes
vertiefen, besonders in Jeremia und Jesaja, um zu verstehen, wie

das Gericht des Herrn über unserer Sache lastet. Wir müssen uns vergegenwärtigen, daß Chinas Bauern, die 85 % der Bevölkerung ausmachen, bereits die Kuomintang nach den Grundsätzen des Apostels gerichtet haben: ‚Wenn ein Bruder oder eine Schwester nackt wäre und Mangel an der täglichen Nahrung hätte und jemand unter euch spräche zu ihnen: Gott berate euch, wärmt euch und sättigt euch!, ihr gäbet ihnen aber nicht, was des Leibes Notdurft ist: Was hülfe ihnen das?' (Jak. 2, 15—16).

Andererseits wird die neue Ordnung, der Kommunismus, wenn dieser das neue System sein wird, ebenso streng beurteilt wie die Kuomintang, wenn sie sich als ‚Glaube ohne Werke' entpuppen sollte.

Missionare bedürfen der Züchtigung und Reinigung; ebenso bedürfen die Missionsgesellschaften der Reinigung ihrer Methoden, ihrer Personen, der Finanzen, der Politik und Gesinnung, um der dringlichen kommunistischen Forderung begegnen zu können."*

5. Grundzüge der Zurüstung Gottes auf das Kommende

In Schanghai entstand als Frucht der evangelistischen Verkündigung des Japaners Paget Wilkes die *Bethel Worldwide Evangelistical Band* (Weltweite Bethel-Evangelisten-Gruppe). Ihr Leiter wurde der Postbeamte *Andrew Gih*. Eine Schar freudiger Zeugen dieser Gruppe durchzog Stadt und Land. Es blieb nicht die einzige. Ihr Ruf an Christen und Nichtchristen hatte bei aller Verschiedenheit einen gleichen Grundcharakter. Es war der Ruf zu gründlicher Umkehr, zum Bekenntnis verborgener Sünden in den Gemeinden. Es war die Predigt von der persönlichen Wiedergeburt.

An vielen Orten erfuhren Namenchristen eine tiefgreifende Erneuerung und einen Antrieb, dem Nächsten die gute Botschaft weiterzusagen. Unter dem Einfluß und im Bereich solcher Erweckungen griffen während des Japankrieges viele hohe Beamte der Kuomintang-Regierung zur Bibel und gründeten Bibelklassen, Offiziere und einfache Soldaten wurden Bibelleser und boten ihren Kameraden das Wort an.

In späteren Erweckungen wurden vor allem Studenten gewonnen. Große Lastwagen singender Studenten durchzogen die Straßen der großen Städte. Es ging ansteckende Freude und große Entschlossenheit für die Sache Jesu Christi von ihnen

---

* Christianity und Crisis, March. 7, 1949.

aus. Viele von ihnen waren kurz zuvor noch eifrige Propagandisten des Anti-Imperialismus gewesen. Sie hatten eine neue Aufgabe gefunden, die ihr Leben füllte. Ein Bericht aus dem Jahre 1946 erzählt von überfüllten Versammlungen im Auditorium maximum einer Universität trotz beträchtlicher Opposition. Man spürt Jubel und Ernst aus diesen Berichten. „Es ist mancher geistliche Sieg erfochten worden. Jetzt müssen wir vorbereitet sein auf heftige Gegenangriffe des Fürsten dieser Welt."

Auf den vielen Flüchtlingszügen aus den Kriegsgebieten ging von den Christen mutmachende Kraft des Evangeliums auf ihre Leidensgenossen aus. Immer wieder sammelte sich die zum Verlassen der Heimat und der heimatlichen Verkündigungsstätten genötigte wandernde Kirche und zog auch viele Mitchristen zu Gottes Wort und Gebet herbei.

Dabei bildeten sich nicht nur neue Formen der Evangelisation, sondern auch der chinesischen Gemeinde. Die Christen der „Kleinen Herde" wurden in einer originellen chinesischen Weise brüderliche Gemeinschaft. Man darf an dieser Stelle trotz sektenhafter und intoleranter Züge auch den Zusammenschluß der „Familie Jesu" nennen, sie wurde durch einen bekehrten Buddhisten methodistischer Richtung begründet.

Ein chinesischer Nichtchrist bezeugte während der Japanerzeit: „Ich bin kein Christ. Doch glaube ich, daß unser Land nicht gedeihen wird, es sei denn, unsere Leute glauben an Gott." Mit freudiger Überraschung sprachen manche Missionare von einem „neuen Typ des Christentums". Ein alter Missionar gestand: „Wir sind beschämt, weil wir mehr als 30 Jahre in China zubrachten und nicht glaubten, daß das, was wir heute sehen und hören, in diesem Lande möglich sei."

Erweckung und Leiden waren oft dicht beieinander. „Müßte nicht der Herr Jesus sich unserer schämen, wenn wir die Flucht ergriffen?" In den Schriften von Ni To Sheng (in der angelsächsischen Welt bekannt als Watchman Nee), die uns auch in deutscher Sprache in den letzten Jahren mehrfach angeboten wurden, erscheinen Abhandlungen über das Leiden des Volkes Gottes von großer Tiefe.*

Im japanischen Krieg stieß die brutale Forderung der Erobe-

---

* Vgl. Watchman Nee, Das normale Christenleben. Wuppertal, 1957, und: Der persönliche Auftrag des Christen, 1967 u. a.

rer, sich der Verehrung des Tenno zu unterwerfen, mit besonderer Leidenschaft und grausamen Maßnahmen gegen die Christusgläubigen vor. Gott rüstete sie zu.

6. Führende Männer der chinesischen Christenheit vor der großen Prüfung

Es ist wichtig, zu sehen, mit welchen Voraussetzungen Männer wie *Markus Cheng, Wang Ming-tao, Ni To-Sheng, C. T. Chao, Ch. J. Chao* und *Y. T. Wu* in den ihnen verordneten Leidenskampf zogen. Ihre Namen treten aus der namenlosen Zahl bekennender Christen im Mao-Reich heraus, blieben aber zugleich mit ihrem Schicksal weithin im Nebel mangelhafter Orientierungsmöglichkeiten. Wir sehen sie zum Teil auch schwanken und nach Niederlagen wieder aufstehen zum standhaften Glauben. Man sollte darum ihre Wurzeln kennen. Markus Cheng hat von einigen und von sich selber berichtet, wie Gott schon vor der großen Prüfung ins Leiden beruft.

Timotheus Chao, der „chinesische Spurgeon", im Jahre 1940 Pfarrer an einer Kirche in Schanghai mit über 2000 Sitzplätzen, die schon Stunden vor dem Gottesdienst überfüllt war, empfing als Lehrer an einer höheren Schule den Ruf Gottes. Die streng-heidnisch gläubige Mutter konnte es nicht ertragen. Sie hat ihn verfolgt, geschlagen, buchstäblich gequält. Er erfuhr noch die Frucht seiner Gebete an ihrem Sterbebett. 1949 war er einer der Präsidenten des Weltkirchenrates.

Ch. I. Chao, damaliger Sekretär der christlichen Studentenvereinigung, litt als Student an schwerer Tuberkulose. Sie stand im Widerspruch zu seiner klaren Erkenntnis, Prediger werden zu sollen. Seine Gebete um Heilung wurden erhört. Er ging mit Frau und Kindern auch durch große Armut.

Markus Cheng erzählt von sich selbst schwere und wunderbare Erfahrungen aus der Japanerzeit. Zwei Jahre war er in der Gewalt der Japaner, völlig einsam in einem Gebäude mit 50 leeren Räumen, von der Umwelt isoliert und dem Irrsinn ausgeliefert. Der einzige Weg, hindurchzukommen, war das Studium der Bibel und das tägliche Gebet. Er sollte als „Spion" verurteilt werden und sah schon die ihm bekannte japanische Folterung vor Augen, in der den Opfern ein Schlauch in den Mund eingeführt und durch ihn der ganze Leib mit Wasser gefüllt wurde. Auf sein Gebet hin erlebte er

gegen alle Erwartung und zum Staunen der japanischen Soldaten, die zur Folterung bereitstanden, den Freispruch. Im
Jahre 1949 war er Präsident des Chungking Theological Semi-
narys.

Als Evangelist, der vielen seiner Landsleute die Türe zu
Jesus Christus öffnete, und als Mann des Vertrauens in der
außerchinesischen Christenheit, setzte man große Hoffnung
auf seine Bewährung in der nun anbrechenden Zeit.

Eine bemerkenswerte Stellung in dieser Reihe nimmt *Wang
Ming-tao* ein. Er war zwar in einer Missionsschule in Peking
erzogen worden und gelangte durch den Dienst einer ausländischen Mission zum Glauben an Jesus Christus, schloß sich
aber nicht ihrer Kirche an, sondern ging einen eigenen Weg
als chinesischer Christ, Prediger, Gemeindeleiter und geistlicher Führer für viele chinesische Christen. Kaum einer war
so unabhängig und stand auch so kritisch den Fehlern und
Versäumnissen der ausländischen Missionen gegenüber wie
Wang. Das hinderte ihn nicht an persönlicher Verbundenheit
und liebevoller Hochachtung gegenüber einzelnen Missionaren. Er versuchte aber in unmittelbarer Anknüpfung an die
Heilige Schrift und die reformatorischen Erkenntnisse und
Glaubensanleitung Martin Luthers mit der von ihm gebildeten
Gemeinde einen unabhängigen Weg zu gehen. Gegenüber
einer liberalen Theologie, die das Zeugnis der Kirche an die
Welt unterhöhlte, blieb er unerbittlich hart. Zu Tausenden
sammelten sich die Hörer seiner Predigten bis weit in die
kommunistische Herrschaftszeit hinein in seiner großen Ver-
kündigungshalle im Osten Pekings. Zu ihnen gehörte auch
eine große Schar von Studenten.

Dieser kraftvolle Christ und Zeuge war ebenfalls schon vor
dem Sieg Maos in einer für ihn besonders harten Leidenszeit
durch viele Anfechtungen hindurchgegangen. Auch bei ihm
begannen sie in der eigenen Familie. Mutter und Schwester
sahen ihre Hoffnung auf seine gehobene Stellung als Ge-
schäftsmann oder Offizier, die auch für sie hilfreich gewesen
wäre, enttäuscht, als er Prediger wurde, und zwangen ihn daraufhin, fünf Jahre lang alle anfallenden Hausfrauenarbeiten
zu übernehmen, zu kochen und zu waschen. Wang Ming-tao
hat sich fünf Jahre lang dahinein gefügt. Er hoffte, um so besser Christus dienen zu können. Bei seinem starken und nach
Unabhängigkeit strebenden Charakter gewiß eine bemerkens-

werte missionarische Entsagung. Dazu gesellten sich besonders heftige Anfeindungen durch die Japaner. Wie viele andere sollte auch Wang Ming-tao mit seiner Kirche einer von den Japanern erzwungenen Kirchenunion unter deren Oberhoheit beitreten. Ohne Kompromiß im Bekenntnis war dies nicht denkbar. Wegen seines Widerstandes mußte Wang bereits mit dem Tod rechnen. Er sah ihn so dicht vor Augen, daß er bereits zu Hause einen Sarg bereithielt für den Tag, an dem er um seines Widerstandes willen sterben müßte. Seine Treue wurde ihm gelohnt: trotz Drohungen und Schmeichelei überstand er diesen Sturm und hatte die Unabhängigkeit seiner Gemeinde bis 1949 bewahrt.

Von ganz anderer Art war *Wu Yao-tung*, Kind einer nichtchristlichen kantonesischen Familie (1895). Er studiert in Peking, später in New York, früh umgetrieben von den sozialen und politischen Notfragen seines Volkes. 1918 wird er Christ. Die Lektüre der Bergpredigt wurde ihm zur überwältigenden Offenbarung einer göttlichen Macht und Liebe in der Welt. „Diese drei Kapitel haben mir deutlich enthüllt, was ich zehn Jahre gesucht und nicht gefunden habe. Ich tanzte vor Freude!" Das war Wus Bekehrung zu Jesus! Von diesem Ausgang her, der geistlichen Basis für die notwendige Gesellschaftsreform, schreitet Wu als Denker, Schriftleiter, YMCA-Sekretär und Studentenführer Schritt für Schritt weiter bis zur Forderung der Revolution. Schon vor 1949 schreibt er über „Die Tragödie des gegenwärtigen Christentums" und „seine imperialistische Verbundenheit".

Während er engen Kontakt mit kommunistischen Führern in China und der Welt aufnimmt, spricht er dem zeitgenössischen Christentum einen Sonderauftrag schließlich ab. „Gott hat der Kirche den Schlüssel des Heils (salvation) für jedermann genommen und einem anderen gegeben!" Für Y. T. Wu bedeutete es offensichtlich keinen opportunistischen Umschlag, wenn er bald nach Maos Sieg zum Anführer einer national-kommunistischen Kirchenbewegung wurde. In seiner Überzeugung bestärkte ihn auch der nach 1949 erfolgte Besuch der Prager und der Pariser Friedenskonferenz. Kein Zweifel: Er verstand sich gerade so als Christ.*

---

* Über Wu (wie auch über Wang-ming-tao und T. C. Shao) unterrichtet ausgezeichnet Ng Lee-ming, Study of Y. T. Wu, in der Zeit-

Als letzte beispielhafte Figur in dieser Reihe sei der kraftvolle biblizistische Evangelist *Ni To-sheng* — Watchman Nee — genannt. Seine tiefgründigen biblischen Ansprachen werden überall in der Welt verbreitet, noch mehr, nachdem Watchman Nee den Blicken der Außenwelt völlig entschwand. Er ist Südchinese, entstammt der Provinz Fukien und wurde im Jahre 1920 als Student Christ. Unmittelbar darauf begann seine evangelistische Tätigkeit. Er sammelte eine Mannschaft junger Christen um sich und gewann viele Menschen für die Sache Jesu Christi. Das so entstandene Werk hatte rein chinesischen Charakter. Mit Hilfe einer von ihm gegründeten pharmazeutischen Fabrik gelang es ihm auch, die finanziellen Grundlagen dafür zu schaffen. Er verwandte weder fremdes Kapital noch fremde Missionare. Besonders unter gebildeten Chinesen gewann er so einen mächtigen Einfluß. In den Jahren 1938 und 39 weilte er in Europa und gewann auch hier einen großen Freundeskreis. In China entstand durch seinen und seiner Mitarbeiter Dienst eine große Zahl von „christlichen Versammlungen" (Christians Assemblies, nicht zu verwechseln mit den „Versammlungen der Brüder" des amerikanischen Westens). Die Zahl nahm in den Sichtungszeiten der chinesischen Christen mächtig zu. Man schätzt, daß im Jahre 1949 sich etwa 1000 solcher Versammlungen in China befanden. Ni To-chung oder Ne To-sheng, der in den nun kommenden Kämpfen besonders harte Angriffe zu erleiden hatte, soll hier, am Ende dieses Kapitels, noch mit seinem Zeugnis zu Wort kommen.

„Was ist das: Normales Christenleben? Soviel wollen wir von vornherein sagen, daß es etwas durchaus anderes ist als das Leben eines Durchschnittschristen. Zwar drängt sich dem Leser der Heiligen Schrift — etwa der Bergpredigt — die Frage auf, ob ein solches Leben überhaupt je auf Erden gelebt wurde, außer von dem Sohn Gottes selbst. Diese Einschränkung aber enthält die Antwort auf unsere Frage ... Gottes Norm für den Christen schlechthin: Nicht mehr ich lebe, sondern Christus lebt sein Leben in mir. Der Sohn Gottes starb an unserer Statt, damit wir Vergebung erlangen. Er lebt an unserer Statt, damit wir frei werden ... Es wird uns vor manchem Irrtum bewahren, wenn wir uns ständig vor Augen halten, daß Gott alle

schrift Ching Feng, Quarterly notes on christianity and chinese religion and culture 1972, Nr. 1, Seite 5—54.

unsere Fragen nur auf eine einzige Weise beantwortet: indem er uns mehr von seinem Sohn zeigt."*

Klare und kraftvolle Zeugen neben solchen, die für die Einflüsse der maoistischen Ideologie zugleich weit geöffnet waren, am Vorabend des großen Kampfes! Im August 1972 drang die Nachricht von seinem Tode nach Europa.

II. Eröffnung und Zielsetzung des Kampfes

1. *„In China sieht man keine Christen mehr."*

Es war im Februar 1972. Alle Welt verfolgte am Fernsehschirm mit erwartungsvollem Staunen die großartige Satelliten-Ausstrahlung über die Begegnung des Präsidenten Nixon mit Mao Tse-tung und dem neuen China. Da erschien im *„Deutschen Sonntagsblatt"* auch ein Artikel mit der Überschrift „In China sieht man keine Christen mehr". Wer sonst dachte an sie?
Der Artikel schließt:

> „Wenn die Entwicklung so weitergeht, wird man in nicht ferner Zukunft sagen müssen: Es gab einmal Christen in China; sie waren trotz aller Anstrengungen vieler Missionare und trotz ihres mutigen Glaubens nur eine verschwindend geringe Zahl; diese Zahl sank ständig, und mehr und mehr verschwanden sie in die Verborgenheit."**

Diese Folgerung möchten wir nicht ziehen! Aber es muß deutlich gemacht werden, wie nahe sie liegt. Denn dies gerade war die furchtbare, entschlossene Zielsetzung des neuen Regimes: dafür zu sorgen, daß man in China keine Christen mehr sähe. Und — daß keiner mehr danach frage!

2. *Quellen unserer Kenntnis der maoistischen Religionspolitik*

Aus vielen Dokumenten, Presseäußerungen der Parteizeitungen wie auch den Veröffentlichungen des schließlich einzigen christlichen Blattes, der Kirchenzeitung *„Tien Feng"* („Himmlischer Wind"), läßt sich einiges erschließen und belegen.

---

* Das normale Christenleben, S. 1 und 36; der persönliche Auftrag des Christen; S. 152—153.
** Jochen Margull in Deutsches Allgemeines Sonntagsblatt 1972, Nr. 9, S. 9.

Dazu treten eine Reihe gut bezeugter Äußerungen von chinesischen Christen und der gründlichen Beobachtung anderer, vor allem aber der Bericht eines Mannes, der die Volksrepublik verließ, nachdem er zehn Jahre lang führender Beamter des „Büros für Religiöse Angelegenheiten" gewesen war. Der Flüchtling, der zu seinem eigenen Schutz offenbar unter mehreren Namen aufgetreten ist, besitzt erkennbare Glaubwürdigkeit.

Die Aufgabenumschreibung, die *Genosse Chen* (alias *Hsiao Feng*) empfing, umfaßte etwa folgende Punkte: Die Beobachtung der religiösen Körperschaften und Tätigkeiten, insbesondere ihrer führenden Persönlichkeiten; die Kontrolle ihrer Aktivitäten; die Bemühung, sowohl die protestantischen wie die katholischen Christen bereitzumachen für die Bejahung einer sog. *„Drei-Selbst-Bewegung"* beider Kirchen (d. h. einer kirchlich firmierten und nur von kirchlichen Führern geleiteten Bewegung chinesisch-nationaler und kommunistisch-ideologischer, von ausländischen Verbindungen getrennter *Selbstentfaltung, Selbstgestaltung* und *Selbstverwaltung in Übereinstimmung mit dem Regime);* ähnliche Aufgaben bestanden in einer parteigerechten Organisation der Buddhisten, Taoisten und Moslems; gründliche Unterweisung der Führungskräfte aller Gruppen in der maoistischen Doktrin; Herbeiführung „sozialistischer Strukturen der Kirchen" anstelle der bisherigen; Erledigung widerstehender kirchlicher Reaktionäre; „Betreuung" fremder religiöser Besucher aus dem Ausland.

Genosse C. hat in seinem schriftlichen Bericht bezeugt, die Gegensätze zwischen Christen und Kommunisten seien *nicht politischer, sondern „philosophischer und sozialer Art"* gewesen. Der Kampf werde daher auch nicht offen und formell ausgetragen, sondern trage den Charakter einer „unsichtbaren Schlacht". Offiziell gehe die Religionspolitik nicht auf völlige Ausrottung, sondern auf Einschränkungen, Reformen und deren Ausnutzung mit dem Ziel einer totalen Kontrolle aus. *„Unter dieser Politik gingen die religiösen Organisationen einen schweren, unnormalen Weg und schwanden langsam dahin."* Die Richtlinien, die C. empfing, unterschieden zwischen Katholiken und Protestanten (leichter zu kontrollieren), und bei den Protestanten zwischen der Gruppe des „sozialen Evangeliums" (social gospel), die als „aufgeklärt" galt, und der „geistlichen" Gruppe, die als konservativ eigensinnig und als Gegner einer *Drei-Selbst-Bewegung* beschrieben wurde. Mit Rücksicht auf die Religionsanhänger des Auslandes, besonders in Asien und Afrika, sollte möglichst nichts an die Öffentlichkeit kommen, und fremden Besuchern sollte ein günstiges Bild vermittelt werden. C. sollte darauf achten, daß alle religiösen Tätigkeiten aus der Öffentlichkeit verschwänden und auf dazu ersehene Gebäude beschränkt würden. Auch in Privathäusern sollten sie verboten werden. Der Grundsatz lautete: *„Religiöse Tätigkeiten müssen in die Kirche zurückkehren".* Die Öffentlichkeit muß vor christlichem Bekehrungseifer geschützt werden.

Als Methoden, sich in die Kirchen einzuschmuggeln, wurde die Benutzung von Spionen, die marxistische Interpretation von Bibelstellen und die Finanzierung von Kursen für Pfarrer und Prediger mit der Zielsetzung eines marxistischen Schriftverständnisses als ausdrückliches Ziel der Regierung genannt, für die sie auch riesige Summen flüssig machte.*

3. Maos eigene indirekte Initiativen

Entsprechend seiner Grundvorstellung von Praxis und Theorie hat Mao selbst seine Religionspolitik selten grundsätzlich und zeitlos, dagegen mehrfach aus konkretem Anlaß und aufgrund taktischer Erwägungen formuliert.

Noch vor Abschluß der Machtkämpfe, vor dem VII. Parteitag 1945, sagte er: „Die Volksregierung gewährt Protestanten, Katholiken, Moslems, Buddhisten und Anhängern aller anderen Religionen Schutz, solange sie die Gesetze der Volksregierung einhalten. Es steht jedem frei, an eine Religion zu glauben oder nicht. In dieser Hinsicht ist weder Zwang noch Diskriminierung zulässig."

Einer Delegation aus Tibet bezeugte Mao im Jahre 1952:

> „Die KPC macht sich den Schutz der Religion zu eigen. Sie schützt alle Gläubigen und Nichtgläubigen ohne Unterschied der Besonderheit ihrer Religion. Sie respektiert ihren religiösen Glauben. Heute macht sie sich die Politik eines Religions-

---

* Nachweise zum Ganzen siehe besonders George N. Patterson, Christianity in Communist China, Waco und London, 1969, bes. S. 2; Richard C. Bush, Religion in Communist China, London, 1970, sowie Leslie T. Lyall, Der rote Himmel, China und die Christen nach der Kulturrevolution. Gießen und Basel 1969, bes. S. 54 ff.

schutzes zu eigen; in Zukunft wird sie darangehen, sie in die Gesamtpolitik zu übernehmen."

Im Zusammenhang mit dem Bauernaufstand in Hunan 1927 äußerte sich Mao in einer anderen Weise:

> „Die Götterbilder wurden von den Bauern aufgestellt; in einiger Zeit werden sie die Götterbilder mit eigenen Händen zu Boden stürzen. Es ist für niemanden not, den Sturz der Götter vorher, an ihrer Stelle, für sie vorzunehmen."

Als „agitatorische Richtlinie" fügt er ein Meng-tse-Zitat an: *„Spanne den Bogen mit ganzer Kraft, ohne den Pfeil abzuschießen, und bleibe auf der Hut."* (Beide Zitate Busch a.a.O., S. 30).

Hier enthüllen sich mehrere Aktions-Vorsätze: Von den Bauern wird erwartet, daß sie im großen Aufstand gegen die bisherigen Machthaber selbstverständlich auch die Ahnen- und Heroenbilder und die Götterbilder des einheimischen Buddhismus wegfegen werden. So geschah es in aller Schärfe und endgültig in der Kulturrevolution. Es bedarf keiner Extra-Aktion zur Beseitigung der Religion dieser Art neben der Vernichtung der alten Sitten und Gewohnheiten sonstiger Art. Mao hat wohl des öfteren von der „Liquidierung der Religion und des Aberglaubens" gesprochen, aber nie öffentliche Anweisungen dazu gegeben! Er überließ das Bauernführern, Lehrern, Schülern — und Religions- und Kirchenführern. So direkt wie 1927 hat er sich später nie wieder als Religionsgegner geäußert.[*]

Aber man muß den Bogen spannen! Man muß bereit sein, die eingelegten Pfeile gezielt zu verschießen! Was ist gemeint? Vieles spricht dafür, daß 1949 Mao vorwiegend die christliche Kirche dieser gezielten Vernichtung bedürftig erschien — deren Glied er wohl 1936 geworden war! (siehe oben Seite 80). Mit ihr wurde ungleich härter und verdeckter verfahren als mit den übrigen Religionen. Was ging dabei in Mao vor? Vollzog er irgendwie dabei auch etwas von der Entwicklung des jungen Christen Friedrich Engels oder des christusverehrenden Primaners Karl Marx zum entschlossenen Antichristen auf diese Weise nach? Das Christentum, das gefährlichste „Opium"?

---

[*] Siehe auch Werner Schilling, a.a.O., S. 131—133.

4. Etappen des Vorgehens gegen die chinesische Christenheit durch beauftragte Organe

a) Es begann für alle Religionen einschließlich des Christentums mit der Verkündigung der „Religionsfreiheit" (später Artikel 88 der Verfassung der Volksrepublik). Sie fand im Jahre 1963 die am Anfang noch wenig erkennbare Auslegung: *(1) Menschen, die eine Religion haben, haben Freiheit dazu; (2) Menschen, die eine solche nicht haben, haben ebenfalls Freiheit dazu, einschließlich der Freiheit, die Religion zu bekämpfen. Und (3) Menschen haben die Freiheit, ihre Religion zu wechseln.*

Es war, trotz der harten Behandlung von Christen in den Jahren zuvor, offensichtlich beabsichtigt, zunächst den Eindruck zu vermitteln, daß sie ihres Glaubens leben dürften, mindestens so gut wie bisher. Ein Mitglied des Zentralkomitees legte sogar aus: „In Orten, wo es viele Gläubige gibt, aber Plätze für ihre Aktivitäten nur schwer zu erhalten sind, soll mit staatlicher Hilfe eine befriedigende Lösung gesucht werden." Freilich solle dies nur für „alle richtigen Aktivitäten" gelten und seien Schwierigkeiten zwischen den Anforderungen der Produktion und diesen Aktivitäten durch geduldige Erziehung zu überwinden. Eine Richtlinie, die man noch nach 12 Jahren der Macht als gültig auszusprechen wagte. In Wirklichkeit ging diese „Religionsfreiheit" darauf aus, die meisten Christen möglichst weitgehend daran zu hindern, am kirchlichen Leben teilzunehmen. Und während die Religionen ihren Glauben nicht weiterverbreiten durften, hatten die Gegner volle Aktionsfreiheit. Der Korea-Krieg brachte zudem bald genug Anlaß, die Priorität der öffentlichen Interessen gründlich zu praktizieren.

b) Die Trennung von den Missionaren und allen ökumenischen Verbindungen. Ministerpräsident Tschu En-lai rief im Mai 1950 protestantische und im Januar 1951 katholische Kirchenführer zusammen. Drei Tage Gäste der Regierung! Eine Ehrung, die den protestantischen Kirchenvertretern noch niemals geschehen war. Tschu erklärt: Die Regierung des Volkes hat keinen Streit mit der Kirche als solcher. Aber man muß das „Haus säubern"! Das heißt zu allererst: Die Kirche muß sich von den Trägern des sie verseuchenden „imperialistischen Giftes", den Missionaren, trennen. Er forderte nicht ihren

Auszug, verlangte aber ihr Zurücktreten von der kirchlichen Arbeit. Praktisch kam dies dem Weichen der Missionare aus China gleich. Monate später erkannte Tschu im Gespräch mit den katholischen Führern noch die Bindung an den Vatikan an, aber nur als „geistliche Bindung". Sie darf China nicht schaden. Voraussetzung ihrer Beibehaltung ist, daß sich der Papst nicht als Feind Chinas erweist. Chinesen dürfen nicht einen Feind Chinas lieben.

Die „progressiven" protestantischen Führer entsprachen der Aufforderung durch eine Erklärung, die den Namen *„christliches Manifest"* erhielt und die Distanzierung von den imperialistischen Kirchen und Missionen des Auslandes betonte.

Bei den Katholiken wurde das Ziel erst wesentlich später erreicht. Die katholischen Bischöfe erklärten wenige Wochen nach dem Gespräch: *„Eine nationale chinesische katholische Kirche ohne Bindung an den Papst ist keine katholische Kirche. Angriffe auf diesen sind mit dem katholischen Glauben nicht vereinbar."* Man sei nicht imperialistisch. Die kirchliche Hierarchie soll zwar mit chinesischen Personen besetzt werden, jedoch nicht überstürzt und nicht unbedingt vom Ausland getrennt. Die Bischöfe sprechen sich dafür aus, daß die nichtchinesischen Missionare im Lande bleiben sollten, solange sie nicht für die Regierung eines fremden Landes arbeiten. Im Grunde eine Ablehnung auf der ganzen Linie. Deshalb auch eine scharfe Reaktion der Regierung; Verhaftungen, Beschlagnahmungen von Kirchen für andere Zwecke und Druck auf alle Katholiken, besonders die „Legion of Mary"; deren Mitglieder mußten sich registrieren lassen. In kirchlichen Gebäuden wurden rote Fahnen und kommunistische Führerbilder aufgehängt. Im Jahre 1955 gilt das Ziel als mehr oder weniger erreicht: die letzten Ausländer verließen China, nur die „reformierten" Gemeinden wurden noch geduldet; erste Wahlen von Bischöfen ohne Bestätigung des Vatikans fanden statt.

c) Die Enteignung der kirchlichen Institute. Sie stand in logischem Zusammenhang mit der Trennung vom Ausland. Sie setzte im wesentlichen im Jahr 1952 ein und umfaßte die christlichen Universitäten und Colleges, die Kranken- und Waisenhäuser und ähnliche Einrichtungen. Ihr Ziel war nicht nur die Ingebrauchnahme der entsprechenden Gebäude, sondern die Loslösung von dem Geist, in dem bisher Schüler und Studenten unterrichtet und Kranke und Kinder betreut wurden. Die Studenten wurden zu politischen Kursen genötigt, die bisherigen ausländischen Leiter zum Teil öffentlich angeklagt. Bekannt ist die Bezichtigung katholischer Nonnen, von ihnen aufgenommene Findlings- und Waisenkinder in großer Zahl ermordet zu haben. Der Druck und die Verbreitung von Schriften wurde sofort begrenzt.

d) Die Kontrolle der Kirchen. Es gelang, sowohl in der katholischen wie schon viel früher in den protestantischen Kirchen, zentrale Kontrollorgane für die Religionspolitik der Regierung zu schaffen. Für den protestantischen Bereich war dies die sog. *„Drei-Selbst-Bewegung"*, die nach außen hin als spontane Bewegung bejahender christlicher Führer auftrat und sich gewiß auch weithin selbst so verstand. Sie bildete sich schon bald nach dem Gespräch mit Tschu En-lai. In ihre Sitzungen und größere Konferenzen sandte man Abgeordnete der Partei. Mit ihrer Führungsspitze wurden die erwünschten Schulungsprogramme vereinbart. Eine ähnliche Bildung kam auf katholischer Seite erst viel später zustande und nahm im Jahre 1957 die Form einer *„Nationalen patriotischen katholischen Association"* an. Ihr Hauptziel war die endgültige Trennung vom Vatikan.

Die Regierung paßte ihre Kontrolle der Verschiedenartigkeit der Kirchen an. Im Bereich der protestantischen Kirchen sorgte man für Schulungen von Pastoren und führenden Gemeindegliedern (sog. learning meetings). Sie hatten sich anfangs z. B. mit Chinas Politik im Korea-Krieg, mit der Religionspolitik der Regierung und der *„Drei-Selbst-Bewegung"* und der Geschichte des Imperialismus in China zu befassen. Als Ergebnis dieser „Tiefenreform" wurde die Bildung folgender Überzeugung erwartet:

1. die Religion ist Werkzeug eines imperialistischen Angriffs (das Gewehr in der einen, die Bibel in der anderen Hand);

2. Amerika ist der Hauptfeind;

3. es ist trotzdem nur ein Papiertiger;

4. seine Militärbasen sind wesentlich gegen China gerichtet;

5. das neue China hat alle ausländischen Einflüsse weggeschwemmt und den Weg für ein wahrhaftes chinesisches Christentum freigemacht.

Im weiteren Verlauf sind es jährliche nationale Konferenzen mit Delegationen aus den Provinzen, in denen unter Kontrolle und Huldigungen an die Regierung die weitgehenden Beschlüsse für die Verwandlung des überkommenen Christentums gefaßt werden. So faßt z. B. die nationale christliche Konferenz der Wochen von November 1960 bis Januar 1961 folgenden, der Regierung erwünschten Beschluß: Die versammelten 319 Delegierten aus 25 Provinzen wählen ein Komitee, dessen Aufgabe folgendermaßen bestimmt wird:

> „Dieses Komitee ist die anti-imperialistische patriotische Organisation der chinesischen Christen. Ihre Aufgabe ist, unter Führung der Partei und der Volksregierung die Christen zusammenzuschließen zu positiver Teilnahme am sozialistischen Aufbau und den patriotischen Aktivitäten, alle Regierungsdekrete zu beachten, die Regierung in ihrer Freiheit, die Glaubenspolitik betreffend, zu unterstützen, in der chinesisch-christlichen Kirche eine vollständige Verwirklichung der ‚Drei-Selbst‘ zu betreiben und alle imperialistischen Aktivitäten auszurotten, den imperialistischen Anschlüssen zu widerstehen und den Weltfrieden hochzuhalten.“

Die noch vorhandenen reaktionären Kräfte in der Kirche müßten noch zerstört werden.*

Zeichen der Kontrolle über die katholische Kirche sind schon 1950 Presseangriffe weithin verleumderischer Art, die Vertreibung von etwa 1000 Priestern, Patres und Schwestern bis zum Jahre 1952, Hausarrest oder Gefängnishaft dennoch verbleibender 524 Priester, 210 Nonnen und 53 Patres. Chinesische und nichtchinesische Priester in den Gefängnissen — im Jahre 1953 waren es etwa 300 — sollen zur Anerkennung einer romfreien Kirche genötigt werden und werden z. T. der besonderen Gehirnwäsche unterworfen. Man weiß von mehreren Ermordungen, darunter zwei Erzbischöfe und zwei Bischöfe. Die *Nationale katholische und patriotische Gesellschaft* konnte sich erst nach der Verhaftung des kräftig widerstehenden Bischofs *Ignatius Kum* durchsetzen. Die ausgegebene Losung nach außen: „Der Zwiespalt zwischen Religion und Atheismus kann als Widerspruch im Volk durchgetragen werden, aber er muß kontrolliert werden!“ 1958 erfolgte der Bruch mit dem Vatikan. Anlaß dazu ist die Weihe von zwei Bischöfen ohne dessen Hilfe und Genehmigung. „Die

---

* R. Bush, S. 99 ff. und 170 ff.; Patterson, a.a.O., S. 100 ff.

Exkommunizierung von chinesischen Bischöfen ist ungültig zu erklären. Volkesstimme ist Gottesstimme."

Große Schwierigkeiten bereiteten der Regierungskontrolle die ohne Hilfe des Auslands entstandenen sog. nonkonformistischen einheimischen Kirchen und Kirchlein wie die *„Kleine Herde"*, die *„Jesusfamilie"*, die *„Christian Workers Mission"*, die *„Wahre Kirche Jesu"* und andere. Ihre lockere Organisation oder ihr christlicher Kommunismus, ihre selbständigen Formen von Bodenreform, ihre Handwerker-Prediger, ihre Nachbar-Mission, ihre Unabhängigkeit vom Ausland und auch ihre leidenschaftliche Erwartung Jesu in der Endzeit forderten zu besonders hartem Vorgehen heraus.

e) Die organisatorische Vernichtung durch die Kulturrevolution. In ihr erfuhr die Religionsfeindschaft ihre radikale Zuspitzung, in der alle Masken abgeworfen wurden. Sie betraf, wie die gesamte Religionspolitik, nicht nur die Christen. Sie nahm die Form eines tumultuarischen Hasses an. Alle Kirchen ohne Unterschied wurden geschlossen; auch wer die Regierung bejahte, verschwand in Arbeitslagern oder Gefängnissen. Zu ihnen gehörten, soviel wir wissen, auch alle Führer der *„Drei-Selbst-Bewegung"*. Die mit der Verkündigung der „Religionsfreiheit" einsetzende Politik endete mit der völligen Vernichtung aller kirchlichen Organisation. Würde das Ziel wirklich erreicht? Gibt es keine Kirche und keine Christen in China mehr? Ist eine neue Zeit ihres öffentlichen Wiedererstehens, eine neue Darstellung ihrer Gliedschaft am Gesamtleibe Christi in der Welt nicht mehr denkbar? Hat Maos frühe Zielsetzung vollen Erfolg gehabt? *„Wenn man etwas gerade biegen will, so muß man es unbedingt verbiegen; etwas gerade biegen, ohne es zu verbiegen, ist unmöglich."* Hat die Kulturrevolution seine Schocktherapie vollendet? *„Man muß einen Kranken anschreien, damit ihm der Schweiß — und anderes — ausbricht, jedoch keinesfalls einfach prügeln oder gar totschlagen."* *

---

* Ausgewählte Werke, a.a.O., S. 35.

III. Die zwiefache Verwandlung der Christen und Kirchen

Kaum einer der wenigen Besucherberichte zeigt bei allen unvermeidbaren Grenzen in der Erkenntnis der Situation einen so vorbildlichen Charakter des Verstehens wie der Bericht von Walter Freytag über seine Begegnung mit Christen in China im Jahre 1957. Er spricht die ihn bewegenden Fragen u. a. in folgenden Sätzen aus:

„Das Eigentliche liegt nicht im statistisch Erfaßbaren ... Es erschließt sich nur in der persönlichen Begegnung mit chinesischen Christen. Aber auch da muß man sich fragen, wie weit es sich erschließt ... Nicht ein einziges Mal ist auch nur eine leise Andeutung zu hören gewesen, daß von den gegenwärtig Verhafteten auch nur einer um seines Glaubens willen inhaftiert sei ..." Freytag litt besonders darunter, daß er in dem regen und offenen Gespräch keine Antwort über die Zeit von 1949 bis 1953 bekam. „Das fällt dem Besucher natürlich schwer aufs Herz, vor allen Dingen, wenn er den Eindruck hat, daß es nicht nur ein bewußtes Verschweigen ist, das dem Fremden gegenüber immerhin bis zum gewissen Grade verständlich wäre, sondern vielleicht ein unbewußtes Übergehen dessen, was nicht wahr sein darf. Wir können es uns nicht erklären, es sei denn damit, daß es dabei offenbar um die Existenz geht, sei es die persönliche oder die einer Minderheit." Und: „Wenn man von China Abschied nimmt, wird man nicht nur bedrängt davon, wie wenig man in der kurzen Zeit hat sehen können, sondern auch davon, daß man nicht alles sagen kann, was einem durchs Herz gegangen ist."

Zwei Jahre nach seinem Besuch, nach einer offenbar auch für ihn unerwarteten Verschärfung der Situation, sagt er:

> „Ich kenne chinesische Christen, die uns zweifellos sagen würden: Warum lamentiert ihr über uns und unsere Lage? Ihr helft uns am besten, wenn ihr selber Kirche, wirkliche Kirche seid. Ihr habt es zweifellos leichter. Warum seid ihr nicht, was ihr so selbstverständlich erwartet, daß wir es sein sollen?"*

— Wie sehr sollten wir das heute hören!

* Walter Freytag, Reden und Aufsätze I, München 1961, S. 56—65.

1. Die große Freude der Kirche — und ein tiefes Erzittern (1949)

„Freudentage für China!" Das war der Grußruf eines führenden Christen an die neue Zeit unmittelbar nach der kommunistischen Besetzung Pekings im Jahre 1949, *Dr. T. C. Chaos,* damals noch ein Präsident des Ökumenischen Rates der Kirchen.

Er dachte vor allem an *die nationale Freiheit,* die China nach so langer Bedrängnis durch alte Machtgruppen und Fremdherrschaft gewonnen hatte. Er erhoffte zugleich, daß endlich die Zeit gekommen sei, in der auch die ärmsten Glieder des Volkes, von Not und Hunger befreit, einen ausreichenden Lebensstandard gewinnen würden. „Der Kommunismus ist daher für China nicht ein Schreckbild wie für andere Länder."

Zugleich aber wird an Dr. Chaos Besinnung über die neue Lage der Kirche deutlich, in welchen mächtigen Spannungen er die Zukunft vor sich sah: zwischen Bedrohung und einer neuen, von Gott gegebenen Chance für die Christen Chinas, das Evangelium von Christus in bisher verschlossene Räume des Volkes hineinzutragen. Er rechnete zwar mit einer offiziellen Duldung der Christen, zugleich aber auch mit heftiger Befehdung. Diese werde die Christen aus ihrer bürgerlichen Selbstsucht aufrütteln. Auch Verfolgung und Leiden würden ihnen dazu verhelfen, in einer neuen Freiheit und alleinigen Gebundenheit an Christus ihre Aufgabe wahrzunehmen. „Es ist schlimm für die Kirche, wenn die Verfolgung niemals an ihre Türe pocht." Darum war er überzeugt, daß eine „höchst fruchtbare Periode des Zeugnisses" gekommen sei. Nicht nur die Christen, sondern auch die Kommunisten würden jetzt erst erfahren können, worin das wahre Christentum bestehe.

Eine Freude mit Zittern! Man besaß ja bereits jahrzehntelange Erfahrungen mit den Kommunisten.

2. Die Absage der „befreiten" Kirche an die Missionen und Auslandskirchen — und der Schmerz getrennter Treue (nach dem 30. Juni 1950)

a) Das christliche Manifest der „Selbstbefreiung" von den „Imperialisten": Als die vier von Tschu En-lai geladenen protestantischen Führer *Wu Ya-tung* (Leiter der „CVJM-Association PRESS), *Liu Liang-Mo* (Sekretär des CVJM), *Tsui*

Hsien-hsiang (Generalsekretär der Kirche Christi in China) und *G. Wu* (Generalsekretär des Nationalen Christenrates) von ihrem denkwürdigen Treffen mit dem Ministerpräsidenten damals im Mai 1950 zurückkehrten, waren sie frohen Mutes. „Keine Feindschaft gegen die Kirche!" Man muß sich die Erleichterung verdeutlichen, die von diesen Männern empfunden wurde. Es fiel ihnen offensichtlich nicht schwer, der einzigen Bedingung, die ihnen gestellt wurde, zuzustimmen und ihre energischen Verfechter zu werden: Loslösung von den ausländischen imperialistischen Kirchen und Missionen, besonders den noch in China vorhandenen Missionaren. Die Grundlinien einer entsprechenden Erklärung hatte man bereits gemeinsam überlegt.*

Schon im Juni legte Wu einer in das CVJM-Haus nach Schanghai eingeladenen Gruppe christlicher Führer ein von ihm so genanntes „Christliches Manifest" vor. Es sollte allen evangelischen Christen Chinas zur Unterschrift vorgelegt werden. Sein wesentlicher Inhalt war dieser:

> „Wir haben mit der Veröffentlichung dieser Erklärung die Absicht, unsere Wachsamkeit gegenüber dem Imperialismus zu erhöhen, den klaren politischen Standort der Christen im neuen China bekanntzumachen, den Aufbau einer chinesischen Kirche, deren Angelegenheiten von Chinesen selbst besorgt werden, zu beschleunigen und die Verantwortung anzudeuten, die Christen im gesamten Land beim nationalen Aufbau im neuen China wahrzunehmen haben. – Christliche Kirchen und Organisationen in China sollen ihr Äußerstes tun, um überall die Menschen in den Kirchen zur Erkenntnis der Übel zu führen, die der Imperialismus in China hervorgebracht hat, und auch klarzumachen, daß der Imperialismus sich in der Vergangenheit des Christentums bedient hat; damit sollen aus dem Christentum die imperialistischen Einflüsse ausgeschieden werden. Was die religiöse Arbeit betrifft, so sollen von nun an die christlichen Kirchen und Organisationen Nachdruck legen auf ein tieferes Verstehen des Wesens des Christentums, auf engere Gemeinschaft und Einheit zwischen den verschiedenen (getrennten) Konfessionen, auf die Förderung besserer Führungskräfte und auf die Reform der kirchlichen Organisation."

Dazu folgende Richtlinien: Noch bestehende personale und finanzielle Abhängigkeiten vom Ausland sind in kürzester Frist zu beseitigen. Sich auf die eigentliche Natur des Chri-

---

* L. Lyall, Trotz Sturm und Wetter, Gießen 1961, Seite 10 f.

stentums besinnen und es verwirklichen, heißt, sich erziehen lassen zu produktiver Arbeit für das Volk und kulturellem Aufbau. Ein später hinzugefügtes Schreiben fordert, während der begonnenen Bodenreform außer Sonntagsgottesdiensten und Gebetsversammlungen alle christlichen Aktivitäten einzustellen.

Das Manifest wurde im September von etwa 1500 Menschen unterschrieben. Man hatte zwar ein Komitee beauftragt, die Einzelheiten der endgültigen Fassung auszuarbeiten, aber keine Kritik an dem Dokument gestattet. Am 10. August 1950 erschien es in der Kirchenzeitung *„Himmlischer Wind"* mit dem Kommentar: *„Dieses Manifest wird geschichtliche Bedeutung für die Christenheit haben."* Aus 1500 Unterschriften im September 1950 wurden nach 2 Jahren 400 000 Unterschriften. Etwa die Hälfte aller protestantischen Kirchenglieder hat bis dahin, wenn die Angabe stimmt, unterschrieben. Der Text wurde später verändert durch Auslassungen und zusätzliche Schärfen.

Was aber ging nach dieser Initiative in der Christenheit des ganzen Landes vor sich?

b) Die „Selbstbefreiung" von den Missionaren: Nicht Regierung und Partei, sondern die Christen nötigten die Missionare zum Auszug aus China. Sie nahmen die vorher oft ausgesprochene Bitte zurück: „Bleibt bei uns und steht die Anfechtung mit uns durch!" Sie mußten sie zurücknehmen. Sehr unterschiedlich vollzog sich der Auszug.

Die amerikanische Missionsschwester *Sara Perkins*, die sich schon im japanischen Krieg für die Notleidenden eingesetzt hatte und später mehrere Monate interniert war, erzählt, wie es ihr vor ihrer mehrjährigen Gefangenschaft in rotchinesischer Haft gegangen ist:

> „Den Kommunisten ging es darum, die Geister und Herzen der Chinesen zu bezwingen. Ihr Haß auf die Japaner, ihre Kameradschaft mit andern chinesischen Widerstandskämpfern, ihr betont freundliches Auftreten und ihre Hilfsbereitschaft beim Wiederaufbau zerstörter Häuser und verwüsteter Äcker gewannen ihnen die volle Sympathie des Volkes."

Sehr spät erreicht Sara im Westen der Kantonprovinz die Machtübernahme. Als die kommunistischen Soldaten einzogen, gab es keine Schlacht, keine Plünderung, sondern große Erleichterung. Aber nicht lange. Die ideologischen Schulungs-

programme unter den chinesischen Mithelfern und Schwe-
sternschülerinnen setzten ein. Das Schlagwort war: „Es gibt
keinen Gott!" Man erlebt angstbestimmten Abfall von Christus. „Ein Student, der aktiver christlicher Führer gewesen
war, und ein Lehrer, der in unserer Kirche gepredigt hatte,
verkündigten nun in der gleichen Kirche und den gleichen Studenten die Lehre, daß es keinen Gott gebe." Die Missionarinnen hören nicht auf, mit gleicher Sorgfalt die verwundeten
kommunistischen Soldaten zu pflegen wie zuvor die „Nationa-
listen". Sie werden auch zu ihrem Erstaunen nicht daran gehindert, von Gott und der Erlösung durch Jesus Christus
Zeugnis abzulegen.

> „... Überall begann das Volk auf eine gute Regierung zu hof-
> fen. Das Versprechen, allen, die ihre frühere kommunisten-
> feindliche Gesinnung eingestehen würden, werde verziehen,
> nahm man als bare Münze."

Mit dem Ersatz der Militärbehörden durch die Zivilbehör-
den begann das bittere Erwachen.

> „Es folgten Einkerkerungen, Sklavenlager, Folterungen und
> Hinrichtungen. Und es begann der nie enden wollende Prozeß
> der Gehirnwäsche ... Massenversammlungen des Pöbels, in
> denen Freund und Feind sich gegenseitig beschuldigten, um
> sich zu retten, wurden zu alltäglichen widerlichen Ereignissen.
> Wenn wir auch nie in eine solche Versammlung geschleppt
> wurden, um öffentlich beschuldigt zu werden, so wurden wir
> doch in Abwesenheit beschimpft. Die kommunistischen Zivili-
> sten taten alles, um uns unbeliebt zu machen und Haß- und
> Rachegefühle gegen uns zu entfachen; aber die Menschen,
> unter denen wir lebten, reagierten nicht darauf; denn sie wuß-
> ten, daß sie logen."

— Bis dann auch sie die Anklage unmittelbar erreichte,
Spion in geistlicher Verkleidung zu sein, und die Verhaftung
erfolgte.*
Eine „Selbstbefreiung" der Christen hat Sara Perkins nicht
erlebt. Als die Missionarinnen die Missionsstation verlassen
mußten, hatte sich praktisch die ganze Bevölkerung einge-
funden.

> „Wenn die Kommunisten jedoch die Leute aufgeboten hatten,
> damit sie uns verhöhnten und schmähten, so sahen sie sich bit-
> ter enttäuscht. Denn es war eine schweigende Menge, die hier

---

* Sara Perkins, Gefangen in Rot-China, Bern 1968.

zusah, wie die, die ihre Freunde gewesen — manche schon seit vielen Jahren — von bewaffneten Aufsehern bewacht, ein Auto bestiegen. Ich vernahm nur eine Stimme. Irgend ein Mutiger winkte uns plötzlich zu und rief: ‚Lebt wohl!' als wir wegfuhren."

Als der deutsche Pfarrer *Wilhelm Seufert* in Tsingtau den Ort jahrzehntelanger Lehrtätigkeit und herzlicher Verbundenheit mit chinesischen Lehrern und Schülern im Februar 1951 verlassen mußte, wurde ihm zuvor bestätigt, daß er „ein vorzüglicher, gerechter Lehrer sei, aber einer Umerziehung zum Kommunismus bedürfe". Von einer Selbstbefreiung der Christen konnte auch hier keine Rede sein.

Wieder andere Missionare und Schwestern der Kantonprovinz erlebten wohl stete Behinderungen durch die Behörden, die praktisch das Verlassen ihres Wohnortes und später auch den Dienst in Kirchen, Schulen oder Krankenhäusern unmöglich machten. Ein geplantes Hinausdrängen seitens der chinesischen Christen erfuhren sie nicht. Das Letzte waren nächtliche Abschiede mit Dank und Tränen: *„Bitte, vergeßt uns nicht! Betet für uns!"*

Besonders eindrücklich ist das den Missionaren mitgegebene Abschiedswort der Hakka-Kirche an die schweizerische und deutsche Heimatgemeinde: *„Wir erkennen nur den Herrn Jesus Christus als unseren Erretter und Heiland. Wir bleiben in einer Kirche, die eine ökumenische, weltweite Bruderschaft ist in vielen Ländern. Wir bleiben zurück in großer Not — wie ein Kind, dem seine Mutter entrissen wird. Bittet — bittet — bittet für uns! Wir tun es auch für Euch."**

Und doch eine Selbstbefreiung der Christen von den Missionaren! „Wir sind Ihnen zutiefst zu Dank verpflichtet für alles, was Sie in der Vergangenheit für uns getan haben. Aber die Zeiten haben sich geändert. Im neuen China wird es für uns sehr schwierig sein, mit Ihnen zusammen zu arbeiten ... Vielleicht wäre es besser, Sie gäben den biblischen Unterricht auf. — Vielleicht wäre es sogar das Beste, sie kämen überhaupt nicht mehr in die Kirche ..." Schließlich die Bitte unter Druck: *„Bitte, geht!"* Man folgte, um nicht zu gefährden.

---

* K. Hartenstein und J. Keck, Die Kirche Chinas unter dem Kreuz. Basel 1952, S. 26.

Manche kamen aber zuvor noch in harte Haft, wie Sara Perkins und der deutsche evangelische Missionar Felix Paulsen.

Den evangelischen Missionaren fiel es leichter als den katholischen, die Gemeinden zu verlassen. Viele von diesen hielten auch noch lange aus, einige bis zum Jahre 1955, zuletzt in Haft. Nicht nur die Treue gegen ihre Gemeinde, sondern auch das Bewußtsein der Gefährdung des katholischen Charakters der Kirche und ihrer Verbindung mit der gesamten römisch-katholischen Christenheit hielt sie fest. „Lieber sterben, als gehen!" *Bischof Walsh* erklärte in einem Rundschreiben 1950: *„Die tiefe Berufung, die wir empfangen haben, verlangt unser Bleiben auch unter dem Kreuz. Wir gehen nur gegen Gewaltanwendung."* Viele Jahre der Haft wurden darum sein Schicksal.

Wie soll man also diese ersten Schritte der *Drei-Selbst-Bewegung* beurteilen? Taten ihre Führer sie auch aus Verantwortungsbewußtsein wie aus Überzeugung, so wurden sie doch den Christen im Land durchweg von ihnen aufgenötigt, unter dem sie alle zwingenden Druck der Regierung! Trotz so vieler Fehler der Missionsgeschichte, trotz so unglücklicher Voraussetzungen, trotz der Versäumnisse der westlichen Mission, trotz der auf allen lagernden Angst hört man nichts von überzeugter Ablehnung und Abschiebung der Missionare, aber viele Zeugnisse einer bleibenden Verbundenheit!

So begleitete die Ausreisenden Dank und Schmerz. Die Bitte um Fürbitte war der tiefste Beweis einer ungebrochenen Verbundenheit. Solche Abschiede strafen die pauschale Verurteilung der Missionare als „Imperialisten" Lügen. Es waren nicht nur Christen, sondern auch Nichtchristen genug, die selbstlose Liebe erfahren hatten. Ein roter Funktionär, der beauftragt war, der „großen Schwester" *Annie Skau* eine vernichtende Falle zu stellen, mußte ihr bekennen: „Ich kann es nicht. Du hast unser Volk geliebt. Ich habe dich seit langer Zeit vor dem Sieg Maos als Spion in Bettlergestalt beobachtet. Und dabei habe ich deine Güte erfahren." Zeichen des Dankes sind bis in unsere Tage hinein aus dem Innern Chinas ehemaligen Missionsmitarbeitern zugekommen. Trotz ihrer politischen Verhaftung an die Mächte des Westens war es eine böse Verleumdung, das eigentliche Motiv ihres Dienstes so zu entstellen, wie es die „Drei-Selbst" tat. Es kann nur auf Angst und Blendung beruhen, daß kein führender Christ in jenen Tagen gegen die Vertreibung seiner Brüder protestierte.

Vielleicht waren die Führer der „Drei-Selbst-Bewegung" selbst nicht darauf vorbereitet, daß unmittelbar nach der Formulierung des „Christlichen Manifests" dieses in allen Tageszeitungen Chinas veröffentlicht wurde und die Leiter der kommunistischen Ortsgruppen unmittelbar darauf bei den Kirchenleitern erschienen, um sich ihrer Zustimmung zu versichern! Für die Gesamtheit der chinesischen Christen wird gelten müssen, daß die Vertreibung der Missionare nicht ein Selbstbefreiungsakt einer nun selbständig gewordenen chinesischen Kirche war, sondern eine erzwungene Trennung durch eine kirchenfeindliche Macht, welche die „Drei-Selbst-Bewegung" zu ihrem Instrument machte.

c) Ähnliches gilt von der Absage an alle Kirchen in der westlichen Welt. Gerade die nun auf den Plan tretenden und das Startzeichen zu ihrer Verurteilung gebenden Männer (z. B. Wu und Cheng) hatten kurz zuvor noch ihre christlichen Freunde und Brüder im Westen besucht. Durchweg verdankten sie ihrer Hilfe seit Jahren viel.

Es kam sehr schnell zum totalen Abbruch der Verbindung mit der Gesamtchristenheit der Welt. Die Kirchen- und Gruppenleitungen beschlossen, eine nach der anderen, keine Gelder aus dem Ausland mehr anzunehmen und sich auch nicht mehr auf eine Beratung von draußen her einzulassen. Wenigstens gilt dies für den protestantischen Teil der chinesischen Christenheit. Die katholischen Gemeinden haben auch nach ihrer gewaltsamen Trennung von bisherigen europäischen oder amerikanischen Leitern noch wesentlich länger an der Anerkennung und Verbindung mit Rom festgehalten.

Die Schrittmacher auf diesem Wege empfingen öffentliches Lob. Eine entsprechende Beschlußfassung der lutherischen „Glaubensgerechtigkeitskirche" wurde nun geradezu als „die Geburt der Volkskirche" bezeichnet. Als gar noch durch den ausbrechenden Korea-Krieg die Feindseligkeit gegen die Amerikaner anwuchs und aus der „Drei-Selbst-Bewegung" eine „Anti-Amerika-Korea-Hilfe-Drei-Selbst-Reformbewegung der Kirche Christi in China" wurde, war auch die Stunde zur endgültigen Ablösung vom Weltkirchenrat gekommen. Dr. T. C. Chao schrieb:

„Als ein loyaler Bürger der Volksregierung kam ich zu der Erkenntnis, daß ich niemals mehr die Stellung eines Präsidenten des Weltkirchenrates einnehmen kann. Ich bin ein Chinese, der

197

sein Land liebt. Ich kann nur leidenschaftlich protestieren gegen das Wort des Weltkirchenrates von Toronto ... Ich trete darum zurück und bitte, daß mein Name vollständig aus dem Weltkirchenrat und aus allen seinen Komitees, mit denen ich verbunden war, gestrichen wird."*

Wie sehr auch solche Absagen unter dem Stichwort des Anti-Imperialismus eine nur scheinbare Spontaneität besaßen, zeigten manche Ereignisse der nachfolgenden Zeit. Walter Freytag spricht von einer „das Herz abgewinnenden" Gastfreundschaft und einer vorhandenen Bereitschaft zum intimen Gespräch, die er bei seinem Besuch im Jahre 1957 vorfand. Und die Männer, mit denen er sprach, waren zum Teil Führer der „Drei-Selbst-Bewegung"! Als einer ihrer späteren Führer, der anglikanische *Bischof K. H. Ting,* damals Präsident des Theologischen Unionsseminars in Nanking und früherer Sekretär des christlichen Studentenweltbundes, die Erlaubnis zu Besuchen im Westen erhielt, hat er sich hier auch über die „Drei-Selbst-Bewegung" geäußert. Er sagte bei einer Tagung des Generalkomitees des christlichen Studentenweltbundes in Tutzing 1956:

> „Im Westen ist sie von verschiedenen Leuten als ein Zeichen dafür genannt worden, daß die chinesischen Christen unter sog. kommunistischen Druck nachgiebig geworden sind. Es ist sehr bedeutungsvoll für Christen, die ‚Drei-Selbst-Bewegung' geistig und theologisch zu verstehen ... Sie repräsentiert Gottes Akt der großen Erbarmung dadurch, daß er uns Christen eine neue Chance in China gegeben hat. Es ist einfach eine Bewegung, die die Kirche in China recht chinesisch machen will. Es ist keine nationalistische Bewegung; aber wir haben nicht das Gefühl, als müßten wir uns wegen unseres Wunsches entschuldigen, daß die chinesische Kirche eine nationale Kirche sein möchte. Die ‚Drei-Selbst-Bewegung' — ist nichts weiter als ein Gebet (!) von seiten chinesischer Christen und gleichzeitig Gottes Antwort auf unsere Gebete, daß die chinesische Kirche so chinesisch sein möge, wie die Kirche von England englisch ist. Wir fragen nach nichts anderem als dem, dessen sich Christen in vielen anderen Ländern seit langer Zeit erfreuen."

Als die frühere deutsche Chinamissionarin *Gerda Buege* Gelegenheit suchte und fand, Bischof Ting 1963 in seinem Seminar in Nanking zu besuchen, erlebte sie einen herzlichen

---

* Karl Hartenstein und Jakob Keck, Die Kirche Chinas unter dem Kreuz, Stuttgart 1952, S. 6 f. und S. 11 f.

Empfang und Austausch. Er gab ihr auch eine Erklärung zur grundsätzlichen Haltung der Kirche Chinas mit. Sie lautete:

> „1. Wir haben volle Freiheit im Glaubens- und Kirchenleben. Die Zahl der Christen in China ist immer klein gewesen. Auch heute. Aber sie werden nicht verfolgt. Die Kommunisten haben ihre Ideologie, die Christen hingegen ihren christlichen Glauben. Beide stehen sich gegenüber, befeinden sich aber nicht, sondern achten einander. Alle Entscheidungen trifft die Kirche selbst, ohne Einmischung der Regierung. (!)
>
> 2. Die Christen lieben ihr Vaterland und unterstützen begeistert das sozialistische Programm.
>
> 3. Was die Mission betrifft, so haben wir dem einzelnen (weißen) Missionar gegenüber keine ablehnende Haltung. Aber die Missionsbewegung, wie sie in der Vergangenheit mit Kolonisation und westlicher Politik verbunden war, lehnt die Kirche in China ab. Die Kirche in China ist selbständig geworden."

Wie soll man diese mit dem Beginn der *Drei-Selbst-Bewegung* einsetzende Distanzierung von den westlichen Missionen und Kirchen, das Widereinander heftigster Verurteilung und sichtlichen Wunsches nach weiterer Verbundenheit, ja tiefen Trennungsschmerzes, das bis in die Führung der *„Drei-Selbst-Bewegung"* hinein zu verfolgen ist, auf einen Nenner bringen?

Die plötzlich mit Kirchenleitungsansprüchen auftretenden Männer betätigten offensichtlich eine Initiative, die sie einer hinter ihnen stehenden Macht verdankten. *Y. T. Wu* wie der bald neben ihn tretende *Markus Cheng* brachten eine besondere Bereitschaft mit. Ihre letzten Europareisen hatte sie mit Teilnehmern der Prager Friedenskonferenz und verwandten Repräsentanten einer Koexistenz von Christen und Kommunisten zusammengeführt. Ist ihnen nicht eine schwärmerische Hoffnung abzuspüren? Sie scheint sich bei ihnen mit einem Sendungsbewußtsein verbunden zu haben, Retter der chinesischen Christenheit aus einer tödlichen Bedrohung zu werden. Sie erwecken zwar den Anschein einer spontanen Solidaritätserklärung der chinesischen Christen mit der neuen Regierung. Wir sollten aber auf keinen Fall die Untertöne überhören, die auch die radikalsten Forderungen und Handlungen schon am Anfang und erst recht in der späteren Entwicklung begleiten. Das kann man nur aus der Erfahrung ähnlicher Vorgänge unserer eigenen politischen und kirchlichen Geschichte der letzten Jahrzehnte her verstehen. Verstehen, ohne zu rechtfertigen!

Es ist auch für die Beurteilung der Politik Chinas nach dem Nixon-Besuch und daran sich etwa knüpfende Erwartungen große Nüchternheit und biblische Verbundenheit mit den uns entschwundenen Christen Chinas am Platze. Es ist derselbe Tschu En-lai, der „Gnadenbringende", der *Wu Yao-tsung* und seine drei Gefährten mit der angstvollen Hoffnung einer friedlichen Verbundenheit von kommunistischer Regierung und christlicher Kirche erfüllte, der zwei Jahrzehnte später der ganzen Welt im Februar 1972 noch als alter Mann eine so große Friedens-Faszination bereitete. Und es war gewiß auch der gleiche, aber zu innerst zerrissene *Dr. H. C. Chao*, der seiner harten Absage an den Weltkirchenrat den Satz hinzufügte, der sein tiefstes Wesen erkennen läßt: „*Indem ich das tue, bekenne ich, daß ich es unter völliger Freiheit tue, mit loyalem Glauben an Christus und unter der Leitung des Herrn meiner Kirche.*" Es war gewiß derselbe, wenn auch der fremden, feindlichen Macht der Christusgegner unterworfene tiefgründige Christ *K. H. Ting*, der seiner objektiv irreführenden Erklärung über die „*Drei-Selbst-Bewegung*" vor seinen westlichen Brüdern eine echte, wahrhaft bewegende Darstellung des größeren Glaubens und der größeren Liebe, zu denen er mit seiner Kirche durch die Revolution gelangt sei, vorangehen ließ.

Derselbe? Konnte man in den Fängen der permanenten Revolution derselbe bleiben? *Mußte* man nicht ein anderer werden? Zumindest als Christ an verantwortlicher Führungsstelle?

3. Die neugeborene, „bekehrte" Kirche und die Christengemeinschaft der Zeugen in der Hölle der „Wiedergeburt" (nach dem 21. April 1951)

a) Verwandelte Christen. So schreibt ein Bekehrter, ein ehemaliger Christ, an den ihm ehemals verbundenen Chinamissionar:

„Ich bin nun nicht mehr der frühere Mensch, den Sie kannten. Ich bin in dem klassenlosen, revolutionären Pionierkorps ein neuer Mensch geworden, ein treuer Bekenner des marxistischen Leninismus. Ich werde niemals mehr für mich selbst, sondern immer für die Masse leben ... In dieser neuen Lehre habe ich unvorstellbaren Segen und Glück gefunden. ... Ich muß Ihnen leider mitteilen, daß ich nicht mehr an Gott glaube oder ihn anbete. Ich kann Sie nicht mehr als Bruder im Glauben anreden, aber ich grüße Sie in revolutionärer Liebe."*

Was ist hier geschehen? Welche Kraft hat diese völlige Verwandlung eines Christen vollbracht?

Wir wenden uns zu *Markus Cheng,* der so vielen ein Führer zu Christus geworden ist und weit über China hinaus, wie wir sahen, ein hochgeschätzter christlicher Führer. Nicht lange nach der Begründung der *„Drei-Selbst-Bewegung"* trat er, der konservative Leiter des theologischen Seminars in Chungking, an die Seite des theologisch-liberalen Wu Yao Tsung als einer der sechs Vizepräsidenten der *„Drei-Selbst-Bewegung".* Er gab ein biographisches Selbstbekenntnis ab, das die meisten seiner Freunde mit Bestürzung aufnahmen:

> „Endlich bin ich erwacht. Nur die Lehre von Marx und Lenin vermittelt das Wissen über die Revolution und das Werkzeug, das die Menschheit befreien wird ... Von ganzem Herzen und in allem Ernst kann ich sagen, daß ich den Kommunismus feurig liebe und die Doktrin der kommunistischen Partei und die Lehren Mao Tse-tungs bejahe ... Genau, wie ich die Astronomie bejahe und die Tatsache, daß die Erde rund ist oder die Feststellungen der Bibel, daß die Sonne im Osten aufgeht und im Westen unter ... Es gibt einige Christen, die es als sehr seltsam beurteilen, wenn sie von der Wandlung meines Denkens hören und daß ich der kommunistischen Partei beigetreten bin und weiter, daß ich Verbindung habe mit der sowjet-russischen Gemeinschaft ... Andere verurteilen mich freimütig, aber die Studien und das Wahrnehmen der Tatsachen haben mich veranlaßt, Amerika mehr als je zuvor zu hassen und zu verachten und durch dieselbe Macht näher zu der reinen, echten Freundschaft Rußlands hingezogen zu werden."**

Was ist hier geschehen? Wir lernten einen Mann kennen voll herzlicher brüderlicher Verbundenheit mit den gläubigen Christen des Westens. Nicht Chinese wollte er zuerst sein, sondern Christ. In der Drangsalzeit durch die Japaner war er bewährt. Was ist ihm geschehen?

Markus Cheng unterstützte ein weiteres, wesentliches „Manifest" der *„Drei-Selbst-Bewegung"* vom 21. April 1951. Darin werden Rußland und China als die „große Friedensmacht der Welt" dargestellt. Wie „alle friedliebenden Christen der Welt" schließt sich an ihre Friedenspolitik auch die chinesische Kirche an. Man tut es im Zusammenhang mit dem

---

* Barnabas, a.a.O., S. 24.
** L. Lyall, Trotz Wind und Wetter, S. 29.

Stockholmer Friedensaufruf. Dagegen muß man „alle uner-
laubten Fäden der Liebe (!) abschneiden".

> „Wir glauben, daß die Kirche Chinas, die sich auf Gott verläßt,
> unter der glänzenden Führung des Präsidenten Mao Tse-tung
> aus eigener Kraft eine vollkommenere und reinere Kirche auf-
> bauen kann, die dem Volke dient."

Markus Cheng unterstützte die ersten *kirchlichen Anklage-
kampagnen*. Die *„Nationale Konferenz christlicher Führer"*
vom 16.–21. April 1951 tagte in den Räumen des Ministe-
riums für Erziehung und Kultur. Sie fand unter der „wunder-
schönen, geliebten, fünfsternigen Flagge" statt, umgeben von
den Spruchbändern des neuen Regimes und unter leidenschaftlichen Aufrufen: „Nieder mit Amerika, helft Korea!"
Ein methodistischer Bischof klagte einen anderen an, Spion
der Amerikaner zu sein. Die gleiche Anklage galt einem bekannten Evangelisten. Christen haben dann tatsächlich auf
dieser Konferenz für beide Männer die Todesstrafe gefordert.

Was ist hier geschehen?

Man wird nicht ermessen können, mit welcher unheimlichen Wucht das Wandlungsverlangen der maoistischen Revolution gerade in jenen Tagen alle Anhänger eines religiösen
Glaubens, besonders aber die Christen, bedrängte. „Die Kirche
fährt mit im langen Bahnzug der Nation hinter der kommunistischen Lokomotive", heißt es. „Ihr könnt nicht mehr aus-
steigen; ihr müßt mitmachen, ob ihr wollt oder nicht. Jeder
Versuch, den Zug zu verlangsamen oder zum Stillstand zu
bringen, wird als Staatsverrat bestraft." Der Informationschef
der Regierung erklärte den Konferenzteilnehmern, daß sie
kommunistische Politik auszuführen hätten, wenn sie überhaupt weiterleben wollten. Es waren die Tage, in denen sich
die Massenprozesse jagten und allein in Schanghai in den frühen Morgenstunden eines Tages 16 000 Menschen verhaftet
wurden. Zu denen, die das ständige Drängen auf Selbstkritik
dazu trieb, sich das Leben zu nehmen, gehörte auch der bekannte Herausgeber des *„Christlichen Landmann"*.

Eine tiefere Dimension tut sich jetzt auf: Der entschlossene
Wille, alle christlichen Führer entweder mit allen Mitteln
geistiger und seelischer Bedrängung zu gläubigen Jüngern
Maos zu machen oder sie zu vernichten. Es ging um die maoistische Wiedergeburt. Lag hinter der Wandlung von Markus
Cheng bereits mehr als ruhige Überlegung und Wandlung der
politischen Überzeugung? Ausschließlich als Frucht seiner

optimistischen, schon bei seinem Europa-Besuch 1949 geäusserten Einschätzung des Kommunismus und seines heißen Wunsches nach Weiterführung seines biblisch-theologischen Seminars kann man sie nicht mehr genügend erklären. Hatte ihn bereits ein heißer Strahl der „Gehirnwäsche" gestreift?

b) Maoistisch bekehrte Verkündigung. Jedenfalls begann nun auch eine „wiedergeborene" Predigt laut zu werden. Es war wahrscheinlich Markus Cheng, der im Juli 1951 das Wort vom neuen Himmel und von der neuen Erde in Offenbarung 21, 1—7 als in China erfüllt erklärte.

> „Mögen die Christen heute verwirrt sagen: Ihr verlaßt das Wort und lehnt euch gegen die Lehre auf! so sage ich: Dies beweist nur, wie furchtbar das Denken der Christen in meinem Lande durch die Lehre des imperialistischen Westens vergiftet worden ist. Christus gehört zu der klassenlosen Gesellschaft und wollte nichts als eine solche gründen. Darum muß die christliche Kirche den Kommunismus unterstützen."

Wie weit war es von dieser Äußerung noch zu der anderen, die ein junger Christ aus einer politischen Schulung nach Hause brachte:

> „Jesus hat Bankrott gemacht, weil er die Gesetze der sozialen Entwicklung nicht verstand. Er hat einen direkten Sprung versucht von der Sklavengesellschaft zum Königreich Gottes. Natürlich war diese Revolution unzureichend und brachte nichts zustande!"

Weitere Beispiele einer ideologisch „wiedergeborenen" Predigt:
In einer Auslegung von 1. Mose 2, 15 heißt es:

> „Sie, die Kommunisten, bewahren und bebauen. Sie, welche die Aggressoren in Korea töten und die inneren Feinde liquidieren, sind die Bewahrenden im Sinne dieses Wortes."

Und wieder ein anderer Prediger:

> „Der christliche Glaube, den wir haben, ist in jedem Punkt von der westlichen Kirche und Theologie übernommen ... Das Böse in ihrem Denken ist auch in unserem ... Wir wollen den sieghaften Glauben in unser Herz nehmen, einerseits das Böse nach Kräften ausmerzen, das aus der in der Vergangenheit verbogen falsch ausgelegten Heiligen Schrift in unserem Denken enthalten ist, und andererseits die Substanz der christlichen

Lehre nach Kräften erstreben und zutiefst anerkennen ...
Möge der Herr sein eigenes Werk vollenden!"*

Noch ist man den Weg von Jesus zu Mao nicht zu Ende
gegangen. Man möchte noch Christ sein und Kirche bilden.
Aber der Christus dieser Männer ist bereits völlig ideologisiert, und ihre Schriftauslegung geschieht wie im Bann einer
Metamorphose durch fremde Gewalt.

c) Christusgemeinschaft inmitten teuflischer Wiedergeburt.
Alle Christen waren, wie alle Volksgenossen, Gegenstand
unaufhörlicher Schulungen in der neuen Ideologie geworden.
Der langsamen Verwandlung ganzer Bereiche ihres Denkens
konnte sich kaum jemand entziehen. Immer wurde damit begonnen, in den alten Menschen einen neuen „sozialistischen"
Menschen der Massenliebe einzupflanzen. Führende christliche Theologen machten sich nun bereits zu Weiterträgern
dieses Prozesses. Wer will sagen, mit welchem Maß von inne-
rer Zerrissenheit und wachbleibender Empfindung der aufgenötigten Schizophrenie? Es war ihr zweiter Schritt, die
Kirche zu „retten". Die ihnen geschehene geistige Vergewaltigung lassen sie nicht mehr spüren. Sie sind zu Missionaren
ihrer Wiedergeburt geworden.

Aber nicht alle. Wir wissen von Christen, die widerstanden
und deshalb einem besonderen Umformungsprozeß unterworfen wurden. Leider ist noch kein chinesischer Solschenizyn an
die Weltöffentlichkeit getreten, der uns die Erfahrungen von
Christen in einem „ersten Kreis der Hölle" oder gar in ihrem
zweiten und dritten inneren Kreis geschildert hätte. Wir sind
für die Christen-Erfahrungen wesentlich auf einige Zeugnisse
westlicher Missionsleute angewiesen, die teils gemeinsam mit
chinesischen Christen, zumeist aber getrennt von ihnen, den
Prozeß durchzustehen hatten. Für alle dauerte diese Zeit zwei
bis drei Jahre. Sie fand ein Ende im Zusammenhang mit außenpolitischen Rücksichten im Jahre 1954. Das Maß der ge-
sundheitlichen Zerstörung nach Leib, Seele und Geist, mit
dem sie die Haft verließen, ist unterschiedlich. *Sara Perkins*
kam mit verhältnismäßig ungebrochener Kraft hinaus. Auch
der evangelische schottische Missionar *G. T. Bull* erfuhr bald

---

* T. Grimm, Chinas junge Kirche im Griff der Weltpolitik. Evang.
Missionszeitschrift 1954, Heft 3, S. 72–74, und T. Grimm, Neues
aus China. Evang. Missionszeitschrift 1955, Heft 2, S. 59 und 60.

wieder Genesung von den erlittenen Schäden. Ebenfalls der katholische flämische Missionspriester *Dries van Coillie*. Von ihm stammt der wohl umfassendste und aufschlußreichste Bericht, der „das Verhalten eines Menschen unter dem Einfluß bestimmter Methoden und eingreifender psychologischer Elemente" im harten Milieu eines kommunistischen Gefängnisses zeigen will. „Kein Heldengesang ... sondern das Verhalten eines Gefangenen, der, objektiv gesehen, viele Dinge getan hat, die völlig abzulehnen sind." Er schrieb „vor allem, um den Mechanismus der spontanen Bekenntnisse innerhalb der Herzens- oder Gehirnwäsche darzulegen" und „aller Welt deutlich zu machen, in welchem Zustand die chinesischen Katholiken leben müssen und wie hochnotwendig es ist, ihnen beizustehen mit den wirksamsten Mitteln, über die wir verfügen: Gebet und Opfer". Neben diesen Berichten ist uns literarisch nur bruchstückhaft erhalten, was der deutsche Missionar *Felix Paulsen* nach etwa zweijähriger Haft als ein gebrochener Mann berichtet hat. Vielleicht ist aber gerade ihm am meisten das Wunder abzuspüren, das alle erfuhren: eine vertiefte Gemeinschaft mit Jesus Christus selbst und eine Erfahrung der Wirklichkeit seiner ihm treuen Gemeinde.

Was soll ein Christ tun, der, an Händen und Füßen gefesselt, von seinen Mitgefangenen in empörtem Haß beschimpft, geschlagen und bespuckt wird? Van Coillie betet: „Herr Jesus, auch du!" Aber dem wahnsinnigen Verlangen, möglichst kräftige Geständnisse zu erfinden, mit denen einer den anderen an Bußfertigkeit übertrifft und der Gefängnisleitung die Möglichkeit zu befriedigenden Berichten gibt, kann sich auch der Christ auf die Dauer nicht entziehen. Wird er nicht in der scheinbar väterlichen Güte, mit der der Gefängnisarzt sich seiner Wunden annimmt und um volle Unterwerfung bittet, ein echt menschliches Empfinden zu erkennen meinen, statt einer anderen Form der Erbarmungslosigkeit? Übereinstimmend finden wir die Mitteilung, daß auch diese grausame und verlogene Güte als eine von Gott geschenkte Freundlichkeit, als Atempause für ein inneres Gebet entgegengenommen wurde. Keiner der genannten Missionsleute, der nicht von der eisigen Angst erfaßt wurde, demselben Wahnsinn zu verfallen oder dem gleichen grauenhaften Robotertum, das in seiner Umgebung Platz griff. Keiner, der sich nicht Entstellungen seiner Aussagen gebeugt hätte und selber in Gefahr gekommen wäre, Wahrheit und Lüge nicht mehr unterscheiden zu können.

G. T. Bull berichtet, daß seine schwerste Erfahrung darin bestand, den Namen Jesu, um dessetwillen er ausgezogen war, an einem Tage nicht mehr aussprechen konnte, ohne daß eine Flut von Lästerung in ihm selber emporstieg. Wurde ihm auch noch die letzte Möglichkeit genommen, an diesem Ort Gottes Eigentum und Bote zu bleiben? Alles ausgeleuchtet, entpersönlicht, entleert. Wehrlose Empfänger und automatische Nachsprecher des täglichen „Studiums" in Monaten und Jahren wurden auch die Christen.

Und doch ist das gemeinsame Zeugnis der genannten vier Missionsleute, daß ihnen in dieser Hölle eine Erfahrung der Wirklichkeit Gottes und der Kraft seiner Gegenwart zuteil geworden ist wie nie zuvor. Sara Perkins berichtet ein Hören der Stimme Gottes von solcher Deutlichkeit, daß sie darüber erst verstand, was die Propheten von solchem Hören berichtet haben. Es hob sich ab von allen Halluzinationen nach tagelang aufgezwungenem Schlafentzug. Immer wieder das Abschlagen ungeduldiger Bitten um Erlösung, sei es durch Tod oder Entlassung, und immer wieder der Trost, daß dem Sterben mit Christus auch das Auferstehen folgen werde. Wohl jeder hat erlebt, wie deutlich Gebete erhört wurden, die auf der Linie der ersehnten Gemeinschaft mit Gott lagen. Eine Kommission, die bei Frau Perkins intensivste Leibes- und Raumuntersuchung vornimmt, entdeckt nicht das unter einem Bananenblatt verborgene Johannesevangelium. Seine heimliche Lektüre bleibt ihr solange möglich, bis der Inhalt Satz um Satz ins Gedächtnis übergegangen ist und sie durch Tage und Nächte hindurchträgt. Es ist wie mit einer Magnetnadel. Sie erzittert oft in großen Schwingungen, aber sie kann nicht abgelenkt werden. Der ewige Magnet ist ganz nahe.

Ähnlich steht es mit der seltsamen Erfahrung der Verbundenheit mit der Gemeinde, gerade mit der chinesischen Gemeinde. Van Coillie gelingt es immer wieder, auf und ab gehend und mit vorsichtiger Wahrung seiner Bewegungen, einen ganzen Gottesdienst zu durchgehen. Er bittet auch darum, daß man an den Altären der Christenheit die „gefangenen Priester mit blassen Wangen, tiefliegenden Augen und gefesselten Händen" nicht vergesse. Und er selbst durchgeht fürbittend immer wieder die Liste gefangener Priester und Laien, deren Namen er von anderen erfuhr.

In ungemein bewegender Weise schildert Felix Paulsen, wie er als einsamer Untersuchungsgefangener die Verbundenheit mit seiner zurückgelassenen Familie und Gemeinde am ersten Gefängnis-Weihnachten wahrnahm:

> „Ich ging hin und besuchte alle meine Lieben ... Ich sprach ihnen Mut zu, ich tröstete sie, ich segnete sie, ich betete mit ihnen. Ich gab mir Mühe, bei jedem lange genug zu bleiben, damit sie nicht nur wie Schatten an mir vorbeigingen, sondern daß ich sie auch ordentlich sehen und hören konnte und den Weg zu ihren Herzen finden konnte für das Wort, das ich jedem einzelnen gesondert geben wollte.
>
> Und dann zog ich weiter und besuchte meine Mitarbeiter, die Chinesen, und von ihnen ging ich hin zu den Christen, den Brüdern und Schwestern unserer Gemeinde. Ich gab jedem die Hand, ich sah jedem in die Augen, solange, bis ich ihre Gesichter richtig vor mir sah. Und dann redete ich zu ihnen. Und wenn sie ängstlich waren, auch um mein Schicksal, dann tröstete ich sie und versuchte, ihnen Mut zu machen. Zuletzt segnete ich sie zum Fest und betete mit ihnen. Ich empfahl sie der Gnade Jesu und ging weiter zum nächsten. Oh, ich dachte daran, daß ich niemanden vergaß, auch kein Kind, und die Kleinen nahm ich auf den Arm, wie ich das immer gern getan hatte. Ich ... schloß die Welt aus und das Gefängnis auf ...“
>
> Doch realer noch ist das Erlebnis mit einem ehemals christlichen mitgefangenen Kuomintang-General, welcher der Gehirnwäsche erlegen war. Mit seiner schönen Stimme singt er leise verbotene Weihnachtslieder. „Meine Frau ist gestorben. Aber denke nicht, daß ich weine! Kommunisten rechnen nur mit Tatsachen.“ — Aber nicht viel später geschieht's: Ein Mensch in der Qual; am Ende aller seiner Wege — alles verloren, seinen Glauben dazu — wie er die Hände zu Gott ausstreckt, die leeren — und weint — ich glaube heute, diese Tränen waren Gottes Speise für meine Seele, ja — auch für meinen Leib."*

Aber da waren auch chinesische schlichte Christen und bevollmächtigte Theologen, die widerstanden und vor einer antichristlichen „Wiedergeburt" bewahrt blieben.

Pfarrer *Wang Ming Tao*, der noch mehrere Jahre eine Vierteljahresschrift herausgeben konnte, bezeugte, daß eine Kirche, die der schwache Diener einer atheistischen Regierung geworden sei, aufgehört habe, ihre Funktion als wahre Kirche Jesu Christi auszuüben. *„Gebt nicht nach! Schließt keine Kompromisse! Die Schlacht ist in der Tat heiß und das*

---

* Felix Paulsen, Unser Weihnachtsessen. Breklum 1970, S. 12—14.

*Schlachtfeld gewiß voller Gefahren; aber Gottes Herrlichkeit
wird dort offenbar werden."*

4. Die Kirche der „reinen Liebe zum Volk" und die Christus-liebe der durch sie Verklagten und Ausgelieferten (nach dem 15. Mai 1951)

Es wurde beschlossen, den anfänglichen Namen der *Drei-Selbst-Bewegung* abzuändern. Der Korea-Krieg gab Veranlassung dazu. Fortan nannte man sich bis auf weiteres: *„Drei-fache Selbst-Bewegung der Vaterlandsliebe"*. Und ausdrücklich wurde gefordert, die Liebe zum Vaterland der Liebe zur Kirche überzuordnen. „Wer das Vaterland liebt, liebt die Kirche."

Dies geschah in jenen Tagen, in denen die zehntausend-fachen „Anklageversammlungen" das Land überrollten. Man fügt sich in diese Anklagebewegung ein. Auf Anregung des Kultusministers werden ausgedehnte Untersuchungen über den USA-Imperialismus und das Christentum vorgenommen. Christliche Anklageversammlungen treten neben die öffentlichen. Nur solche Gemeinden dürfen sich der Kirchenreform anschließen und sich einer staatlichen Genehmigung erfreuen, die sich von allen Personen reinigen, welche der Sünde des „christlichen Imperialismus" noch nicht abgesagt haben. Die Regierung wird um Unterstützung gebeten. Eine biblische Begründung fehlt nicht: Jesus, der leidenschaftliche Ankläger der Pharisäer!

Im Mai 1951 erscheint in der öffentlichen Presse von Schanghai eine Anweisung darüber, wie eine solche christliche Anklageversammlung erfolgreich zu gestalten sei. Sie sei „eine zentrale Aufgabe der christlichen Kirche".*

Gegenstand der Anklage sind alle chinesischen Christen, besonders aber die Gemeindeleiter, welche noch in den alten Vorstellungen beharren. Der Weg zum Erfolg: Man muß die vorhandenen Barrieren gegen die Politisierung im Innern der chinesischen Christen durch den Hinweis auf die Anklage-tätigkeit Jesu gegen seine Gegner durchbrechen. Man muß in „Anklagekomitees" die Versammlungen gut vorbereiten. Hier

---

* Abgedruckt bei Patterson a.a.O., S. 171.

muß zur Schuldauffindung angeleitet werden. Auf kleineren Versammlungen sind große und öffentliche Versammlungen gegen die „kirchlichen Gegenrevolutionäre" einzuüben. Leidenschaft muß erweckt werden; die anzuklagenden Personen und ihre Ankläger sind zu bestimmen; man muß möglichst hochgestellte Angeklagte, besonders Bischöfe, ins Auge fassen. Unklare und ungenügende Argumente müssen durch bessere ersetzt werden. Alle Sentimentalität ist zu zerbrechen. Man muß die Angeklagten und Urteile so formulieren, daß sie die Tiefe des Herzens erreichen. Das Volksinteresse muß betont werden. „Das bewegt tief!"

Methodisches zur Raum-Anordnung und Ordnung des Verfahrens: Übersichtliche Räume! Erhöhte Plätze für die Ankläger! Herausforderung des Volkes zum Applaus! Heranziehung von Vertretern des Amtes für religiöse Angelegenheiten oder anderer öffentlicher Dienste. Veröffentlichung der Anklage in der Ortspresse mit leidenschaftlichen Kommentaren und Unterrichtung des Zentrums der Drei-Selbst-Bewegung in Peking.

Nacharbeit: Nach Entfernung der bisher hindernden Personen sind überall in den Gemeinden Studienkreise zu bilden. Die „Masse der Gläubigen" ist zu den Aufgaben heranzuziehen, welche die Regierung stellt. Das hat zu geschehen unter der Verantwortung der lokalen Komitees der *„Drei-Selbst-Bewegung".*

Die Durchführung: Nichtchinesische — soweit noch vorhanden — und chinesische Kirchenleiter wurden in Mengen denunziert. Eine Welle der Angst erfaßte die Glieder der verschiedenen christlichen Kirchen. Führende Christen wurden zur Denunzierung ihrer Mitarbeiter genötigt. Eine nicht geringe Zahl entzog sich durch Selbstmord. Die kirchlichen Anklageversammlungen standen weithin den öffentlichen nicht nach an demagogischer Kraft.

Danach: Wie sah das veränderte Bild der Kirche nach der großen Anklageüberflutung aus? Davon gibt der französische Journalist Lucien Bodard, selbst in China geboren, einen eindrücklichen Bericht.*

„Ich komme zu spät. Das Drama ist beendet. In Maos China ist

---

* a.a.O., S. 55 ff.

auch der Katholizismus nur noch eine rote Religion wie alle anderen. Die letzte entscheidende Schlacht wurde vor ungefähr einem Jahr ausgefochten, als man den chinesischen Bischof von Schanghai verhaften ließ. Eine ganze Armee wurde mobilisiert, um diesen armen Menschen und seine Getreuen einzufangen. Jahrelang hatten sie äußersten Widerstand geleistet. Früher nannte man die katholischen Chinesen einmal Konvertiten des Reistopfes. Und nun war das Erstaunen darüber groß, welches Martyrium die gelben Priester auf sich nahmen. Wie groß war auch die Festigkeit der katholischen Gemeindemitglieder, die zu ihrer Kirche hielten! Und dennoch war es ein hoffnungsloser Kampf: die Zahl der Katholiken war zu gering; es waren höchstens vier Millionen. Die Kommunisten haben für den Sieg ihren ganzen Machtapparat in Bewegung gesetzt. Offiziell hat es nie eine Kirchenverfolgung gegeben. Das Regime forderte nur von den chinesischen Katholiken, zuallererst Chinesen zu sein und ihre staatsbürgerlichen Pflichten zu erfüllen. Nur die „Ausschreitungen" der Religion hatten sie zu beseitigen, soweit diese Religion zum Anwalt des Auslandes wurde. Aber aus dieser scheinbar ungefährlichen Forderung zogen die Kommunisten alle dialektischen Konsequenzen. Und auf diese Weise sprengten sie den Katholizismus mit größerer Sicherheit als durch eine Kirchenverfolgung.

Es ist Sonntag. Herr Li, der Dolmetscher, begleitet mich zur Nordkirche, wo mich Pater Lu erwartet. Auch diesmal hat das Außenministerium alles vorbereitet ... Ich gehe auf das Portal zu, da hält mich Herr Li zurück: „Pater Lu erwartet Sie in seinem Pfarramt. Er möchte Ihnen zuvor einige Erklärungen geben." Durch lange Bogengänge kommen wir an einigen Höfen und Gärten vorbei. Die Gesänge sind auch hier zu hören, aber sonst ist alles Leben ausgestorben: nur einige Kinder spielen miteinander, und ein paar alte Leute beten. Im Gegensatz zu der völlig erneuerten Pagode herrschen hier Trostlosigkeit und Verfall ...

Endlich stehen wir vor einer Tür, auf der ein Schild angebracht ist. Ein bewohnter Raum! Zwei Pfarrer sitzen in ihre Soutane gekleidet in tiefen Sesseln. Sie erheben sich zu meinem Empfang. Der eine ist noch jung ... Es ist Pater Lu. Lächelnd reicht er mir seine kleinen dicken Hände. Er ist salbungsvoll in seinem ganzen Wesen.

Ich kenne diesen Menschen. Beim Volksaufmarsch zum 1. Oktober habe ich einen Mann in der Abordnung von Geistlichen inmitten der Bonzen bemerkt, der den blauen Baumwollanzug trug und die Augen vor Begeisterung verdrehte. Er stieß hysterische Schreie aus und warf Mao künstliche Blumen zu. Heute steht er als Pfarrer vor mir, als Geweihter, das Kruzifix auf der Brust. Das ist Pater Lu! Der zweite Pater neben ihm ist noch jünger, dünn und ausgetrocknet, er hat ein knochiges Gesicht und kohlschwarze Augen; ein ganz asketischer Typ. Aber niemand stellt ihn mir vor oder sagt mir auch nur seinen Namen und seine Tätigkeit. Er setzt sich zur Seite und hört gespannt zu, wenn Pater Lu spricht.

Es ist nichts so schwierig aufzudecken wie die kommunistische Lüge, sie tritt immer als Wahrheit auf, als rote Wahrheit. Aber diese sichere Aufrichtigkeit in der schlimmsten Ungenauigkeit ist wohl doch ein Vorrecht der „ganz Reinen". Gewiß ist Pater Lu mit Leib und Seele dem Staat verschrieben, sicher leistet er die niedrigsten Dienste, indem er andere Geistliche denunziert. Aber seine geistliche Vergangenheit belastet ihn, trübt die Klarheit seiner kommunistischen Aufrichtigkeit. Trotz aller seiner Bemühungen wirkt er immer nur scheinheilig. Vor allem möchte Pater Lu ganz normal erscheinen, er möchte den Eindruck erwecken, daß alles völlig normal sei ...

„Gott der Herr", sagt er scheinheilig, „hat unsere Gebete erhört, er hat unsere Mühe gesegnet, stärker als je zuvor wächst das christliche Samenkorn in der chinesischen Erde."

Wie gütig er zu sein scheint, ein wahrer Priester, dieser Pater Lu! Als ich ihn nach Rom frage, breitet er die Hände zu einer Geste frommer Bedeutsamkeit aus und sagt:

„Im Anfang hatten wir einige Schwierigkeiten, die Zustimmung des Heiligen Vaters zu unserer neuen Stellung zu erhalten. Aber die Verbesserungen unserer Lage halten an. Jedes Jahr gebe ich einen Bericht zum Vatikan. Außerdem stehe ich mit Rom in Kontakt durch die Vermittlung eines chinesischen Kardinals, der im Ausland, in Amerika glaube ich, krank geworden ist."

Als ich nach dem Namen des Kardinals frage, hat Pater Lu ihn leider vergessen. Er beginnt wieder:

„Warum kennt die Welt nur immer noch nicht die Wahrheit über den chinesischen Katholizismus? Sie würde ihn sonst billigen ... Warum sollte es als eine Sünde gelten, eine Regierung zu lieben, die eine volle religiöse Freiheit garantiert? Welche andere Regierung hätte unsere Kirche, unsere Gebäude und allen unseren Besitz von jeder Steuerlast befreit? Wir haben auch die volle politische Freiheit. In Peking gehören sogar ein Generalvikar der Südkirche und eine katholische Schwester zum Stadtrat. Die Regierung befaßt sich viel mit den Katholiken. Sie verfaßt Berichte über unsere Religion, die von den Kanzeln verlesen werden, und die Gläubigen hören darauf, weil sie wissen, daß man ihr Bestes damit will."

„Warum sind dann so viele Missionare ausgewiesen und viele chinesische Geistliche verhaftet worden?"

„Ja, leider war das nötig, weil sie in die Irre gegangen waren. Gott hat sie nicht erleuchtet, sonst wären sie nicht vom Geist der Aufsässigkeit und des Aufruhrs geschlagen worden. Die Regierung ist sehr geduldig mit ihnen verfahren. Nicht sie hat die Missionare ausgewiesen, sie sind von selbst fortgegangen. Sie hatten Vorurteile gegen den Kommunismus, eine feindliche Gesinnung und haben es vorgezogen, fortzugehen, statt ihre

Meinung zu ändern. Und auch viele chinesische Geistliche haben sich unter imperialistischem Einfluß ein falsches Bild von der Volksregierung gemacht. Die Behörden erkannten die Notwendigkeit einer Umerziehung. Als diese Geistlichen umerzogen waren, sahen sie, daß die Regierung ihnen völlige Freiheit in der Religionsausübung gab; daß es ein ungeheurer Irrtum war, anzunehmen, sie wolle die Religion vernichten."

„Haben Sie konterrevolutionäre Geistliche angezeigt?"

Diesmal bewegt Pater Lu seine Hände ein wenig unsicher in der Luft. Der andere Pater sitzt hager und regungslos auf seinem Platz. Während des ganzen Gesprächs ließ er seinen Blick auf Pater Lu ruhen, jetzt scheint er ihn noch schärfer zu beobachten. Und Pater Lu nimmt allen Mut zusammen, er sagt: „Lange ermahnte ich die Geistlichen, die in Irrtum verfallen waren, und gab ihnen Ratschläge. Aber einige blieben aufsässig. Es war ein schmerzvoller Gewissenskampf für mich. Aber das Evangelium sagt, daß die Diener Gottes Zeugnis ablegen müssen für die Wahrheit. Mit zerrissener Seele habe ich die verantwortlichen Stellen benachrichtigt. Sie allein waren noch imstande, diese schlechten Geistlichen zu erneuern."

Ich lese Pater Lus Geschichte von seinem Gesicht ab. Ganz sicher war er ein gewissenhafter Seminarist, ein eifriger junger Geistlicher. Dann, in der entscheidenden Stunde, hatte er nicht den Mut, das Martyrium zu wählen. Seither ist er für immer zu Unterordnung und Feigheit verdammt. Ich möchte wissen, wie weit er hinabsteigt. Und ich frage ihn nach den Schwestern aus Tientsin.

Das ist ohne Zweifel das herabwürdigendste Ereignis in der Geschichte des chinesischen Kommunismus. Die Schwestern wurden auf Karren zum Marktplatz der Stadt gebracht und von einer hysterischen Menge als Kindermörderinnen verurteilt. Zum Beweis wurden Behälter mit Leichengebeinen herangeschafft. Nie gab es eine abscheulichere Beschuldigung: aber ohne Zweifel waren diese geistlichen Schwestern geliebt worden, und diese Liebe mußte um jeden Preis zerstört werden ... Ich kenne die Wahrheit, und alle Chinesen kennen sie auch. Vor längerer Zeit ... habe ich eines jener Waisenhäuser besucht, die von den treuen Schwestern geleitet wurden. Jeden Morgen gingen sie mit großen Körben auf die Straßen, um die ausgesetzten Neugeborenen zu holen ... Der Kommunismus Mao Tse-tungs hat sie als Mörderinnen verurteilt, sie, die so viel chinesisches Leben gerettet hatten.

Pater Lu war bisher sehr zufrieden mit dem, was er gesagt hatte, und ein milder Stolz verklärte sein Gesicht. Und in diesem Augenblick frage ich ihn:

„Glauben Sie wirklich an die Schuld jener Schwestern, die wegen ihrer Verbrechen an den Kindern vom Volk bestraft wurden?"

Pater Lu öffnet den Mund, aber es kommt kein Ton heraus.

Der andere Pater ist aufgesprungen. Ich habe selten ein so verzerrtes Gesicht gesehen und einen so gewalttätigen Blick. Er spricht sogar einige Worte. Zum erstenmal höre ich ihn etwas sagen. Aber die Wirkung ist vollkommen, Pater Lu findet die Sprache wieder und dazu die „richtigen" Worte:

„Diese geistlichen Schwestern haben die Kinder tatsächlich mißhandelt. Sie verwandten überhaupt keine Sorgfalt. Viele Kinder sind durch ihre Schuld gestorben. Sie hatten die strengste Strafe verdient."

Der andere Pater hat sich wieder gesetzt. Ich möchte wissen, wer er ist, und ich erkundige mich danach. Pater Lu antwortet mir:

„Er ist einer meiner jungen Vikare. Er ist im vorigen Jahr zu uns gekommen."

Und nach wenigen Sekunden fügt er hinzu:

„Wir hatten im Anfang einige Schwierigkeiten, da uns ein Bischof fehlte, aber zwei sind wieder zu uns gekommen, und seitdem gibt es keine Hemmnisse mehr für die Nationalkirche. Und so haben dann viele Seminaristen die Weihen empfangen. Die Feierlichkeiten waren wunderbar."

Pater Lu ist ein schlechter Priester, aber der andere ist ein falscher Priester ... Er ist ohne Zweifel ein politischer Kommissar in der Soutane. Um die Religionen zu überwachen, schafft der Staat selbst Geistliche. Für jeden Kult gibt es ein eigenes Institut. So zieht sich der Staat seine geistlichen Würdenträger heran: rote Bonzen, rote Imame, rote Pfarrer, die genauso aussehen wie alle anderen ...

Über dieser ganzen Traurigkeit klingen immer noch die gregorianischen Chöre ...

... Es sind nur einige alte Leute und ein paar Kinder da. Alle beten ganz konzentriert, die Lippen murmeln, die Hände umschließen das Meßbuch oder bewegen den Rosenkranz. Die letzten Katholiken scheinen sich unmittelbar an ihren Gott zu richten, unabhängig von der Zeremonie: es bleibt ihnen nichts mehr als das, in dieser Kirche, die in der Hand des Feindes ist, in dieser Messe, die der Feind liest. Niemand kommuniziert. Denn wie könnte man sich zur Beichte entschließen, da doch alles der Polizei hinterbracht würde?

Herr Li wird ungeduldig. Er schaut hart zu den Knienden hinüber. „Wollen wir gehen"? fragt er. Und wir gehen. Die beiden Geistlichen begleiten uns voll herzlicher Freundlichkeit zum Wagen. Pater Lu fragt mich: „Sind Sie katholisch? Dann können Sie vielleicht einmal wiederkommen." Aber sein Akoluth winkt ab. Pater Lu schweigt, er versteht, daß er damit schon zuviel gesagt hat. Das Auto fährt an.

Die Bereitschaft zu solchen Verfahren gegen die Brüder war vielleicht auf protestantischer Seite noch hemmungsloser als auf katholischer. Man hat es nicht gescheut, mit Unterstützung örtlicher führender Kommunisten die Opfer auszusuchen. Es ist sicher, daß vielfach auch langjährige theologische Gegensätze mitspielten. Es konnte nicht anders sein, als daß die „Fundamentalisten" mit ihrer klaren und strengen Schriftgebundenheit den neuen Männern ein Dorn im Auge waren. Man übergab sie der Verurteilung durch die Partei zur Überführung in die Gefängnisse und Umerziehungslager. Gewiß ist auch hier eine Antwort nicht zu finden ohne die Annahme, daß man entgegen dem gewahrten Schein nicht mehr frei war zum Handeln. Die Anklage und Auslieferung der Brüder war vielleicht das furchtbarste Zeichen der Überwältigung. Ausreichend freilich ist diese Erklärung nicht.

Und die Angeklagten selbst? Wir wissen von weithin bekanntgewordenen Christen, in deren Verhalten wir das Dabeisein und Durchtragen Gottes entdecken.

Wang Ming Taos Verdammung und göttliche Zurechtbringung: Wang Ming Tao sah seine Verhaftung kommen. Er schrieb:

> „Ich ersehne und wünsche mir den Mut und die Treue Martin Luthers. Deswegen bringe ich noch einmal in dieser Nummer sein Gebet:
> ‚Allmächtiger und ewiger Gott! Wie schrecklich ist diese Welt, wo sie den großen Rachen aufsperrt, um einen zu verschlingen! Wie schwach ist mein Herz, während es in dir ruht! Mein Gott, hilf mir, daß ich die Weisheit dieser Welt zunichte machen kann ... Ich habe keinen Streit mit den Herrschern dieser Welt. Ich für mich würde gern die Tage meines Lebens in Glück und Frieden zubringen ... Aber bei den heutigen Dingen geht es um deine Sache! Ich bitte dich um deines lieben Sohnes, Jesus Christus, willen, sei an meiner Seite ... Jetzt bin ich gerüstet und bereit, mein Leben für deine Wahrheit zu geben. Ich bin schwach und hilflos wie ein Lamm, obwohl die Welt voll Teufel ist, obwohl sie mich zur Bestrafung in den Stock werfen können oder mich in Stücke zerreißen oder mich zerschneiden. Auch wenn sie mich zu Asche verbrennen — dennoch ist mein Leben geborgen in dir. Amen! O Gott, ich bitte dich: Hilf mir! Amen!' "

Der erwartete Schlag kam. Seiner Beispielhaftigkeit und hohen Aktualität wegen sei der Verlauf der weiteren Ereignisse ausführlicher geschildert:

„Wang ist eine Gefahr für die ganze christliche Sache!" hieß es. Ein zugleich besorgter und fanatischer Ton. Die Gegner in der *Drei-Selbst-Bewegung* befehlen allen Kirchen und kirchlichen Organisationen Pekings die Entsendung von Abgeordneten zu einer Anklageversammlung. Im Frühling 1954 findet sie statt. Die vorgebrachten Anklagepunkte sind charakteristisch: 1. Wang hat keine Sympathien für die Regierung gezeigt; 2. er hat nicht an der *„Drei-Selbst-Bewegung"* teilgenommen; 3. seine Predigtweise ist individualistisch und unklar. Man fordert die Todesstrafe, zumindest Gefängnis. Aber es kommt nicht zu einem Urteil. Nur etwa ein Viertel der Anwesenden gibt seine Zustimmung. Der Rest schweigt. Viele weinen. So wird es möglich, daß die evangelische Studentenorganisation Pekings, darunter viele Gemeindeglieder Wang Ming Taos, einige Tage darauf einen Feldzug „gegen die Verfolgung Wang Ming Taos" unternehmen, der in ganz China bekannt wird. Wang hat mehr Predigthörer als je zuvor. Unter seiner Verkündigung kommen viele zum Glauben an Jesus Christus.

Doch der Bruder-Feind ruht nicht. Ideologisch-theologisches Geschütz wird nun aufgefahren. Auf Befehl? Ein Professor der theologischen Schule in Yenching veröffentlicht eine Predigt über das Magnifikat in einer kirchlichen Zeitschrift. Dort heißt es:

> „Die christliche Kirche enthält wie der jüdische Glaube in ihrer Struktur ein religiöses Prinzip, das die Menschheit in zwei Gruppen einteilt: die innerhalb der Kirche und die außerhalb der Kirche ... genauso gibt es heute in der Kirche Menschen, die nicht gewillt sind, diese Art des religiösen Vorurteils aufzugeben. Sie hören nicht auf, diese zwei Standpunkte zu verkünden. Sie denken nicht daran, daß es heute nur noch einen Standpunkt gibt, nämlich den des Volkes ... Wer mit dem Volk ist, ist Gottes großer Auserwählter, das sind Gottes Kinder. Wer im Gegensatz zum Volk steht, ob innerhalb oder außerhalb der Kirche, ist ein Feind Gottes. Das sind die Kinder des Teufels. Ihr Ende ist schließlich die Vernichtung."

Deutlich, daß Wang als der hervorragende Repräsentant dieser verurteilten Linie gemeint ist. Er hatte in einem Artikel *„Wahrheit oder Gift?"* die immer wieder ins Feld geführte unbewiesene These vom „imperialistischen Gift" in der Kirche mit dem Nachweis widerlegt, daß in Wirklichkeit die biblischen Grundsätze einer Unterscheidung von Christen und Atheisten und die Warnung, mit den Ungläubigen am gleichen Joch zu ziehen, ihr klares Nein zu einer falschen Glaubensauffassung von den Leitern der *„Drei-Selbst"* bekämpft würden. Aber wenn China nur noch eine Kirche mit christlichem Ritual und äußeren Formen ohne biblischen Gehalt dulde, *„wäre*

sie in der Tat schon liquidiert, selbst wenn noch Sonntagsgot-
tesdienste stattfänden und andere religiöse Formalitäten be-
ständen." „In der Heiligen Schrift gibt es nur die reine Wahr-
heit ohne jedes ,imperialistische Gift' ... Wir müssen fort-
fahren, sie zu glauben und zu verkündigen ... Laßt uns unse-
ren Glauben mutig bekennen und das Evangelium mit Eifer
verbreiten. Laßt uns bereit sein, unserem Herrn um jeden Preis
treu zu bleiben. Unser Gott ist allmächtig, und er wird alle be-
wahren, die ihm treu bleiben."

Man versucht, Wang durch eine Abordnung persönlich zu
überreden. So wurde es im Mai 1955 durch eine Versammlung
von 600 Delegierten beschlossen. Wang lehnte ab. Darauf befahl man Anklageversammlungen in ganz China. Nicht nur
der *„Himmlische Wind"*, sondern auch die weltliche Presse
brachte die auf diesen Versammlungen ausgesprochenen Ver-
fluchungen. Ein Sprecher der *Drei-Selbst-Bewegung* fügt
hinzu:

> „Wir wußten schon früh, daß es solche Gruppen wie die von
> Wang Ming Tao mit ihren hartnäckigen Irrtümern gab. In
> einer wandlungsfähigen Zeit bleiben sie unwandelbar. Mit die-
> ser Haltung zerstören sie unsere patriotische Drei-Selbst-Bewe-
> gung. Je größer unser Sieg, desto größer ihre Tätigkeit, sie zu
> vernichten. In seinem Verhältnis zum Neuen China hat Wang
> Ming Tao kein Gefühl für das Volk. Er hat ein Herz aus Blei.
> Die Vorteile des Tages sind ihm in Dunkel gehüllt. Diese Hal-
> tung des politischen Hasses vernichtet natürlich die Bewegung
> ,Antiimperialismus – Liebe dein Land!' "

Am 25. Juli treten 49 verantwortliche Leiter aller Kirchen
und Institutionen als „Studiengruppe" zusammen, um Wang
anzuklagen. Langjährige Feinde und ehemalige Freunde. Noch
einmal die ideologisierte Sorge um ihn:

> „Wir hoffen, daß er seine Irrtümer erkennen und daß er ein-
> lenken wird, bevor er an den Abgrund gelangt und nicht an
> seinem Irrtum festhält, sondern sich auf ewig zu seinem Volk
> stellt."

Wang Ming Tao ließ sich nicht erschüttern. Nach einer Predigt über den Text: „Des Menschen Sohn ist in die Hände der
Sünder überantwortet" verteilt er als selbstgesetztes Flugblatt
sein eigenes „Manifest": Es geht um nichts anderes als um die
Autorität des Wortes Gottes. *„Die Verdrehung des Wortes*
und die daraus folgenden Falschheiten können uns nicht ein-
schüchtern." In der Nacht darauf erscheint ein Polizei-Kom-

mando. Staat und Partei greifen unmittelbar ein. Wang und seine Frau werden mit Stricken gefesselt und ins Gefängnis gebracht. 18 junge Christen, Schüler und Studenten seiner Gemeinde, werden zur gleichen Zeit verhaftet. Wang hatte nie mit einem einzigen Wort die Regierung selbst kritisiert. Jetzt wird allen Widerstand gegen die Regierung vorgeworfen. Einer seiner Amtsbrüder, der seinen Platz auf der Kanzel einnimmt, wird kurz darauf auch verhaftet und ins Gefängnis gebracht. Die Kirche wird geschlossen, die Türen werden versiegelt.

Zu 15 Jahren Gefängnis war Wang Ming Tao verurteilt worden. Er wurde jedoch schon nach 13 Monaten freigelassen, im September 1956. Zwei Männer waren ihm zugeteilt worden, welche Tag und Nacht die Zelle mit ihm teilten und ihn mit der ganzen Wucht des psychologischen Drucks der Bewußtseinsveränderung unterwarfen. Er schien körperlich gesund. Auf einer eigens angesetzten öffentlichen Versammlung verlas er eine „Selbstprüfung".

> „Ich bin schuldig, antirevolutionäre Taten begangen zu haben. Ich bin der geduldigen Erziehung der Regierung zu Dank verpflichtet, die mich meine eigenen Fehler erkennen ließ. Und doch hat die Regierung richtig an mir gehandelt und mich aus dem tiefen Schlund des Verbrechens befreit."

Im „Himmlischen Wind" erscheint der volle Wortlaut der Erklärung mit einigen erklärenden Sätzen, in denen man Wang als reuigen Sünder willkommen heißt.

Es wurde bald klar, daß Wang, zwar scheinbar körperlich gesund, einen geistigen Zusammenbruch erlitten hatte. Er ging wie ein Wahnsinniger umher und rief immer wieder: „Ich bin Petrus!", manchmal auch: „Ich bin Judas!" Er war unfähig, zu predigen. Eine starke Depression drückte auf sein ihn verklagendes Gewissen. Er beschuldigte sich selbst, seinen Herrn verraten und verleugnet zu haben. Es dauerte nur kurze Zeit, bis er und seine Frau sich entschlossen, den Behörden mitzuteilen, daß die von ihm verlesene Erklärung nach seiner Freilassung nicht von ihm selber stamme und seine wahre Überzeugung nicht wiedergäbe. Das Gefängnis nahm ihn und seine Frau wieder auf. Wir wissen, daß er dort bis zum Jahre 1968 verblieb und dann als 68jähriger Mann in das Arbeitslager von Tatung in Nord-Schansi überwiesen wurde. Sein Glaube wurde nicht zerbrochen, wie besonders ein Brief aus den letzten Jahren bezeugte. Er starb in großer körperlicher Schwachheit als treuer Zeuge seines Herrn.

Noch einmal fragen wir: Wie war es möglich, gegen einen christlichen Bruder so zu handeln?

Und: Wie konnte es geschehen, daß ein so tapferer und geistlich klarer Streiter zunächst erlag?

Anders: Wie groß war die Wahrheitskraft Gottes in diesem Manne! Auch Wang Ming Tao zeigte sich als wandelbar. Aber nicht Gott. Auch Wang taugt nicht zu einem christlichen Heldengesang und für eine schnell-fromme Erbauung. Die eigentliche wahre Wandlungskraft erwies sein unwandelbarer unsichtbarer Herr.

Watchman Nees (Nee To-shengs) Verleumdung und Auslieferung: Man muß auch den Schicksalsweg des weltbekannten Zeugen *Nee To-sheng (Watchman Nee)* und der Seinen durch die Wogen der christlichen Anklagebewegung, soweit er uns bekannt ist, wiedergeben. Er wurde schon während der öffentlichen „Fünf-Anti"-Kampagne mit der Beschuldigung aller darin befehdeten fünf Verbrechen verhaftet und zu 15 Jahren Gefängnisstrafe in Schanghai verurteilt. Die Anklagepunkte: Er zeige kapitalistisches Verhalten (gerade das Zusammenlegen allen privaten Besitzes der Christen seiner *„Kleinen Herde"* erregte den Gegner). Die Produktion sei sabotiert worden durch das „ausschweifende Leben von Herrn Nee" (er hatte aber auf persönliche Bescheidenheit der Lebenshaltung geachtet und sie oft westlichen Missionaren ans Herz gelegt); er habe über 100 Frauen verführt und immer wieder seinem „Abscheu gegen alles in der Neuen Gesellschaft" Ausdruck gegeben. Die Tageszeitungen und die religiösen Wochenzeitungen nahmen diese Anklagen in ihre Schlagzeilen auf. Offenbar wünschte man eine weltweite Diskriminierung.

Schlag um Schlag wurden nach Nees Verhaftung die „Christlichen Versammlungen" geschlossen oder umgeformt. Mit 26 anderen kirchlichen Leitern wurden 1956 die vier Ältesten, welche die seelsorgerliche Arbeit weitergeführt hatten, gefangengesetzt. Ein paar Tage später mußten 2500 Mitglieder zu einer Massen-Anklageversammlung unter dem Vorsitz des kommunistischen Vicebürgermeisters von Schanghai erscheinen. Radikale Ausrottung jedes noch in der *„Kleinen Herde"* verborgenen Gegenrevolutionärs wurde angedroht. Am 15. April wurde mit ihr eine „Wiedergeburt" vorgenommen. Sie wurde vollkommen umorganisiert und formell der *„Drei-*

Selbst-Bewegung" angegliedert. In Anwesenheit vier bedeutender kirchlicher Besucher aus Übersee, Professor *Joseph Hromadka* aus Prag, Bischof *Peter Janos* aus Ungarn, Dr. *G. Nystrom* aus Schweden und Bischof *Manikam* aus Indien verleugneten auch die Sprecher der „Kleinen Herde" ihren früheren Leiter. Sie trugen mit dazu bei, daß die Gäste einen guten Eindruck von der durch die *„Drei-Selbst-Bewegung"* geleiteten Kirche mitnahmen.*

Zur Zeit der Niederschrift dieses Berichtes lebt Watchman Nee noch in Haft. Sie ist schwer. Manche umgehenden Behauptungen über ihm widerfahrene Greueltaten treffen aber nicht zu. Es ist nicht recht, sie zu kolportieren. Dagegen sollten die, die Watchman Nee verbunden sind, nicht vergessen, wie hart es sein muß, nach Beendigung einer Strafzeit von 15 Jahren die vor kurzem verstorbene Lebensgefährtin nicht mehr vorzufinden. Zur Zeit der Drucklegung dieses Buches geht die Nachricht vom Heimgang Watchman Nees um die Welt.

Nee hat einmal geschrieben:

„Das ist die Stunde, da die Überwinder durch ihr Zeugnis und Leben wieder dafür eintreten, daß Gott nicht ist wie wir Menschen, die von einem zum anderen schwanken ... Was die Gesamtgemeinde eigentlich tun sollte, aber versäumt hat, das zu vollbringen, ruft Gott die Überwinder, damit sie es stellvertretend für die Gemeinde tun."

Die reine Liebe der Christusgemeinde.

Es war wohl das bisher dunkelste Kapitel der chinesischen Kirchengeschichte, das mit dem Entschluß einsetzte, aus „patriotischer Liebe" zu Mao und seiner kommunistischen Ideologie mit einer Anklagewelle eine kirchliche Reinigungskampagne zu eröffnen, welche die Brüder auslieferte. Sie hielt die Christen des ganzen Landes in Bann. Sie hat aber nicht nur in jenen Männern, deren Zeugenweg wir verfolgten, die andere reine Liebe zu Christus und seinem Wort um so heller, entschlossener, entbrennen lassen, sondern auch in vielen unbekannten Christen. Sie hat nicht verhindert, daß auch während und nach dieser Zeit chinesische Christen — zumeist außerhalb der großen Städte — die ihnen geschenkte Zeit ausnutzten, um das Evangelium weiter zu tragen und sich gegen-

---

* Zum Ganzen und ausführlicher: Lyall, Trotz Wind und Wetter, S. 39 ff. und S. 65 ff.

seitig im Glauben zu stärken. Erweckte Studenten übernahmen Aufgaben in verlassenen und hilflosen Gemeinden. Andere Christen fuhren fort, die Botschaft unter die Moslems zu tragen — einfache Leute zumeist, Schuhmacher, Wollhändler und andere. In Peking fanden sogar noch bis 1955 jährliche Studentenkonferenzen statt. Man scheute lange Wegstrecken nicht, um irgendwo am Sonntag noch an Gottesdiensten und Gebetsgemeinschaften teilzunehmen. *Mary Wang,* die in ihrem Büchlein *„The Chinese Church that will not die"* eine bewegende Schilderung der Schicksale ihrer selbst und ihrer Familienglieder gibt, lebte noch bis 1957 als Studentin und angehende Assistenzärztin in einer Gemeinschaft aktiver studentischer Christen. Zwar sah der Vater, ein presbyterianischer Pfarrer, unter akuter Bedrohung schon am Anfang des Jahres 1951 keinen anderen Weg mehr als den der Flucht. Zwar hat der Bruder, den man mit ehrenvollen Ämtern und mit psychologischem Druck zum Eintritt in die Partei und zur öffentlichen Abwendung vom Glauben des Vaters veranlaßte, nach seiner Rückkehr zur Kirche alle Ämter verloren. Auch wird sie selber um ihrer Abstammung aus einer Pastorenfamilie willen nicht zum Musikstudium zugelassen. Aber sie ist ein Beispiel dafür, was die Christus zugewandte und die Reinigung seines Geistes begehrende Liebe hat anderen bezeugen und tun können, bevor auch sie von einem Besuch in Hongkong nicht zurückzukehren wagte.*

Noch lange Jahre hat das Bibelhaus in Schanghai eine große Zahl von Neuen Testamenten gedruckt und verbreitet, und zwar unter erheblichen Gehaltsverzichten aller Mitarbeiter. Und oft geschah es, daß junge Menschen nach ihrer Rückkehr aus den atheistischen Schulungskursen um einen biblischen Unterricht baten, um ihrem Durst nach der Wahrheit zu genügen.

Vertiefte Erkenntnis: Doch lagerte über der chinesischen Christenheit, die man so hart von vertrauten und geliebten Führern wie Wang und Nee und vielen Gemeindeleitern der gleichen Glaubensüberzeugung getrennt hatte, von nun an ein tiefer Schatten. Ein Brief, der ohne Unterschrift und Erläuterung im Jahre 1953 den Weg von Peking nach London fand, beleuchtet in großer Klarheit, wie Christen in China seitdem ihren Schicksalsweg verstanden:

---

* Mary Wang, The Chinese Church that will not die, London 1971.

„Echter Glaube an Gott bedeutet nicht, daß wir mit einer leichten Zukunft rechnen oder meinen, daß Gott eingreifen werde, um ‚unsere gerechte Sache‘ mit baldigem Sieg zu krönen. Glaube ist nicht nur Vertrauen, daß Gott bereit ist, denen zu helfen, die seine Hilfe suchen. Nein, Glaube ist Unterwerfung unter Gottes Willen, auch wenn sein Wille die Angst von Gethsemane und die Nacht von Golgatha einschließt. Es ist Gottes Art, alle menschlichen Kräfte und Leiden zur Erfüllung seiner ewigen Pläne zu gebrauchen. Es ist von ihm gewirkte Glaubensgewißheit, daß seine Pläne nicht vereitelt werden können, ja, daß sogar der Menschen Zorn dazu gebracht werden kann, Ihn zu preisen.

Ein Glaubensmensch liest beides: seine Bibel und das Buch der Geschichte. Er entdeckt die tiefe Einheit von Gottes Wort und Gottes Weg. Er sieht deutlich Gottes führende Hand in allen Bewegungen der Jahrhunderte und in den Schicksalen von Völkern und einzelnen. Ja, Gott, der Herr, der Allmächtige, regiert! Er ist noch Herr seiner Schöpfung.

Es hat manche finsteren Nächte in der Weltgeschichte gegeben. Aber die Sonne der Gerechtigkeit ist immer wieder aufgegangen, um die schattigen Höhen golden leuchten zu lassen in einem neuen Tag des Friedens und des Fortschritts. Gott, der derselbe ist gestern, heute und in Ewigkeit, regiert noch seine Welt. Gottes Morgen wird heller sein als unser Heute.“ *

5. Göttliche Ent-Täuschungen in einer getäuschten und täuschenden Kirche (Zeit der „Hundert-Blumen“-Kampagne 1957)

a) Kirche unter Täuschungszwang. Auch die Kirche nahm teil an dem großen Aufatmen und Sichaussprechen, das Mao mit der Losung „Laßt hundert Blumen sprechen und hundert Meinungen miteinander reden“ erweckte. Damals öffneten sich auch eine kurze Zeitlang die Türen für ausländische Christen, um ihre Brüder in China zu besuchen. Man durfte miteinander reden! Auch eine Kirche der *„Drei-Selbst Bewegung“* war nicht nur bereit zum Empfang, sondern offenbar auch von Dank erfüllt, daß die gewaltsame Isolierung, die sie umgab, eine Zeitlang gelockert war.

Walter Freytag war erfreut über einige stattliche, in den letzten Jahren gebaute Kirchen, über den guten Besuch der Gottesdienste, über die große Zahl von Studenten, Sekretären und YMCA-Mitarbeitern. Wie sollte das nicht auch gelten vom Verschwinden der Volksübel, Opium, Glücksspiele und Prosti-

---

* Evang. Missionszeitschrift 1954, Heft 1–2, S. 55.

tution aus der Öffentlichkeit. Er nahm dankbar die Möglichkeit eines Gesprächs mit kritischen Fragen, für die er sogar Lob erhielt, wahr. Aber er hielt das alles nicht für endgültig. „Die Möglichkeit einer freieren Meinungsäußerung kann ja morgen schon wieder vorbei sein." Erst im Licht der geschilderten Vorgänge, die Freytag damals wohl nur erahnen konnte, wird jetzt deutlich, warum er das undurchdringliche Schweigen über die Zeit von 1949 bis 1953 in einem sonst lebhaften und offenen Gespräch so schmerzhaft empfand. Offenbar traute er nicht dem engagierten Versuch seiner Gesprächspartner, die wohl alle zur *Drei-Selbst-Bewegung* gehörten, das Bild von einer Märtyrerkirche, das das Ausland hatte, zu zerstören. Er hörte wohl die Versicherung: „Meine Kirche hat niemand denunziert und jeden, der entlassen wurde, wieder aufgenommen." Er vernahm wohl: „Ich war auf das Martyrium gefaßt und es ist nicht gekommen." Aber es erschreckte ihn doch offenbar, „nicht ein einziges Mal auch nur eine leise Andeutung zu hören, daß von den gegenwärtig Verhafteten auch nur einer um seines Glaubens willen inhaftiert sei".

Um so bemerkenswerter ist der Satz, der in seinem Bericht immer wieder besonders betont wird: *Sie können von uns denken, was Sie wollen. Sie können uns für naiv und blind halten. Nur eins dürfen Sie nicht sagen, nämlich, daß wir unseren Herrn verraten haben.* Dieser Satz gibt auch heute noch am meisten zu denken. Wer wollte ihn als Täuschung, als Irreführung bezeichnen? Das „Übergehen dessen, was nicht wahr sein durfte", das Walter Freytag so deutlich bemerkte, ist noch für uns und erst recht für uns ein stummer Ruf, hinter dem das Verlangen Gottes steht, uns denen nicht zu verweigern, die unter einem so fremden teuflischen Druck so Böses taten.

b) Ein mutiger Durchbruch. Dafür spricht das erstaunliche und mutige Wort, das Markus Cheng als Vizepräsident der Drei-Selbst-Bewegung und Mitglied der beratenden Volksversammlung in der „Hundert-Blumen"-Zeit wagte. An ihm und an der Gestalt von Bischof Ting sei beispielhaft der Schatten der großen Täuschung verdeutlicht, in dem die Kirche verkümmern und sterben sollte — aber nicht starb. Markus Cheng sprach in der Konferenz des politischen Rates vor den Ohren Mao Tse-tungs und Tschu En-lais wie der anderen weltbekannten atheistischen Führer eine erstaunlich offene Kritik aus:

„Wir sind alle Bürger Chinas, und das bedeutet keinen Widerspruch zwischen Volksfreunden und -feinden ... Ihr bekennt euren Atheismus, und ich werde meinen Gottesglauben predigen ... In unseren Augen, in den Augen der Christen, ist Gott das höchste Wesen, und die Kirchen sind seine Tempel, die Stätten, wo die Christen Ihn anbeten. In der Auseinandersetzung über Gottesglauben und Atheismus dürft ihr nicht Gott schmähen oder seinen Namen lästern; ihr dürft die Kirche nicht mit Gewalt nehmen ... Gotteslästerung ist in den Augen der Christen schlimmer als eine Verachtung der eigenen Mutter. Denn es ist nicht Kritik, sondern Schmähung der Religion."

Das war ein Aufblitzen des Geistes der Wahrheit und der Liebe Gottes in einer Kirche, die so sehr getäuscht worden war und sich selbst zum Werkzeug einer großen Täuschung gemacht hatte. Göttliche Ent-Täuschung! Hier sprach ein Christ, der selber vielen seiner Brüder zu einer bösen Enttäuschung geworden war.

Die Versammlung antwortete mit eisigem Schweigen. Die bald einsetzende „Berichtigungskampagne", welche der Zeit der offenen Kritik folgte, ersah sich auch Markus Cheng zum Opfer. Er wurde von seinen eigenen nächsten Mitarbeitern angeklagt, die kommunistische Partei und die Volksregierung verleumdet und die „Drei-Selbst-Bewegung" diffamiert zu haben. Er wurde aus ihr entfernt. War das sein Weg in Gottes vergebende und heilende Gegenwart? Er hat es bezeugt.

So muß man doch wohl auch dem damaligen Generalsekretär des Australischen Rates des Weltkirchenrates Recht geben, der auf den optimistischen Besuchsbericht des Erzbischofs von Sidney entgegnete:

„Die Kirche im kommunistischen China, oder was noch von ihr übrig ist, ist heute so ganz eine Partei für die Pläne und Politik der Regierung, daß sie in Wirklichkeit ein Verbündeter dieser Regierung ist. Sie spielt ihre Rolle, indem sie Männer und Frauen vom wahren Evangelium Jesu Christi abwendet. Ihre prophetische Aufgabe ist zu Ende, und Jesus Christus ist nicht ihr König."

Noch jahrelang wurde jedoch „der größere Glaube" und „die größere Liebe" verkündet, zu der Gott die chinesischen Christen durch die Revolution berufen habe. Bischof *K. H. Ting*, den wir schon S. 198 zitierten, ist dafür ein beredter und eindrucksvoller Zeuge. 1963 bestätigte er *Gerda Buege*, was er 1956 als vom Regime genehmigter Besucher des Westens erklärt hat:

„Es ist uns klar geworden, daß Gott die Welt liebt, daß Er Menschlichkeit liebt ... So denken wir nun von Christus nicht nur als dem Propheten oder Priester, sondern als dem König ... Diese Bewegung ... hin zum Glauben an den Christus, zum Wissen von ihm als dem König, dem Herrn, nicht nur der Kirche, sondern der Welt — das ist das Wichtigste in der Geschichte unseres Glaubens ... Man sagt uns nach, daß wir uns von fremden Religionen nährten! Heute spricht man von uns als von denen, die an Jesus Christus glauben. Ich denke, daß dies ein sehr bedeutsamer Unterschied ist ..."

Der Zwiespalt ist unerhört groß und tief geworden. So klare, gute Sätze weiß ein Mann der Drei-Selbst-Bewegung noch Jahre nach dem Sieg Maos und der ideologischen Überwältigung der Kirche, der schweren Schuld an den Brüdern und der grauenhaften „Berichtigungskampagne" nach der kurzen „Hundert-Blumen"-Aktion zu sagen oder zu bestätigen. Wer vermag zu durchschauen, welches Maß an Schmerz über die erfahrene todfeindliche Täuschung durch die Regierung, an Unruhe über die befohlene und selbst unternommene Täuschung des Auslands und an leidender Unfähigkeit zur Überwindung der Selbsttäuschung mit im Spiele ist?!
Der von Bischof Ting umschriebene „größere Glaube" an Jesus Christus, den König der Welt und Herrn der Geschichte und die „größere Liebe" zu allen Menschen ist gewiß eine Grenzüberschreitung der Gemeinde, zu der Gott selbst sie im neuen China rief und uns mit ihr. Viele schlichte chinesische Christen haben sich darin geübt. Sie haben bekannt, daß Gott selbst sie so unentrinnbar eng mit ihren atheistischen Volks- und Arbeitsgenossen zusammengeführt habe, damit diese davon erführen — und sei es nur durch die Predigt ihres Wandels. Was aber, wenn der Glaube an den Christus, dessen Königtum den einzelnen und die Gemeinde weit übergreift bis in alle gesellschaftlichen und politischen Bereiche hinein, ein ideologisch gefangen gesetzter König, das Aushängeschild einer verweltlichten Theologie und Kirche wird, die ihm praktisch seine göttliche Herrlichkeit und einzige Retterkraft aberkannte? Wie, wenn die Liebe, die sich nicht auf die Brüder und Schwestern der christlichen Gemeinde beschränkt, sondern allen Menschen in Volk und Welt sich solidarisch zuwendet, diese Erweiterung damit bezahlt, daß sie den Unterschied von Welt und Kirche Jesu Christi aufhebt und die eigenen Brüder in Christus ans Messer liefert?
Bischof Ting gehörte auch nach Markus Chengs mutiger

Anklage der Regierung und seiner Umkehr zum biblischen Christus und der Ausstoßung aus der Führung der Drei-Selbst-Bewegung dieser noch weiterhin führend an. Er ist unter denen zu suchen, die trotzdem den deutschen Besucher baten: „Eines dürfen Sie nicht von uns sagen: daß wir unseren Herrn verleugnet hätten!" Nach biblischen Maßstäben *haben* sie es getan. Aber ein Gericht steht uns nicht zu. Bedenken sollten wir hier Jesu Wort: „Das hat der Feind getan!"

Beim Miterleben der chinesischen Kirchengeschichte nach 1949 ist neu zu lernen, was es um die unsichtbare Gegenmacht Christi, den Satan, und seine letzten Trümpfe, und was es um sein Werkzeug, den Antichrist, ist.

6. Der „große Sprung" zur maoistischen Einheits-Kirche und das Einssein der Restgemeinde Jesu Christi (1958)

Der von Mao befohlene Sprung nach vorn erforderte eine unerhörte Anstrengung des ganzen chinesischen Volkes in Stadt und Land. Die beschleunigte Produktion, die weithin auch die Nächte zum Arbeitstag machte, schloß alle „überflüssigen" anderen Tätigkeiten aus. Das gilt besonders von der Erfüllung privater Lebensbedürfnisse. Die Kommunen wurden zur idealen, das ganze Leben in sich aufnehmenden Gemeinschaftsform. Einzig die ideologische Schulung behielt uneingeschränktes, ja gesteigertes Recht unter den geistigen Betätigungen. Die Frauen-Arbeitsbrigaden sangen:

„Mühsal der Hausarbeit drückte uns nieder,
Pflege der Kinder, Sorge ums Essen;
geführt von Mao ist alles vergessen.
Neues Glück bringt das Schicksal uns wieder,
dank der Kommunen singen wir Lieder.
Zur Gemeinschaftsküche eilen wir hin,
die Kinder werden gehegt und gehalten,
gepflegt und glücklich sind die Alten,
Kollektivierung bringt Gewinn.
Der Produktion Hand, Herz und Sinn!"

Das war der Hintergrund für den „großen Sprung nach vorn" der „patriotischen kirchlichen *Drei-Selbst-Bewegung*". Er wurde vorbereitet in der Zeit der „Berichtigungskampagne", die dem kurzen Aufatmen der Kampagne: „Laßt hundert Blumen sprechen!" gefolgt war. Im August 1957 teilt die Pekinger Volkszeitung den Beschluß einer „Nationalkonferenz der chinesischen Katholiken" mit, die Konterrevolutionäre zu beseitigen und sich vom Vatikan zu distanzieren. Das geschieht in offizieller Form im Jahre 1958. Auf protestantischer Seite gelangte man endlich an das Ziel einer organisierten Einheitskirche. Zur Vereinfachung des Prozesses schloß man eine große Zahl von Kirchen. In Peking waren es 76 von 80, in Schanghai 180 von 200. Man verwandte sie für die verschiedensten Zwecke. Eine Besucherin fand eine frühere kleine Kirche der „Glaubensgerechtigkeit" sauber geschlossen, die Fenster mit Brettern vernagelt und als Wirtschaftsspeicher dienend. Größere Kirchen machte man etwa zu Schulen. Der bis dahin noch gestattete jährliche oder halbjährliche Zusammentritt von Synoden wurde verboten.

Die Vereinigung der Kirchen wurde zunächst auf Ortsebene durchgeführt. Ein Ortskomitee der *Drei-Selbst-Bewegung"* ließ sich von den Vertretern der Konfessionen ihr Eigentum und die Kontrolle über das kirchliche Programm übertragen. In den dann folgenden Abstimmungen ließ man sich von ihnen die Aufgabe ihrer Selbständigkeit bestätigen. Die Verwaltung blieb in den Händen des *Drei-Selbst*-Komitees". Nur wenige der bisherigen Pfarrer und anderen Mitarbeiter behielten ihr Amt. Sie wurden, wenigstens in der Provinz Kanton, Gehaltsempfänger der Regierung. Dort empfing ein Pastor ein Gehalt von 140,— oder 150,— Mark.

Die auf diese Weise erzwungene Union wurde von anderen Veränderungen begleitet: Bisher noch mögliche inoffizielle Versammlungen zur Evangelisation oder zum Gebet wurden verboten. Eine Einheitsordnung für den Gottesdienst wurde vorgesehen, die benutzten Bibelkommentare auf „vergiftete Gedanken" geprüft. Kirchenräume und Gottesdienstgestaltung wurden maoisiert. Man findet etwa auf beiden Seiten des Altars rote Fahnen und neben den Liedertafeln den roten Stern. Entscheidender aber sind die inneren Eingriffe: Predigten über den jüngsten Tag oder den Unterschied von Gottesglaube und Atheismus oder die wunderbare Heilkraft Jesu wurden zugunsten von solchen über die Würde der Arbeit, die Kontrolle der Natur und die Trennungslinie zwischen China und seinen Feinden verboten. Fast jeder der nun zusammengeschlossenen Gemeinden wurden Auflagen zur Abschaffung unerwünschter Eigenheiten gemacht: Den Christen der *„Kleinen Herde"* wurden die besonderen Frauenversammlungen und das häufige Brotbrechen, der *Heilsarmee* ihre militärischen Regeln, den *Adventisten* ihr tägliches Morgengebet und die

Verkündigung der Wiederkunft Christi, den *Anglikanern* die bisherigen Gebetsgottesdienste untersagt. Das Liedgut der Gesangbücher wurde durch ein Komitee überprüft, verändert oder „gereinigt" und durch Lieder eines ausgesprochen politischen Inhaltes ergänzt. Im Einheitsgesangbuch finden die Gemeinden nun etwa neben einem alten Glaubenslied dieses politische Lied, das sie zu singen hatten:

> „Dank der kommunistischen Partei und dem Präsidenten Mao!
> Nach der Befreiung wurde die Kirche geeint.
> Nicht länger mehr sind wir in Konfessionen gespalten;
> wir sind nicht mehr aufgeteilt in Besitzende und Arme.
> Wir haben Selbstausbreitung, Selbstunterhaltung und Selbstverwaltung.
> Wir werden nicht mehr vom Imperialismus unterdrückt.
> Unser Lebensstandard hat sich gebessert;
> Wir leben in einer freien und glücklichen Gesellschaft."

Die Einheitskirche ist inzwischen völlig politisiert. Zugleich ist ihre Verkümmerung nicht zu verkennen und es ist schlußendlich nur ein Wunder, daß sich Gemeinden trotz aller Behinderungen und anderweitiger Verpflichtungen, wie etwa der Teilnahme an den Versammlungen der Jugendorganisationen und den sonntäglichen Paraden, immer noch sammeln.

Ein europäischer Christ berichtet von seinen vergeblichen Versuchen, mit den chinesischen Christen zu einem brüderlichen Kontakt zu gelangen. Die ihm zugeordneten, offiziellen Dolmetscher und Begleiter waren willig auf seine Wünsche eingegangen, ihn zu Stätten christlicher Arbeit zu führen. Aber was fand er? Das Haus eines großen YMCA war zu seiner Freude noch geöffnet. Aber der chinesische Jugendsekretär, der ihm im Ausland vom Fortbestand der christlichen Arbeit berichtet hatte, war nicht zu ermitteln. „Bedauere sehr: Ihr Freund ist nicht hier. Er befindet sich außerhalb der Stadt."(!) In den Räumen des Hauses waren weder junge noch alte Männer. Er fand lediglich einige Frauen vor, die mit Tischspielen beschäftigt waren.

Er besuchte eine Buchhandlung, in welcher eine große Zahl verschiedener Bibelausgaben zum Verkauf bereit lag. Sie waren im Inland gedruckt worden. „In China machen wir alles selbst!" Aber kein Käufer erschien während des langen Gesprächs mit dem Verwalter des Bibelladens.

„Wieviel Bibeln verkaufen Sie im Monat?"

„Nicht viele", war die Antwort.

Der Gottesdienst in einer zwar noch geöffneten, aber halb zerfallenen Kirche fand in einem mit einer roten Fahne geschmückten Raum statt. Etwa 60 alte Männer und Frauen hatten sich versammelt. Man sang englische Lieder des 19. Jahrhunderts. „Mein Herz wandte sich den armen alten Männern und Frauen zu, welche sich noch an einem dünnen Glaubensfaden festhielten, der ihnen vor so langer Zeit von Missionaren gebracht worden war. Aber was für eine Chance hat das Evangelium, wenn es nur noch von alten Männern und Frauen geglaubt wird?" Hier schien nur noch ein kleiner Stoß nötig, um dieses Restchristentum endgültig zu beseitigen.

Das Ergebnis im Urteil der Initiatoren

Der Präsident der *Drei-Selbst-Bewegung* konnte im Januar 1959 feststellen:

> „Wir Christen haben uns im vergangenen Jahr sehr diszipliniert verhalten. Durch sozialistische Erziehung sind die Geistlichen und die Laien in ihrem Denken auf eine höhere Ebene gebracht worden. Die Rechtsler sind ganz entscheidend geschlagen. Der halbkoloniale Zustand der Kirche ist geändert worden. Die chinesische Kirche ist jetzt dabei, die Ketten des Imperialismus abzuschütteln, bereit, auf dem Wege des Sozialismus voranzuschreiten."

Es wird nun im Zeichen dieser politisierten Einheitskirche deutlich, daß die Schar derer, die biblischen Zuspruch und Stärkung durch die Gemeinschaft des Glaubens suchen, eigene Wege gehen muß. Nach Norwegen dringt dieser Brief eines jungen Chinesen:

> „Meine Großmutter, nun 80 Jahre alt, kommt eine Stunde eher und macht alles für den Gottesdienst fertig, und sie bleibt, bis der letzte Besucher weggegangen ist. Das alte Harmonium aus den Tagen der Missionare ist noch da, und man gebraucht es noch zur Begleitung der Lieder. Viele der Christen kommen vom Lande herzu. Von ihnen müssen manche schon am Samstag aufbrechen, um rechtzeitig zum Beginn des Gottesdienstes da zu sein. Jeden Sonntag treffen sich 40 bis 50 Personen. Meine Großmutter steht früh um 4 Uhr auf und verbringt einige Stunden im Gebet. Da betet sie auch für die ausländischen Christen, die das Wort Gottes zu uns gebracht haben, und für die Christen in Norwegen, von denen sie weiß, daß sie China nicht vergessen haben."

Tieferen Einblick gibt noch ein anderer Brief, der hier folgen soll:

„Ich war überglücklich, Deinen Brief zu erhalten und zu wissen, daß wir durch des Herrn große Liebe im gleichen Geist Gemeinschaft haben dürfen. Aus weiter Ferne wünsche ich Dir bleibenden, ewigen Frieden, geistliche Segnung, Neubelebung und eine noch größere Liebe für den Herrn. — Viele Menschen haben sich hier sehr verändert. Es tut mir wehe, Dir sagen zu müssen, daß mehr als die Hälfte geistlichen Dingen gegenüber schwach und gleichgültig geworden sind. Manche haben sich sogar öffentlich vom Herrn und seiner Wahrheit abgewandt. Das ist mir ein tiefer Schmerz.

Aber unter der großen Masse ist eine kleine Gruppe, die noch stark und tapfer für den Herrn ist und weiterhin mit ihm wandelt. Wegen ihres Glaubens an Jesus sind sie auch fröhlich und siegreich und das Rückgrat der Gemeinde. — Ich machte während des letzten Sommers eine Reise nach Shanghai. Bei meinem Aufenthalt bediente ich drei Gemeinden. Die Kirche ... hat einen Chor von 20 Sängern. Es ist möglich, daß es nur noch zwei weitere Kirchen im ganzen Lande gibt, die Chöre haben. — Obgleich meine Studien viel Zeit erfordern, bin ich in der Lage zu beten, jeden Tag die Bibel zu lesen und manchmal in der Gemeinde zu dienen. Ich bin glücklich und willig, den Weg der Schmach zu gehen und mein Kreuz für IHN zu tragen. Das ist die einzige Möglichkeit, ein erfülltes Leben zu führen, das nicht vergeblich ist."

Vielleicht zeigt der Schluß des Briefes am deutlichsten eine ungebrochene Treue zu dem einzigen Herrn der Gemeinde und seinen Gliedern:

„Wie sind die Gottesdienste in Eurer Kirche? Ich hoffe, Du nimmst Dir Zeit, denselben beizuwohnen. Gebrauche die Kraft und Energie Deiner Jugend, um für den Herrn zu arbeiten. Lebe ein heiliges Leben und laß in Deinem Wandel und Verhalten dies ausgeprägt sein. Sei ja kein Namenchrist; denn der Glaube ohne Werke ist tot. Weiter, denke Tag und Nacht an Jesu Liebe und zähle die vielen Gnadengaben, die Du von ihm schon empfangen hast. Dann wird Dir nichts mangeln. Deshalb, was immer Deine Arbeit sein mag, tu sie für Jesus und lebe für ihn. Bitte, bete für Deinen schwachen Bruder und bitte auch die Gemeinde dort, für mich zu beten. Grüße Deine Schwester. ... Immanuel — Gott mit uns. Dein Bruder in Christus ..."

Man spürt die große Kluft zu dem Bekenntnis des rastlosen Leiters der „Drei-Selbst-Bewegung" und Organisators der politisierten Kirche, hinter dem die fremde, ihn und seine Kirche zwingende Macht deutlich zu spüren ist, wenn er 1959 im Rück- und Vorblick schreibt:

„Bei dem großen Sprung nach vorne erkenne ich, daß ich zurückgeblieben bin. Ich habe nicht mit der Zeit Schritt gehal-

ten, und als Konsequenz fühle ich, daß andere Menschen zu
schnell voranschreiten. Ich muß mich selbst gründlich einer
Reform unterziehen und jeden Nerv anspannen, um vorwärts-
zueilen. Ich muß in inneren Kontakt mit der Partei kommen,
ich muß ihr mehr vertrauen und mit den Menschen des ganzen
Volkes arbeiten, um das Wunder des sozialistischen Wiederauf-
baus zu vollbringen.

„Ich muß!" — „Ich muß!" — Und: Denke Tag und Nacht
an Jesu Liebe".

Es ist nicht mehr dieselbe Kirche. Da ist die überwältigte, zu
ewiger Unrast und Verleugnung verurteilte, unglückliche Ein-
heits-Kirche der einen — in fremder Hand. Da ist getröstete,
ihres Einsseins mit dem allein wahren Hirten und seiner kleinen Herde in aller Welt getröstete Kirche der andern.

*7. Die zertretene, in der Revolution untergegangene Kirche —
und der Lobgesang der Verstummten (nach der Kulturrevolution 1965—1967)*

Die Revolution Maos duldet keine ungebeugten Knie, weder
in der Partei und ihrer Führung, noch im Volk und ganz gewiß nicht in der Kirche, der ihr westlicher „imperialistischer"
Ursprung immer noch nicht vergessen wird. Beginn 1963. In
der Presse wird eine neue Religionsdebatte eröffnet. Es war
nicht verborgen geblieben, daß die organisatorische Zerschla-
gung der Kirchen und das Indienstnehmen noch geduldeter
Leiter und Ämter durch die Partei den christlichen Glauben
nicht auslöschen konnten. Eine nahezu unsichtbare, formlose,
unpolitische Gemeinde bestand und arbeitete weiter in der
privaten Form kleiner Gruppen mit gefährlichem Risiko.
Offenbar entstanden immer mehr solcher kleiner Zellen, in
denen man zur Gebetsgemeinschaft und zum Bibelstudium zu-
sammenkam, soviel und sooft man es nur wagen konnte,
trotz des strengen Verbots solcher illegalen Formen.

Die neue Religionsdebatte der materialistischen Dialektiker
verhandelte daher den Unterschied von Aberglauben und Religion. Nicht jede Religion sei Aberglaube. Aber diese geistigere
Schwester des Aberglaubens sei auch die gefährlichere. Deshalb werden noch einmal die Christen heftig angeklagt, unter
dem Mantel der Religion die Regierung zu befehden, dem
Imperialismus zu erliegen und Frieden und Sicherheit zu gefährden. Mit aller Schärfe erklärt die „Rote Flagge" jetzt:
„Bildet eine geschlossene Front gegen die Religion!" „Die
Religion ist schuldig!" „Die Religion ist unser Feind!"

Im Jahr 1966 bricht der Sturm los. Leslie T. Lyall hat in seinem ausgezeichneten Bericht über *„China und die Christen nach der Kulturrevolution"* ihm bekanntgewordene einzelne beispielhafte Vorgänge geschildert (a.a.O., S. 41–43). Alle Religionen wurden betroffen. Ohne Ausnahme wurden Kirchen, Tempel, Altäre, Moscheen und Heiligtümer geschändet. Berühmte Buddha-Bilder wurden über und über mit Mao-Sprüchen beschrieben oder mit schwarzer Farbe bestrichen. Letzte, bis dahin noch geduldete buddhistische Mönche wurden „liquidiert". Selbst der Tempel des Konfuzius in Shantun wurde beschädigt; an die Stelle religiöser Symbole, etwa der Christus- und Marienstatuen und der Kreuze, traten Mao-Bilder und rote Plakate. Nicht nur die in den Kirchen befindlichen Bibeln, Meßbücher und Gebetbücher wurden auf den Straßen und in öffentlichen Parks verbrannt, auch die im persönlichen Besitz befindlichen. Es kam nicht selten vor, daß man Pastoren zwang, sie selbst auf der Straße zu verbrennen. Geistliche wurden als „feindliche Hunde" gebrandmarkt durch die Straßen getrieben. Einem Pfarrer, der in einer Fabrik arbeitete, hängte man ein Plakat mit der Inschrift um: „Ich bin ein Lügner und Verräter!" Er wurde gezwungen, diese Worte immer wieder unter dem Gelächter seiner Arbeitsgenossen herzusagen. Viele Pastoren sind damals zusammengebrochen, haben sich das Leben genommen. Auch die Männer der Drei-Selbst-Bewegung blieben nicht verschont. Bischof K. H. Ting verschwand im September 1966 aus dem öffentlichen Leben. Andere wurden in Schulungslager gebracht. Auch die einzigen noch möglichen Weihnachtsfeiern von Nichtchinesen in der britischen Botschaft in Peking und in den Büros des britischen Geschäftsträgers in Schanghai forderten die Wut der Roten Garden heraus.

Es bedeutet eine erhebliche Irreführung der Kirchen und der Weltöffentlichkeit, wenn bei uns in Gesprächen mit nichtchristlichen oder ehemals christlichen Chinesen diese Vorgänge verschwiegen, verharmlost oder ihrer grundsätzlichen Bedeutung entkleidet oder auch einfach dialektisch überspielt wurden.* Welche Vorstellungen von der Wirklichkeit mögen die jungen Mitarbeiter der „Christlichen Friedenskonferenz" auf der ganzen Welt gehabt haben, die Ende 1967 einen Brief

---

* Vgl. Junge Kirche, November-Heft 1968, S. 632 ff.

an junge Christen in China richteten in der Hoffnung, mit ihm Trennungsmauern zu durchdringen? (Er ist abgedruckt in „Das Wort in der Welt", 1968, Nr. 2, S. 50.)

Es war nicht gelungen, die Kirche auf „taktische" Weise zu retten. Es wird seit jenen Tagen nicht mehr vergessen werden können, wie von Anfang an die den Christen zugesicherte „Religionsfreiheit" im neuen China zu verstehen war. Die sog. Freiheit der Christen, zu glauben, was ihnen gefalle, und die sog. Freiheit der andern, ihren Glauben anzugreifen, war zum schutzlosen Verbot des Glaubens, zum radikalen Vernichtungsversuch geworden. Nur eine Wandlung von oben und nur eine Wandlung im Inneren der chinesischen Führungskräfte kann hier noch eine glaubwürdige Änderung bringen.

Mit Schmerz und Trauer begleiten wir unsere chinesischen Brüder und Schwestern in die ihnen aufgezwungenen Finsternisse. Nachfolge Jesu Christi gibt es in China auch heute noch. Der „lange Marsch" chinesischer Christen zu Jesus — nicht etwa ein Widerstand gegen die Obrigkeit, sondern das liebende Bleiben in der Gegenwart Jesu — verlangt unsere ganze Aufmerksamkeit und Liebe weiterhin.

Ausharrende Kirche in der Nacht

Noch nach dem Ausbruch der Kulturrevolution im Jahre 1966 konnte der österreichische Journalist Barcata in Begleitung eines chinesischen Dolmetschers der Regierung einen der letzten katholischen Gottesdienste erschütterndster Gestalt in Shanghai besuchen. Die zerfallene und aller christlichen Symbole beraubte Kirche lag in einem besonders verwahrlosten Viertel. „In den länglichen Fenstern", erzählt der Journalist, „fehlte das Glas, der Turm war ohne Glocke, hatte aber eine Signalanlage, die man elektrisch betätigen konnte. Sie gab das Geräusch einer singenden Säge von sich und diente dazu, die Gläubigen — soweit ihre zarte Stimme reichte — zur Messe zu rufen. Das Kruzifix über der starken naturfarbenen Holztür hatte man ebenso entfernt wie das Kreuz auf dem Kirchturm. „Keine fremden Symbole außen", sagte der Dolmetscher Wang.

„Es waren alte Leute — nur alte Leute —, Männlein und Weiblein, Mühselige und Beladene, denen Maos Botschaft keine Erleichterung gebracht hatte, die mehr oder anderes suchten. Die oft schon halb erloschenen Augen verrieten eine Aufmerksamkeit anderer Art, als sie an den Zuhörern in der ‚Großen Welt' wahrzunehmen war. Ihr Blick war schon ins Jenseits gerichtet. Von dieser Welt erwarteten sie nicht mehr viel, wahrscheinlich gar nichts außer einem gnädigen Tod.

Die meisten gingen in Lumpen. Einige waren barfuß, andere hatten auch die Füße in Tücher gehüllt... Ein Weiblein von vielleicht 70 Jahren steckte in total verschlissenen, hautengen Hosen aus schwarzem, feinen Brokat. Einst mußte sie schön und reich gewesen sein. Edle Züge des Gesichts verrieten Leid und Bildung, und die winzigen Füßchen waren während der Kinderzeit sichtlich zu Knochenklümpchen bandagiert worden. ... Die Mehrzahl der Besucher war von Geburt an arm gewesen. Man sah es den abgearbeiteten Händen, der gebeugten Haltung und den verkrümmten Gliedern an, daß Jahrzehnte härtester Leiden über diese Körper hinweggerollt waren.

Keine Jungen? Doch. Da waren zwei 16jährige Mädchen und ein sehr schöner, überschlanker junger Mann mit fein gemeißelten Zügen und fast durchsichtigen Händen. Später hörte ich, daß der junge Mann Priester werden wollte.

Es gab, behauptete der Dolmetscher, irgendwo in China auch jetzt noch ein Seminar, an dem katholische Priester herangebildet wurden. Partei und Staat suchten die Kandidaten aus und bezahlten die Ausbildung. Dieser Schanghaier Jüngling hatte vor der Prüfungskommission des Stadtkomitees keine Gnade gefunden. Nun bereitete er sich allein auf seinen schweren Beruf vor und erhielt vom Priester dieser Pfarre Unterricht.

Die Messe begann, wie überall auf der Welt, damit, daß der Ministrant, das Glöcklein läutend, dem Priester zum Altar voranschritt. Hier waltete nicht, wie üblich, ein Knabe dieses Amtes, sondern ein gichtiger Greis. ...

Nach einiger Zeit verließ der Ministrant den Altar und verschwand in der Sakristei. Einige Minuten später kehrte er mit dem roten Buch der Zitate Maos wieder. Er reichte es dem Priester. Der schlug die Ärmel weit zurück, als ob er verhindern wollte, daß sein Meßgewand mit dem Buch in Berührung kam, blätterte es auf, sandte einen Blick, dessen Ausdruck ich nicht wiedergeben kann, zum Himmel und begann zu lesen. Monoton, mit brüchiger Stimme, gab er Maos Lehren wieder. Der Ministrant nahm das Buch wieder an sich und trug es in die Sakristei; nach einer weiteren Pause, während der es in der Kirche totenstill wurde, begann der Priester seine Predigt. Er sprach leise. Dann gewann die alte Stimme Kraft. Sie wurde nicht laut, aber voll und tönend, erstarb dann aber plötzlich wieder in einer klagenden Melodie.

Obwohl ich kein Wort verstand, wurde mir bewußt, daß es eine melancholische Lehre war, die hier verkündet wurde. Da konnte keine Seligkeit in Aussicht gesstellt werden, sondern nur noch mehr Leid und vielleicht am Ende das Martyrium. Ich blickte in die Gesichter und erschrak vor ihrem tiefen

Ernst und vor der unirdischen Verklärung in manchen von ihnen. Da glühte echter Glaube, kompromißlos, ohne irdische Hoffnung, nur mit der ins Jenseits gerichteten Erwartung und der unerschütterlichen Überzeugung, daß man sich auf dem rechten Weg befand. War es illusorisch, sich vorzustellen, daß solcher Glaube nicht untergehen konnte?"

Der Journalist erfährt mit Hilfe des Dolmetschers von dem alten Priester, daß er nur in seiner Eigenschaft als „Angestellter der antireligiösen Kampfstelle im Stadtkomitee der KP von Schanghai" zur Abhaltung von Gottesdiensten legitimiert sei. Sie sei für die Regelung aller Kirchenfragen zuständig und er beziehe von dort sein Einkommen.

„Wieviel?" Der Priester seufzte:

„20 Yüan im Monat." Das war ein Drittel des Mindestlohnes für einen Arbeiter dieser Stadt. „Aber das Allerschlimmste ist: Ich darf keinerlei Almosen für mich verwenden."

„Wie helfen Sie sich dann weiter?"

„Nun, man lädt mich zum Essen ein, das wurde bisher noch nicht untersagt." Der Priester hat keine Ahnung, ob in Schanghai auch noch ein Gottesdienst gehalten werden könne. Auf die Frage nach seiner Verbindung mit dem Vatikan lächelt er.

„Wir mußten uns verpflichten, alle Kontakte mit dem Vatikan abzubrechen. Ich weiß ja nicht einmal, ob es noch einen Bischof gibt in China. Aber spielt das eine Rolle? Heute ist jeder auf sich selbst gestellt, wie im Urchristentum, und jeder muß auf seinem Platz und unter den Bedingungen, die ihm gegeben sind, Gott dienen." Sein Sprechen belebt sich — als er auf die Sterbenden zu reden kommt, die Beistand wünschen.

„Gibt es solche?"

„In der Stunde des Todes schwindet die Angst vor den Machthabern dieser Erde. Sie würden staunen, wie vielen Menschen Zweifel kommen, wenn sie an der Schwelle zum Jenseits stehen. Selbst hier in meinem kleinen Kreis erlebe ich meine Wunder, und ich danke Gott dafür, daß er im letzten Augenblick noch viele Menschen der ewigen Verdammnis entreißt."

Mit tiefen Fragen geht Barcata davon. „War dies das letzte Verrieseln einer Missionsarbeit, die nie besonders fruchtbar und ergiebig gewesen war in einem Land, wo Menschen lebten, die keinerlei Neigung zu echter Religiosität besaßen, die sich eher vom wohldurchdachten System einer ganz diesseitigen Gesellschaftslehre, wie sie der Konfuzianismus darstellt, fesseln ließen? War es ein neuer Beginn? War es nur der Versuch, zu überleben?" (L. Barcata, China in der Kulturrevolution; S. 174—181.)

Ein japanischer Theologe hatte kurz danach noch einmal Gelegenheit, China zu besuchen. Er fand keinen Christen und kein Kirchengebäude mehr vor, das seinem Zweck noch gedient hätte. Erschüttert stand er vor einem ehemaligen Gotteshaus, das über und über bedeckt war mit den Symbolen der Revolution und den Aufrufen zum Kampf gegen Gott. „Die Kirche sah aus wie ein Symbol des Leidens Christi."

Im November des Jahres 1967 kam ein Brief aus Kanton:

> „Nun gibt es in Kanton weder Gott noch Buddha ... Im letzten Jahr nahm ich noch gelegentlich an einigen Gottesdiensten teil ... Aber was ich dort hörte, war alles andere als christliche Botschaft. Jetzt sind alle Kirchen in der Stadt geschlossen. Alle, die im Gemeindedienst standen, hat man eingesperrt, kahl geschoren und durch die Stadt getrieben. An den Kirchen kleben große Schriftrollen, auf denen geschrieben steht: ,Hängt Gott!' Bibelworte kann man hier nicht hören. Es ist deshalb natürlich sehr schwer, vom Heiligen Geist geführt zu werden. Wie ich euch beneide! Ihr könnt eure Bibel oft lesen, zusammenkommen und das Wort hören — die Umstände hier halten mich in ihrer Knechtschaft ... Betet, daß der Herr mir gnädig sei, und hofft, daß ihr mir helfen könnt, auf dem Weg des Kreuzes weiterzugehen."

Wir wissen, daß auch nach dem Abebben des kultur-revolutionären Sturms noch vielen einzelnen Christen jahrelange schwere Leiden auferlegt wurden. Ein chinesischer Katholik teilt seinen Verwandten mit, daß er nach jahrelanger schwerer Haft wegen seiner Zugehörigkeit zur „Legion Mariens" nun zum Tode verurteilt sei, und niemand kann hier helfen. Eine dem Verhungern ausgesetzte einsame alte Christin wird aufgefunden. Warum nimmt sie sich nicht einen Strick? Sie vermöchte es schon aus Entkräftung nicht mehr. Aber sie denkt auch nicht daran. Sie freut sich auf die endgültige Vereinigung mit ihrem Herrn und dankt dafür, daß ihre 12jährige Tochter in einem fröhlichen kindlichen Glauben hat sterben dürfen. Auch die verstummte Gemeinde bleibt missionarische Gemeinde. In Hongkong empfängt eine krebskranke Ärztin von ihrer alten Mutter im Innern noch einige Zeilen mit der Mahnung: *„Laß den Krebs Dich nicht bedrücken. Freue Dich, daß Du noch Gott und den Menschen dienen kannst. Tue es, solange es noch möglich ist!"*

Eine Mutter von vier Kindern:

„Gott hat nicht versprochen, daß der Himmel immer unbe-
wölkt sein werde. Es mag sein, daß die Schatten die Erde für
einige Zeit bedecken, aber sie werden bald verschwinden. –
Was für einen wahrhaftigen und liebenden Gott wir haben! ...
Einmal mehr läßt er uns eine Glaubenslektion erfahren und
von neuem die Schwierigkeiten des Lebens kosten. Obwohl
man ‚kein großes Buch‘ mehr lesen kann, ist es doch herrlich,
daß der Heilige Geist in uns ist ... Wir leben durch und durch
von der Gnade Gottes. ... Wenn wir Mangel am Brot des
Lebens haben, fühlen wir uns oft bekümmert und murren wie
Habbakuk: Warum? Mit dem Glauben als Schild verschwinden jedoch alle diese Sorgen. Um uns herum, sogar innerhalb
der Familie, verspüren wir oft die Angriffe des Satans – bitte
vergeßt nicht, für uns zu beten! Möge die Gemeinschaft des
Heiligen Geistes immer bei uns sein!“

Zertretene, in der Revolution untergegangene Kirche und –
Lobgesang in der Nacht. Im Regenguß eines von Menschen
entleerten Parks steht ein christliches Ehepaar, voll Dank dafür, daß sie hier miteinander ungefährdet beten können. Sie
halten sich an beiden Händen und singen ein altes Lied, das
sie einmal auswendig lernten:

„Trotz aller Trübsal, die ich habe,
trotz aller Dornen, die meine Füße zerstechen,
bleibt der Gedanke überaus lieblich:
Du denkst ja, Herr, an mich.“

(Die letzten Zitate aus L. T. Lyall, *Der rote Himmel*,
S. 43 ff.).

8. Der vorläufige Ausgang (Zeitpunkt 1972)

a) Die maoistische Religionspolitik hat ihr Endziel nicht er-
reicht

Die Unterwerfung und Zerstörung der verfaßten Kirche gelang. Die gleichgeschalteten Christen erlebten die Vollendung
ihres eigenen Programms: Sie gingen in der Revolution unter.
Aber bis heute ist es das Dilemma der chinesisch-kommunistischen Religionspolitik geblieben, daß es Menschen gibt,
welche die Gedankenreform, das Bad der Wiedergeburt von
Jesus weg zu Mao hin, nicht überwältigt hat. Sie erwiesen
sich als willige Staatsbürger, aber unabdrängbar auch als
Bürger und Hausgenossen des göttlichen Staatswesens, auf
dessen Enthüllung sie warten. Aus welcher missionarischen

Ausgangskirche sie auch stammen mögen: erwiesen sie sich nicht als die wahre „Drei-Selbst-Bewegung"?

b) Die Grenze politischer Wandlungen und Schritte

Es gibt Anzeichen dafür, daß auch die von Mao und seinen treuesten Anhängern so fanatisch, kompromiß- und gnadenlos vertretene und praktizierte Lehre von der permanenten Revolution und der atemlosen Abfolge ihrer Widersprüche dem Gesetz aller geschichtlichen Erscheinungen unterliegen wird. Kann die chinesische Revolution noch ebenso unsterblich bleiben, wenn ihr unsterblicher Anführer und Heros auch den Weg allen Fleisches gehen mußte? Zeichnet sich nicht in der Initiative Tschu En-lais etwas wie ein Wiederdurchbruch des „alten" chinesischen Menschen, des Maßvollen, des Vertreters eines praktischen Menschenverstandes ab, der sich der Ideologie nicht restlos verschreibt? Müßte nicht die frisch-fröhliche Tischtennis-Spieler-Politik, welche die ganze afro-asiatische Welt mit Freundschaftsbezeugungen umarmt und sich auch der westlichen Welt geöffnet hat, zugleich eine Erleichterung für die eigenen christlichen Volksgenossen Chinas bedeuten? Doch seine Hoffnung darauf setzen? Wandel könnte nur eine radikale und deutlich ausgesprochene Wendung des revolutionären China bringen. Solange sich die Revolution religiös gebärdet, wird sie jede andere religiöse Gebärde aus ihrer Umgebung verbannen.

Nixon, der selber einem Jugendbund für entschiedenes Christentum entstammt, ist ausdrücklich gebeten worden, nach dem Schicksal seiner christlichen Brüder und Schwestern in China zu fragen. Er hat es nicht getan. Mit welcher Vollmacht hätte er es vermocht, während im benachbarten Vietnam die amerikanischen Bomben fielen?

In den Jahren 1971 und 1972 hoffte man auf eine Initiative des Papstes als Hilfe für die katholischen Christen in China. Paul VI. hat seit langem darauf gehofft. Sein Besuch in Hongkong war als gutes Angebot gedacht. Doch wurde ihm versagt, es deutlich zu artikulieren. In dem französischen Kirchenblatt „La vie catholique" wird von einem Interview mit dem chinesischen katholischen Priester und ehemaligen Attachée bei der chinesischen Botschaft in Paris berichtet, der sich dem Papst als Vermittler angeboten hat. Der „kleine, freundliche, kraftgespannte Chinese" Louis Wei Tsing-Sing, Gelehrter und Historiker der Beziehungen zwischen dem Heiligen Stuhl und

China, der es einst fertiggebracht hat, zu Fuß von China nach Rom zu kommen, sieht auch Hoffnungen für den viel schwereren Weg von Rom nach China. Inzwischen mußte der energische Priester schon eine Voraussetzung seines Handelns dahinschwinden sehen. „Wenn die Chinesen einmal in der UNO sitzen, dann liegt ihnen nicht mehr viel an einem Dialog mit dem Heiligen Stuhl. Verstehen Sie, daß davon das Schicksal der chinesischen Katholiken abhängt?"

c) Lichter

Im Frühjahr 1972 wurde durch mehrere Stellen übereinstimmend mitgeteilt, daß in Peking eine katholische Kirche wiedereröffnet worden sei, um dem Wunsch der dort lebenden afrikanischen Katholiken aus Sambia und Tansania entgegenzukommen. Evangelische Christen aus Tansania ließen es sich nicht nehmen, den Besuch eines evangelischen tansanischen Theologen zum Anlaß zu nehmen, ihre Kinder von ihm in den Räumen ihrer Botschaft taufen zu lassen. Das Bild dieser Taufhandlung wurde im Kirchenblatt in Tansania mit offensichtlicher Freude veröffentlicht. Ähnliches in Schanghai.

Als die Chinesen in Indonesien angefeindet wurden und nach 1960 auch viele chinesische Christen in der Heimat ihres Volkes Schutz und eine neue Existenz suchten, gehörte die Lage der Kirche zu ihren schwersten Enttäuschungen. „Gerade aus Indonesien angekommen; aber hier gibt es keinen Ort, um Gott zu verehren." „Als wir in Tientsin in die Kirche gingen, weinte der Pfarrer, als er uns hereinkommen sah. Es waren außer uns nur ein paar alte Frauen anwesend" (Lyall, a.a.O., S. 129).

Was darf man für den Weg des Evangeliums und die Zukunft der chinesischen Christen davon erwarten, daß Afrikaner und Asiaten, an deren Freundschaft China liegt, darauf bestehen, sich dort auch zu ihrem christlichen Glauben bekennen zu dürfen? Gewiß mehr als von jedem Versuch von europäischen oder amerikanischen Christen.

Noch erfreuender sind Hinweise darauf, daß neuerdings hier und da auch andere Bezeugungen eines noch vorhandenen Glaubens chinesischer Christen geduldet werden. So wurde nach guter Information einer in Paris lebenden chinesischen Christin es im Oktober 1971 möglich, an einer christlich gehaltenen Beerdigung einer Verwandten in der Provinz Fukien teilzunehmen. Ehemalige Pastoren, die ebenfalls teilnahmen, durften freilich eine Amtshandlung nicht ausführen. Schlichte Gemeindeglieder gestalteten die Feier, leiteten Singen und Beten. Unangefochten bekannte man sich zu Jesus Christus, dem Auferstandenen.

Solche Berichte bestärken in der Zuversicht, daß die so todfeindlich bekämpfte Gemeinde Jesu Christi in China nicht aufgehört hat, ihres Herrn zu warten und in kleinen Lebenszellen brüderlicher Gemeinschaft weiterlebt.

d) Die Kirche Chinas wird nicht sterben

Dieses Bekenntnis, das die schon erwähnte chinesische Christin Mary Wang zum Titel ihres Erlebnisberichtes gemacht hat, beruft sich auf eine andere Gewißheit als alle die genannten Möglichkeiten. Es ist im Grunde nichts anderes als der schlichte Glaube, daß Gott seine Verheißungen erfüllen und auch seine Kirche in China nicht dem Tod überantworten wird. Die chinesischen Schrift-Bild-Zeichen, die ihrem Buch auf der Titelseite beigefügt sind, bedeuten wörtlich: „Altes Holz trägt grüne Zweige." Man darf an dieser Stelle von der Aufgabe reden, der sich nicht nur Mary Wang hingegeben hat: Dem Dienst an den zerstreuten Gliedern ihres Volkes und seiner Kirchen und Kirchlein in unseren Ländern. Wer will ermessen, was daraus werden wird, daß Tag für Tag Überseechinesen den Weg zu Christus finden und in doppelter Heimatlosigkeit Zellen brüderlicher Gemeinschaft bilden, zu der Christus sie berief? Selbst nach zwei Jahrzehnten materialistischer Gehirnwäsche scheint sich in China neue verlangende Ahnung nach einer „übermenschlichen Macht" zu regen. Das bezeugten jetzt jedenfalls frühere Glieder der „Roten Garden", die nach Hongkong geflohen waren. Sie haben, wie sie sagten, unterwegs „gebetet". Oft in seltsamer, unbeholfenster Form: Diese jungen Kinder der atheistischen Revolution, die sich in ihrer Not vor einen Baum hinwarfen und den „Gott des Baumes" um Hilfe und Bergung anflehten — sollte es nicht um ihretwillen geschehen sein, daß die chinesische Kirche in den großen Schmelztiegel geworfen wurde? Nicht um zu sterben, sondern um zu leben und des Herrn Werke zu verkündigen!

e) Und wir?

Uns westlichen Christen ist vieles an unmittelbarer Teilnahme versagt, sowohl im Blick auf Chinas Kirche wie auf die Gewinnung seines Volkes für Christus. Das sollten wir ja aner-

kennen. Aber tun wir das, was wir tun können und gewiß tun
sollten? Man hat es sicher, wie in Osteuropa, auch in Peking
registriert, daß viele getaufte Christen in Tausenden von
Leitartikeln über die jüngsten Ostkontakte und Verträge von
weltgeschichtlichem Ausmaß berichteten, ohne an das Schicksal
der chinesischen Christen auch nur mit einem Wort zu rühren!
Schwere Versäumnisse! Auch in unseren kirchlichen Versammlungen und Blättern! Wie viele Möglichkeiten aber hat noch
der weittragende Evangeliumssender, Möglichkeiten eines unmittelbar helfenden, verkündigenden Dienstes an unzähligen
Auslandschinesen! Gottes China-Mission ist nicht zu Ende —
Gottes Aufträge an uns sind es auch nicht.

f) Mao — der Antichrist?

Wir müssen zuletzt noch einmal unseren Blick auf Mao
Tse-tung selbst richten und die zusammenfassende Besinnung
über die „Entzauberung des Führers" ergänzen. Ein Urteil
über ihn, das von seinem Verhältnis und Verhalten gegenüber
den Christen seines Volkes und der Welt absieht, reicht nicht
zu. Denn was an ihnen geschah, öffentlich oder insgeheim,
geschah in Maos Namen. Kein Zweifel: auch mit seinem
Willen.

Ist Mao bewußter und ausgesprochener Antichrist? Vielleicht *der* Antichrist unserer Zeit? Im Gespräch mit einer
Gruppe christlicher Auslandschinesen, die fast alle die Narben
empfangener Wunden erkennen ließen, wurde mir entgegengehalten: „Für uns ist er der Teufel. Für den Teufel kann man
nicht beten."

Muß man, darf man zustimmen? Verwirklicht sich in Mao
ein letzter Gegensatz zwischen dem Gottmenschen und dem
Menschengott? Ist in ihm „das Geheimnis der Bosheit", das
Paulus schon sich regen sieht, nun in voller Macht ausgebrochen? Finden wir in Maos Person und Werk die Antichrist-
Merkmale wieder, auf welche die biblische Prophetie uns achten heißt, damit wir nicht der dämonischen Blendung eines falschen Christus verfallen und das wahre Heil Gottes in Jesus
verlieren? Finden wir bei Mao den „Greuel der Verwüstung
an heiliger Stätte" vor, die Nachäffung und Verdrängung Jesu
von seinem Versöhner- und Erlöserplatz zwischen Gott und
den Menschen, die Leugnung der Menschwerdung Gottes in
Jesus von Nazareth, die Blendung durch satanische Wunder,
die Forderung göttlicher Verehrung und Anbetung, die falsche

Prophetie einer satanischen Ideologie und Heilslehre und die radikale Verfolgung der Gemeinde Jesu Christi? Wenn ja, erscheinen solche Merkmale dann in ausschließlicher Zuspitzung nur bei Mao und bei seinen nichtchristlichen oder noch „christlichen" Anhängern und Anbetern?

Es ist nötig, daß man diese Fragen stellt. Gerade deshalb, weil sie für viele moderne Theologen und andere Christen als gegenstandslos, überholt, an einer vergangenen weltfeindlichen Apokalyptik orientiert, ja geradezu als „destruktiv" erscheinen. Die Frage nach dem Antichristentum Maos ist keine müßige, theoretische, sondern eine brennende Frage für unsere christliche Existenz! Wem gehört unser Leben?

— Daß die Vertreter der „imperialistischen" westlichen Mächte, die China und seine Nachbarn so sehr bedrängten und so tief demütigten oder auch durch ihr „soziales Evangelium" so beredt „eine bessere Welt" in Aussicht stellten, ohne sie herbeizuführen, den Christennamen trugen, hat Mao gewiß bis in die jüngste Zeit immer wieder aufs tiefste erregt. Er sah sich berufen, die China angetanen Bosheiten zu rächen und zu richten und das durch westliche Christen aufgeweckte, unerfüllte Verlangen zu befriedigen.

— Mao hat das Christentum weithin in einem erschütternden Maße durch seine Gegner und Hasser kennengelernt, bei denen ihm die Gestalt Jesu in einem Zerrspiegel begegnete. Karl Marx und Friedrich Engels, Lenin und Stalin, seine Hauptlehrer und Meister, übermittelten ihm eine Heilslehre, deren nach- und antichristliche Leidenschaft auch ihn zur Auseinandersetzung mit dem Christentum nötigte.

— Doch auch die christlich bestimmten chinesischen Führer und Gefolgsleute der Taiping-Revolution und der Kuomintang, die christliche Studentenbewegung in China und die Arbeit der Y.M.C.A. wirkten ebenfalls auf ihn ein. Mao hat persönliche und literarische Begegnungen mit lauteren, lebendigen und überzeugenden Christen fremder Völker und seines eigenen Volkes gehabt, denen Jesus Christus als ihr persönlicher Herr und Retter über alles ging.

— Er konnte also in seinem antireligiösen Kampf uralten chinesischen Aberglauben, taoistische Gedanken und Praktiken, Konfuzianismus, Buddhismus, Islam und Christentum nicht ohne weiteres in den gleichen Topf der Verachtung und Verdammung werfen. Er erlebte schon auf seinen frühen Kriegszügen in Dörfern und Städten, unter Gefangenen und

Verschleppten, mit der Hoffnung auf Lösegeld Entführten, unter Pflegern seiner verwundeten Soldaten und unter Helfern hungriger, verblendeter, kranker und ausgestoßener Opfer des permanenten Kriegs lautere Nachfolger Jesu Christi, die dem Klassenhaß widerstanden.

— Es kann Mao auch nicht entgangen sein, mit welcher freudigen Bereitschaft herausragende chinesische Christen, als sie endlich von allen Auslandsverhaftungen und -abhängigkeiten befreit waren, die lang ersehnte Möglichkeit ergriffen, als originale chinesische Christen zu der Menschenfreundlichkeit Jesu und seiner chinesischen Brüder einzuladen. Mit eigenen Ohren hat er die bewegende und mutige Anklage des führenden Christen und Kommunisten Markus Cheng gegen den christenfeindlichen Mißbrauch der Lehre vom Widerspruch durch die Führer und Glieder der Partei im Jahre 1957 angehört.

— Am schwierigsten und geradezu unheimlich ist wohl das Zusammentreffen mit solchen Männern wie dem Drei-Selbst-Führer Y. T. Wu, der ihm schon vor dem Kirchenkampf das entscheidende antikirchliche Ziel theologisch vorweggenommen hatte: Die Aberkennung eines besonderen Heils-Auftrags und einer besonderen Existenz der Kirche als missionarischer Glaubens- und Liebesgemeinschaft im Unterschied zur kommunistischen Massen-Solidarität und revolutionären Aktion!

— Er hat sich zu radikaler Bekämpfung und Vernichtung entschlossen. Es kann kaum einem Zweifel unterliegen, daß der differenzierte Stufenplan zur Lahmlegung und Auslöschung der christlichen Gemeinden ihm zum mindesten bekannt war. Trägt nicht die außerordentliche Folgerichtigkeit dieses Plans Geist von seinem Geist der angewandten permanenten Revolution, auch wenn er persönlich fast völlig im Hintergrund blieb? Die „Religionsfreiheit" war von Anfang an nur eine Farce.

Sollte nun Mao den Platz Jesu besetzen? Die faszinierenden und bestürzenden Analogien in der Formung des maoistischen Glaubens zu dem christlichen haben zweifellos einen antichristlichen Zug. Das müssen auch die Christen unserer Länder sehen und wissen. Trotzdem ist letzte Zurückhaltung hier geboten. Sie läßt uns nicht ohne weiteres dem so begreiflichen Urteil mancher chinesischer Christen zustimmen. Mao ist als entschlossener Christengegner zwar auf die Beseitigung der christlichen Kirche in China bedacht gewesen. Er hat den

Anlaß dazu, den der Einbruch der „fremden Teufel" in sein Land lieferte, wie viele andere Chinesen immer im Auge behalten. Wir müssen uns darunter beugen. Ob und in welchem Ausmaß er aus einem Christengegner zum Antichristen wurde, ist von außen her schwer zu entscheiden. Der Antichrist ist mehr als der Gegenchrist. Er setzt Erkenntnis der Sendung Jesu voraus, Erkenntnis des göttlichen Christus. Ersatz-Christus, Weltretter und Erlöser an seiner Statt ist er.

Will Mao das? Kann und will er dies ausschließlicher als andere Größen des Anti-Christentums unserer Zeit? Wieviel Erkenntnis Jesu hatte er? Man darf Vergleiche hier nicht unterlassen. Sind Lenin und Stalin, bei denen Mao in die Schule gegangen ist, nicht viel unmittelbarere und bewußtere Antichristen als er?

Wenn auch hinter dem Anspruch Maos und seiner Anhänger auf das Weltretteramt der Hintergrund einer eigenen jugendlichen Christuserfahrung eines Josef Stalin und die Erkenntnis Lenins fehlt, so ist doch deutlich genug, in welchem Ausmaß er für Chinesen und Nichtchinesen, für Nichtchristen und für bisherige Christen zum unheimlichen Ersatz unseres Herrn Jesus Christus geworden ist. Der fortdauernde „Lernprozeß" der chinesischen Weltrevolution!

„Man kann nicht für seine Änderung beten!", sagten jene chinesischen Christen. Eine Frage, zu der überhaupt nur Menschen Stellung nehmen können, welche wissen, was beten ist. Gerade hier aber wird man sagen müssen: Der bisherige Ausgang des Ringens zwischen dem Geiste Maos und dem Geiste Jesu Christi in der chinesischen Christenheit ist in mehrfacher Hinsicht noch ein vorläufiger Ausgang, der uns vor allem auch die Möglichkeit und die Pflicht nicht nimmt, dem apostolischen Ruf zu gehorchen: „Helft kämpfen mit Beten!"

Wer unaufhörlich auf das biblische Gotteswort horcht und betet, der wird dem Antichrist nicht verfallen, weder dem maoistischen noch einem andern Verdränger Jesu. Er wird in der neutestamentlichen Freiheit und Gebundenheit auf der Seite und in den Händen des wahren Christus bleiben.

„Alles ist euer, ihr aber seid Christi!"

Das ist es, worauf es in der Antichrist-Frage ankommt.

Schluß

„Und ich sah eine offene Tür ..."
Die Weltrevolution im Christuslicht der anderen Welt.

„Die Welt muß anders werden." Darum kam es zur christlichen Weltmission.

„Die Welt muß anders werden." Darum kam es zur Weltrevolution.

Die Welt wurde anders. In fast alle Länder drang der Name Jesu ein, und es entstanden christliche Kirchen. Aber sie blieben eine umstrittene und zerrissene Minderheit in der Welt.

Die Welt wurde anders. An allen Enden brach Revolution aus, Weltrevolution, ein geistiger, naturwissenschaftlicher, sozialer, gesellschaftlicher, psychologischer und religiöser Umbruch in der ganzen Menschheit von unabsehbaren Ausmaßen.

Aber die Welt wurde nicht so qualitativ anders, wie Weltmission und Weltrevolution es gewollt haben. Im Gegenteil, dieses Ziel scheint ferner denn je. Das beweisen Kampf und Leiden um die Erneuerung Chinas.

Da steht vor uns noch einmal das Urchristentum auf, die urchristliche Vision von der ganz anderen Welt. Und einzigartig tritt sie hervor im gewaltigen 4. und 5. Kapitel der Johannes-Apokalypse des Neuen Testaments, jenem Buch der Bibel, das man in unserer Zeit zur Seite geschoben hat wie kaum ein zweites. Aber es hat seine unbezweifelbare Aktualität.

Ein Missionar Jesu Christi tritt hervor, offenbar der letzte Überlebende aus der Schar der Urapostel; ein Zeuge der Katastrophe, die über ihn und die Gemeinde kam, und doch erfüllt von Zuversicht und Freude im Blick auf das Kommende. Hoffnung! Hoffnung, nicht nur für die Gemeinde — Hoffnung für die Welt!

Sehr dicht tritt er an uns heran mit seiner Selbstvorstellung: *„Ich, Johannes, euer Bruder und Schicksalsgenosse, der mit euch teilhat an der Drangsal, am königlichen Herrschen und im standhaften Warten auf Jesus — verbannt auf die Insel Patmos um des Wortes Gottes und des Jesuszeugnisses willen"* (Offb. 1,9).

Grundlegend ist der einleitende Satz: *„Und ich sah, und siehe ..."*

„... eine offene Tür am Himmel"

Der Seher weiß etwas von der einsamen Größe und Qual des aufgeklärten Menschen, der nur noch eine Welt kennt und darum auch keine Vollendung für diese Welt mehr denken kann, der — trotz allem — das Bild einer besseren Welt in sich trägt und deshalb zu nicht endenden Weltverbesserungsversuchen berufen — und verdammt ist. Aber je entschlossener diese als radikale Welterneuerung als völlige Umwandlung der Herzen und Strukturen betrieben werden, um so weiter scheint man von diesem Ziel wegzukommen. Das wird nicht nur von Mao und den von seinem Geist durchdrungenen Menschheitsgruppen erfahren. Das ist auch die Erfahrung des nachchristlichen Westens. So kommen auch Ost und West einander immer näher, in ihnen die vielen Christen, die sich diesem Denken anschließen.

Man kann die so entstehende Neue Weltsolidarität begrüßen. Der neutestamentliche Zeuge tut es nicht. Er hat das Licht aus der anderen Welt auf unsere Welt fallen sehen, auf Weltreligion und Weltrevolution. Sie besitzt eine Ausstrahlung, die bis in das unheimliche geistesgeschichtliche Ereignis hineinwirkt, aus dem unsere Weltzeit kommt, bis in jene Vision vom toten Christus und seinem Ruf an die Weinenden: *„Kein himmlischer Vater in der ganzen Welt! Kein Vaterherz in den unendlichen dunklen Weiten, Stürmen und Sonnen des Kosmos!"*

Wie weit ist die Welt geworden, und wie tief! Was gibt es, was der Mensch in dieser nach allen Seiten hin offenen Zukunft nicht erkennen, nicht durchdringen, nicht wandeln kann! Seine eine, einzige unendliche Welt, weder durch Himmel noch Hölle begrenzt! Aber wie leidet er daran! Der verlorene Sohn des himmlischen Vaters gilt als eine überholte Vorstellung. Doch der in der Welt alleingebliebene, ganz auf sich angewiesene Mensch, das Überbleibsel des verlorenen göttlichen Vaters, Schöpfers und Erlösers — das ist eine Wunde, die nicht heilen will. Kein Zugang mehr zum verschlossenen alten Himmel, der abgetanen Metaphysik, keine Hoffnung mehr auf den strafenden und begnadigenden Richter, keine warnende Hölle, keine letzte Gewissensinstanz mehr.

China ist auf der Suche nach dem Glück, seit Jahrtausenden. Nie so leidenschaftlich, so triumphierend und verzweifelnd, so zusammengeschweißt zu einer großen Armee der Glückssucher wie heute. Wir sahen, warum. Mit China aber nun die ganze Welt! Keine Alternative mehr zu einer *gemeinsamen* Wohlfahrt aller, zu einer menschenwürdigen, zukunftsfähigen Existenz aller Milliarden Erdbewohner. Entweder gelingen die nötigen grundstürzenden Veränderungen und gesellschaftspolitischen Anstrengungen, Friedenssicherungen, Bevölkerungs-, Produktions-, Wirtschafts- und Gesundheitsplanungen, oder der Untergang ist vor der Tür. Der Weltuntergang. Georg Picht hat es ausgesprochen: *„In einem Zug ohne Lichter durch die dunkle Nacht mit rasend zunehmendem Tempo zu fahren, ist weder erträglich noch verantwortlich."* So steht es aber mit dem Gesellschaftszug der Gesamtmenschheit. Darum fordert Picht mit Recht *„Mut zu Utopien",* zu geplanten Zielbildern gegen das Unheil. Es sind, wie wir wissen, ja gleich mehrere Weltkatastrophen auf einmal. Beschwörend ist die Forderung, mit ihrer Abwendung sofort zu beginnen. Nicht nur Mao hat eine Vision von einer heilen Weltgesellschaft, eine Vision vom neuen Menschen. Nicht nur er hält viele Verwandlungen und viele Untergänge für nötig, um diese Vision zu verwirklichen, um sich den Utopien wenigstens zu nähern, weil sonst alles verloren ist. Sind nicht Bedrohung und Forderung für den Westen noch viel ernster als für die übrige Welt?

Man *kann* die Welt ändern. Der Stand unseres wissenschaftlichen und technischen Zeitalters gibt Möglichkeiten, an die man früher nicht von ferne denken konnte. Aber die Hauptfrage ist: Werden die Flammenzeichen der drohenden Weltkatastrophe die Blinden sehend, die Trägen wach, die Streitenden einig und die Selbstsüchtigen zu opferbereiten Werkzeugen des Weltheils machen?

Wie wird der Ausgang sein? Wer will hier aus eigener Denkkraft antworten?

Der urchristliche Seher läßt uns an einer Bewegung teilnehmen, die von einem unbegreifbaren „Außen" oder „Innen" der Welt her wirkt, die auf den unendlichen Sieg der unsichtbaren, lautlosen „Revolution vom Himmel her" hinausläuft, einer Revolution, die vollendet, was wir noch nicht einmal denken können, deren Sonne der wiederkommende Richter und Retter Jesus Christus ist.

Wie, wenn die urchristliche Vision für alle, die sich ihr öffnen, eine neue, rettende Aktualität gewänne?

Ein großes Heer von Technikern, Wirtschafts-, Erziehungs- und Entwicklungshelfern, Seelen- und Gedankenstrategen, Gesellschafts- und Weltreformern und Revolutionären ist am Werk. Ein Terroristennetz überzieht alle Länder. Tiefgreifende Veränderungen prägen das Bewußtsein zahlloser Menschen in den letzten Jahren. In diese Situation hinein spricht der Seher von jener anderen Veränderungsmacht. Unsere so unerhört groß und offen gewordene Welt ist eben nicht die einzige Welt. Der Seher sieht sie als eine „in sich selbst zurückkurvende" begrenzte Welt, die in angstvoller Verschlossenheit darauf wartet, daß die Tür von der andern Seite her geöffnet wird. Mehr noch: Es macht sich schon jetzt ein weltrichtender und -rettender Widerspruch gegen den ganzen Totentanz unserer innerweltlichen Widersprüche durch die offene Tür hindurch bemerkbar.

Wer Ohren hat zu hören, der höre: Die Tür ist offen!

Wir werden also nicht genötigt, aus der Evolution einen Götzendienst zu machen und folgerichtig bei der Gewaltübung der Stärkeren über die Schwächeren enden. Wir werden nicht zur Selbstverwirklichung in einer Revolution gezwungen, welche die Gewalt bekämpft und sie zugleich verewigt. Wir müssen nicht in der Verzweiflung der vaterlos gewordenen Wesen verbleiben, die keinen Schöpfer und Erlöser haben.

Die Kirche Jesu Christi muß also die mitmenschliche Solidarität nicht mit ihrer Selbstauflösung bezahlen und darüber ihre eigene Menschlichkeit verlieren. Es ist aber auch das Leiden um Jesu Christi willen nicht das letzte. Denn er läßt die Seinen nicht Waisen sein.

Hier wird gesehen, *was kein Auge gesehen, kein Ohr gehört, in keines Menschen Herz aufgestiegen ist"* — die offene Tür Gottes, Hoffnung für die Welt!

Der wartende Gottesplan

An der außen und innen voll beschriebenen Papyrusrolle in der Hand dessen, der selber unbeschreibbar im unsichtbaren Machtzentrum der Welt thront, erkennt der Seher: Gott ist da. Er hält Gegenwart und Zukunft in seiner Hand. So darf es der überlebende Apostel sehen, der einsame Jünger, den Jesus immer noch lieb hat, der ausgeschaltete Christusbote, das gewaltsam von seiner Gemeinde getrennte, isolierte Glied. Fürchte dich nicht! Die Welt hat immer noch einen Vater, der mit göttlicher Geduld seinen Plan ausführt — nicht ein von Weltnöten, Weltforderungen den Ideologien angepaßtes christliches Programm, sondern seinen unbeirrbaren Heilswillen. Und so wird der „unschädlich Gemachte" zum Tröster unzähliger Christen in vielen Jahrhunderten und besonders auch in unserer Zeit. Trost, Kraft und Zuversicht hat er für den ärmsten, verlassenen, lächerlich gemachten Boten Jesu — auch in China — auch bei uns.

Die große Spannung: „Wer ist würdig?"

Der in den Händen Gottes liegende Plan ist *„versiegelt"*. Er wartet auf Entsiegelung. Ohne Bild: Aufs neue, wie vor der ersten Schöpfung, geht der Ewige und Erbarmende darauf aus, in einer Sünde, Satan und Tod zerbrechenden Neuschöpfung den Menschen zum Teilhaber seiner göttlichen Herrschaft und Liebe zu machen. Dieser Gott ist kein Diktator und kein Programmierer oder Manipulierer. Auch nicht im höchsten Sinn eines allein heiligen Alleinherrschers mit einem einsam bleibenden allein guten Willen. Sein Heilsziel ist unendlich höher und gütiger. Es schließt die Partnerschaft des erlösten Menschen ein. Welch ein Geschenk, dies erkennen zu dürfen!

Aber eben darum braucht sein Plan auch den einzigartigen Entsiegeler, den, der die Vollmacht hat, die Schranke von Teufel, Sünde und Tod niederzulegen als zweiter, neuer Adam in Gottes neuer Welt, als Anfänger seiner neuen Schöpfung. Auf ihn wartet Gott. Er ist hier der Wartende, nicht die Welt.

Furchtbare Spannung in der anderen Welt. Kein Echo auf die mit großer Engelsstimme an alle Bewohner des Himmels, der Erde und der Totenwelt ergangene Frage: „Wer ist würdig, die Siegel zu brechen, das Buch aufzutun und zu lesen?" Ohne Bild: Wer hat Vollmacht, den großen Plan Gottes durchzuführen? Wer besitzt diese einzigartige Qualität? Wer ist würdig? Eine große Erschütterung über das tiefe Schweigen in allen Regionen des Kosmos — eine unvergleichlich härtere Spannung als jene, die durch unsere menschlichen und kirchlichen Zukunftsfragen und -ängste zittern. Nur wer daran Anteil bekommt, weiß, um was es zuletzt geht.

Hier wird klar: Es ist nichts mit der Gewalt. Sie bringt immer neue Gewalt herauf. Das weiß man in der anderen Welt. Auch dem größten technischen Meister und der wunderbarsten Erfindung kann es nicht gelingen. Die Technik zerstört ihre herrlichsten Schöpfungen. Es gelingt nicht verantwortlicher Zukunftsforschung. Der entscheidende Faktor bleibt unberechenbar.

Daran leidet man im Himmel. Was in Entwicklungshilfe und Diakonie treue Christen immer wieder aufs Neue heimlich peinigt und wurmt, hallt mit lauter Stimme dort wieder, wo das unsichtbare göttliche Zentrum, die Urzelle der neuen Welt ist: Keiner ist würdig!

Großes Schweigen auf den das All durchdringenden Ruf nach dem neuen Menschen und Mittler. Keiner hat Vollmacht, keiner unter den Frommen, unter den Freigeistern, unter denen, die unermüdlich das Chaos ordnen, immer wieder das Zerbrochene leimen oder das Angesicht der Erde mit ihren Revolutionen verändern. Keiner in den Forschungsstätten und in den Labors unter den fleißigen Arbeitern der Hirne und der Herzen, unter den Psychologen und Pädagogen, den politischen Führern und den Sozialhelfern. Nicht nur Chinas jahrtausendealte Hoffnung auf das Glück bleibt ohne letzte Erfüllung, sondern die Hoffnung der ganzen Welt.

Wir standen vor der großartigen Verwandlungskraft Mao Tse-tungs. In China kann man sich rühmen, auch mit den Fehlern aller anderen Revolutionen fertiggeworden zu sein. Hat Mao nicht die Unterdrückten von gestern, weil sie Unterdrücker von heute wurden, wieder vom Thron gestoßen? Hat er nicht mit Hilfe der permanenten Revolution der Versuchung einer Neuauflage von reich und arm, von oben und unten, von gebildet und ungebildet widerstanden? Ist nicht auch das Weltgespenst des Hungers in China gebannt? Selbst der Glanz eines Weltfriedenbringers fehlt nicht.

Aber wem Auge und Ohr für Gottes Plan geöffnet wird, der erlebt mit Schmerzen die unerträgliche Spannung zwischen der „himmlischen" Erwartung und dem ohnmächtigen Selbstbetrug in den kraftvollsten Erneuerungsbewegungen der Erde. China ist dafür ein hervorstechendes Beispiel. Unaufhebbar ist das Leiden in der Welt, unüberwindbar der Tod, die unübersteigbare Barriere für alle Revolutionen, ob sie für „1000 Jahre" oder aber für „10 000 Jahre" ein neues Reich erbringen sollen. Untilgbar die Schuld und die Selbstsucht der Gedanken

– selbst nicht durch die subtilsten oder brutalsten Gehirn-
und Herzenswäschen. *„Keiner ist würdig!"*

Selbst im Himmel ist Schweigen.

Um Vollmacht geht es, um göttliche Vollmacht.

Der unstillbare Schmerz

„Ich weinte sehr" — erst in der Konfrontation mit der ungeheuren Erwartung der unsichtbaren Welt wird unsere Ohnmacht deutlich. Nicht nur die Ohnmacht der weltlichen Welt-
verwandler, -revolutionäre, -reformer. Zum Weinen auch die
Ohnmacht derer, die Christen heißen und sein wollen.

Gerade an der offenen Tür zur anderen Welt, gerade dort,
wo Gottes Stimme wirklich gehört wird, wo gebetet wird und
wo man im standhaften Warten auf Jesus steht — dort erst
faßt einen der Menschheit ganzer Jammer an. Dort erst werden die Allein-bleiben-Wollenden draußen vor der Tür unsere
Brüder und Schwestern. Der ist kein Christ, der nicht mitlitte
an dem Trauma derer, die den Vater verloren haben. Welch
ein verzehrendes Schauspielerdasein muß der Mensch führen,
der gegen die *„feste Burg* der Transzendenz", gegen den Glauben an *„das unsichtbare Geheimkabinett der Weltgeschichte"*
anrennen muß, der aus Gott ein *„hypostasiertes Ideal des un-
gewordenen Menschenwesens"* gemacht hat, der *„Heilige ohne
Gott"* in der innerweltlich verschlossenen *„Herberge ohne
Straße"!*

Einer der modernsten Dramatiker schrieb das Schauspiel
„Der sterbende König", in welchem der Alleskönner Mensch
am Fuße seines Thrones stirbt, weil er inwendig voller Löcher
ist und keine Kraft mehr hat, den Thron zu besteigen. Nicht
nur der neue Mensch in China ist voller Löcher. Im sonnen-
hellen Licht der anderen Welt sind wir alle, die Ergebnisse
von so vielen Reformen und Revolutionen, eine jammervolle
Mißgeburt.

Und die Christen? Können sie die Hunger-, die Brot-, die
Gerechtigkeits-, die Drogen-, die Gewalt-, die Generationen-
frage lösen, wie sie nach Gottes Plan gelöst werden soll? Wer
kann Brot des Lebens für Leib und Geist schaffen? Wer den
neuen Himmel und die neue Erde, in denen Gerechtigkeit
wohnt? Wer hilft, wie man im Namen Jesu helfen sollte? Wie
viele indonesische Christen taten es, als es höchst gefährlich
war, Chinesen beizustehn? Wie viele Deutsche haben über-

haupt eine Ahnung von dem, was an Einsamkeiten und Verzweiflungen, an Ängsten und an falschen Auswegen und Verführungen zum brutalen Egoismus — oder auch zur Verachtung des „christlichen" Gastvolks — die Chinesen in unserer Mitte bedrängt?

Aber sie sind nur ein Beispiel. Wer von uns kann den Ausgebeuteten und den in ihrer Menschenwürdigkeit Verletzten so brüderlich beistehen, wie er sollte und vielleicht auch von Herzen begehrt? Etwa im südlichen Afrika? Wer seinen Freunden, seinen eigenen Kindern?

Gnadenlose Kritiker decken Verschuldungen in Kirchen- und Missionsgeschichte in Mengen auf. Aber sie reichen nicht von ferne an den Maßstab der anderen Welt heran.

Da fallen einem die sogenannten „Reis-Christen" ein, denen unmündig bleibende Kirchen folgten. Und neben den alten politischen Verhaftungen auch viele neue Wunden in der vielbeschworenen Partnerschaft der alten und der neuen Kirchen, der Armen und der Reichen. Noch viel schwerer wiegt die immer noch nachwirkende schuldhafte Ohnmacht unserer Kirchen gegenüber dem Versuch der Ausrottung Israels und die zunehmende Ohnmacht gegen Gotteslästerung, Schamlosigkeit, ja aufrührerische Verzweiflung bisheriger Christen in aller Welt, die als Bodenrest in theologischen Falschmünzereien und als Leergut in den sittlichen Ausverkäufen der Christenheit zurückgeblieben sind. Daß sein Name um unseretwillen, um der Christen willen, von den Völkern gelästert wird! *„Ich weinte sehr!"*

Man kann wahrlich auch viel Gutes aufzählen. Aber siegelaufbrechenden Charakter hat es nicht. An der Tür zur Freiheit genügt nicht der Hinweis darauf, daß man nun endlich dabei sei, aus einem Herrn der Herzen und der Kirchen einen Herrn der Welt zu machen. Zu machen? Wurde daraus nicht früher schon Gefangennahme, Anpassung des Höchsten an die Tagesordnung und -forderung der Welt? Von christlicher Liebe aber etwa zu fordern, daß sie um der Nöte der Welt willen die Gottesfrage auf Eis lege — das ist schon der Antichrist. *„Ich weinte sehr!"*

Wer mit Johannes durch die Tür blickt, der wird zu einem großen Schmerz genötigt, den man sonst nicht kennt. Außer bei Paulus, der so *„große Traurigkeit und Schmerz um Israel ohne Unterlaß"* hatte, daß er wünschte, anstelle seiner Brüder von Christus verbannt zu werden. Außer bei Jesus, der über

Jerusalem weint, über die Todesmacht am Grabe des Lazarus, über die hirtenlosen geschundenen und verlorenen Schafe vom Hause Israel. So gehören Gebet, Flehen und Tränen zum Missionsdienst — Teilhabe an der Trauer Gottes und Jesu Christi über eine vaterlose und gottlose Welt.

Ermunterung aus der unsichtbaren Zeugenschar

Der Seher sieht um den Thron die 24 Ältesten, die in die andere Welt entrückte Schar des Volkes Gottes, und in ihrer Nähe die vier Repräsentanten der Schöpfung. Aus ihrer Mitte kommt der Zuruf: *„Weine nicht!"*

Wir haben eine solche Schar von Zeugen um uns. Sie bilden eine unerhört wunderbare Wirklichkeit. Sie alle reden uns zu. Von Abraham an, über die Propheten bis hin zu den Aposteln Jesu und ihren Nachfolgern bis heute sind die in die andere Welt abgerufenen auf vielerlei Weise an unserem Leben beteiligt, unvergleichlich mehr und spannungsvoller beteiligt als bei einem Zweiländerkampf die Massen auf den Tribünen des Sportfeldes. Sie rufen uns zu: „Weine nicht! Es hat überwunden der Löwe aus Juda, die Wurzel Davids." Sie sehen mehr als wir. Aber sie sehen auch uns in unserem Kampf und rufen uns darum zu: Seht auf den Anfänger und Vollender des Glaubens, gebt nicht auf!

Der chinesische Märtyrer *David Yang* ruft uns zu:

> „Wie oft bitten wir den Herrn um die Befreiung von Trübsal und erwarten von ihm nur Gutes. Tatsächlich erleben wir hier und da solche Segnungen. Wir werden aus Nöten befreit; es wird uns Reichtum statt Armut zuteil; Gott bereitet uns im Angesicht unserer Feinde einen Tisch. Doch zuweilen hält die Armut an, und die Trübsal nimmt zu. In solchen Zeiten spricht der Herr: ‚Ich weiß!' Wie leicht könnte er uns von Armut befreien und uns reich machen. Sein Herz ist so erfüllt von Erbarmen, daß die Leiden seiner Kinder ihm nicht gefallen. Doch damit wir innerlich wachsen, zur geistlichen Reife gelangen und wahre Überwinder werden, hält er zuweilen die Befreiung zurück. Er gibt uns die Kraft zum Aushalten bis zuletzt... Er kennt die Kraft des Feuers, das uns verzehren will. Nicht einen Augenblick zu spät befreit er sein geliebtes Kind aus dem Feuerofen des Leidens...*

---

* Standhaft im Glauben. Zeugnisse drei chinesischer Christen. Gießen 1970, S. 16 f.

Aufsehen auf Jesus! So ruft die Gemeinde, die um den göttlichen Thron versammelt ist und mit uns wartet. Aber an der offenen Tür empfangen wir mehr als diesen Trost.

Die enthüllte Weltrevolution Gottes: Das allmächtige Opferlamm

Es ist ein geschächtetes Lamm; nicht nur wehrlos, sondern tot. Und zugleich — was es so in der Natur nicht gibt — ein siebenfach gehörntes Lamm. Es hat weltdurchdringende Sehkraft. Dieses Opferlamm ist stärker als ein Löwe! Seine gebrochenen Augen leuchten in alle Länder und Herzen. Sein Blut befreit. Sein Geist *„geht in alle Lande"*. Skandalöse Paradoxien! Was bedeuten Sie?

Es gibt nur einen Weg zur wirklichen Befreiung der Menschheit, den über Golgatha. Alle Solidarität, alle Befreiungstheologien sind fehl am Platz, wenn sie für diese Gottestat blind sind. Jesus Christus wird als geopfertes Lamm die einzige Macht auf Erden und im Himmel, die die Siegel löst, denn er hat die Schuld zwischen Gott und Mensch beseitigt. Damit ist Jesus eine einmalige „weltrevolutionäre" Gestalt. Man hat ihn als Aufrührer verurteilt, als Rebellen getötet, als falschen Messias ermordet, obwohl er niemals zum Aufstand rief, sondern Gewaltlosigkeit forderte und die Armen selig pries. Seine Revolution besteht darin, daß er der leibhaftige Repräsentant der Herrschaft Gottes war und ist. *„Dies ist das schlechthin Revolutionäre an Jesus Christus, daß auch seine theologischen Gegner in ihrer Polemik klar erkannt haben: daß er Sünde vergibt."**

Der für den Sünder Unerträgliche muß beseitigt werden und als Verbrecher sterben. Derselbe aber, der den Sünder unverbrüchlich liebt, rettet ihn durch seinen Verbrechertod. Das ist das Geheimnis seines Todes. Daß Gott selbst sich in Jesus für uns in den Tod gibt — das ist der Sieg seiner Liebe fort und fort. Der Tod, das große Tabu aller Revolutionäre, ist hier die große Kraft Gottes. Wo die Atheisten aufhören, dürfen die Christen anfangen. Hier ist die verwandelnde Kraft. Gott hat es sich nicht nehmen lassen, eine Weltumwandlung vorzuneh-

---

* Rudolf Weth, Diskussion zur Theologie der Revolution, Herausgegeben von E. Feil und R. Weth, München 1969, Seite 96.

men. Aber er will eine andere Welt, als wir sie machen können.

„Das Lamm nahm das Buch aus der Hand dessen, der auf dem Thron saß." So bricht Gott die Tür zur Welt auf und zieht sie zu sich. Diese Verheißung bleibt auch über China.

Welt und Gemeinde unter aufbrechenden Siegeln

Dieses Lamm paßt nicht in den Kreis der Humanisten. Es trägt immer noch die Dornenkrone. Es verspricht zwar, daß der Menschheit Jammer aufhöre, aber nur durch die Versöhnung mit Gott.

Jesus paßt auch nicht in ein Pantheon der Weltreligion. Er hindert es zwar nicht, daß man sein Kreuz aus dem Schoße Buddhas aufragen läßt oder ihm Krischna zur Seite setzt. Oder auch Mao Tse-tung. Aber bei einer allgemeinen Versöhnung der Religionen, Ideologien und Revolutionen ist er nicht zu finden. Er ist da und gegenwärtig, wo die Sünder in den Religionen und Revolutionen mit Gott und dadurch untereinander versöhnt werden. Er bringt einen unvergleichlichen Freudenmut und eine große Gelassenheit in die verfahrenste Lage, da er stärker ist als die alles fesselnde Gewalt des Bösen.

Das Lamm Gottes paßt auch nicht in den Märtyrerkatalog sozial-revolutionärer Bahnbrecher. Umgetriebene junge Christen und Nicht-Christen dürfen ihn ehren und lieben als ihren Freund und brüderlichen Anführer im Eintreten für die Armen und Unrecht Leidenden. Aber ein am Kreuz scheiternder Rebell Jesus ist eine niederdrückende Karikatur, eine böse Verfälschung unserer Erlösung durch sein Blut, seiner nie zerbrochenen Gemeinschaft mit dem Vater bis in die Nacht von Gethsemane und Golgatha.

Wenn nur einer der vereinsamten, verzweifelten politischen und sittlichen Anarchisten und Drogenbesessenen Jesus als erbarmenden Retter von Versklavung und Traurigkeit erfuhr, so erweist sich darin jene siegelbrechende Kraft genug, welche die Unsichtbaren anbeten. Wenn es schließlich nur ein kleines Häuflein aus Hunderttausenden wäre, die mit ihrem Jesusjubel nicht einen Rauschwechsel besängen, sondern den Dank der von Gott Gesuchten und Gefundenen, so wäre das Hoffnungszeichen genug für die „von oben" geplante neue Welt eines neuen Menschen.

Wir werden freilich nicht im unklaren darüber gelassen, was Jesu Siegelaufbrechen mit sich bringt. Ungeheuer sind die

Erschütterungen, unter denen das Lamm Gottes jenes Ende herbeiführt, in dem Gottes Gerechtigkeit und Gottes Liebe siegen. Der Seher redet vom Zorn des Lammes! Ohne Gericht keine Gnade. Die apokalyptischen Reiter jagen auf sein Geheiß über den Erdboden. Wir kommen alle unter ihre Hufe. Auch die Gemeinde. Christus setzt sie weder in den Sattel der imperialistischen, völkerbedrängenden Macht, noch in den des roten Reiters, des Bürgerkriegs und des Weltklassenkampfes. Dahin gehört sie nicht. Auch sie kommt unter die harten Hufe. Auch sie hat teil am Erleiden des schwarzen Reiters: der Hungerkatastrophen, und des fahlen Reiters: der todbringenden Seuchen. Ja, es gehört zum Zukunftsaufbruch Jesu, daß seine Blutzeugen in aller Welt rufen: „Herr, wie lange?" Alle Siegelaufbrüche sind Aufbrüche zur großen Herrlichkeit. Es sind Einschläge des Befreiers aus der anderen, kommenden Welt.

Die andere Revolution im Namen Jesu — Widerschein und Widerhall der kommenden Welt Gottes

Mit dem vielstimmigen Lobgesang der Repräsentanten der Schöpfung, der Gemeinde und der Engel in der unsichtbaren Welt schließt die urchristliche Vision. Noch einmal heißt es: „Komm und siehe!"

Die ungeheure Spannung, welche die unsichtbare Welt um den Thron Gottes her in Bann hielt, ist gelöst. Ein nicht endenwollender Lobgesang darüber bricht aus, daß der Erfüller des Heilsplans Gottes mit der Welt gefunden ist. Weine nicht, sondern freue dich! Unser Welt- und Kirchenveränderungsverlangen kann gar nicht groß genug sein — es kommt nicht von ferne an das in der anderen Welt heran. Aber es ist kein Anlaß zur Verzweiflung mehr. Auch wer es grausam zu spüren bekommt, wie alle gesellschaftlichen Heilslehren und Heilsmethoden dieser Welt darauf abzielen, die Gemeinde Jesu Christi einer fremden Hörigkeit zu unterwerfen, der soll nun nicht mehr zweifeln, daß am Ende die Macht Gottes stärker ist.

Der Lobgesang im Himmel bringt eine einzigartige Tat-, Leidens- und Widerstandskraft ein. Er lautet: *„Du bist würdig, aufzutun das Buch und seine sieben Siegel. Denn du bist erwürgt und hast uns für Gott losgekauft mit deinem Blut aus allen Geschlechtern und Zungen, Völkern und Heiden. Du* *hast uns für unseren Gott zu einem Herrschertum und zu Priestern gemacht, und wir werden Könige sein auf Erden.*" Man sieht Harfen, Lobinstrumente in der einen Hand derer, die den himmlischen Gottesdienst halten. In der anderen Hand aber jene Weihrauch-Opferschalen, welche die Gebete darstellen, die aus der bedrängten Gemeinde heraufkommen und sich mit der Anbetung der Himmlischen verbinden. Es wird nicht umsonst gebetet! Es ist dafür gesorgt, daß Gebete ihr Ziel erreichen. Komm und sieh und höre! Das gilt auch allen, die, wie die chinesischen Christen, in einer Situation leben, in denen ihnen durchweg das öffentliche Beten verboten ist.

Die Hauptsache in diesen Schlußvisionen ist der Dank für die Befreiungsaktion und die Bildung einer neuen Schöpfung durch den Sieger von Golgatha.

Befreiung! Für Gott losgekauft durch das Opferblut Christi. Für seinen Dienst freigemacht. Das hat jetzt schon angefangen. *„Es kommt die Stunde und ist schon jetzt!"* Nicht ein Freiheitsbetrug der großen Mächte wird jetzt erfahren, sondern der Anfang der großen wirklichen und endgültigen Befreiung. Das heißt: Die Befreiung zur Liebe aus Gott.

Vor Jahren legten zehn Männer aus westlichen Ländern die Erfahrungen nieder, die sie als Amerikaner, Italiener, Deutsche, Engländer und Franzosen mit dem Kommunismus gemacht hatten, dem sie sich in heißem Verlangen nach einer neuen gerechten Weltordnung hingegeben hatten. Ihr Buch trug den Titel: *„Der Gott, der keiner war".*

Ihre Träume waren zerronnen. Besonders jener Süditaliener, der aus unvorstellbarer Armut und dem Elend der Landarbeiter ausgebrochen war und dann im Land seiner Sehnsucht die Technik der Seelenzertrümmerung und den sichtbaren und unsichtbaren Terror kennenlernte, rief es aus: *„Der Charakter der Bedrohung, der wir mit aller Entschlossenheit entgegentreten müssen, läßt nur das eine Losungswort zu: habeas animam!*

Halte deine Seele unversehrt!"

Wer die Befreiung durch Jesus erfuhr, wird auch von den Enttäuschungen und der Sklaverei der menschlichen Befreiungsbewegungen im Innersten befreit. Er muß nicht verzagen, wenn sein Einsatz für seine Brüder dem Augenschein nach mißlingt. Martin Luther King hat an der gewaltlosen Aktion bis zuletzt festgehalten. Er ist ihr Blutzeuge geworden. Er ist es als Zeuge des Widerscheins und Widerhalls der „anderen

Welt" Jesu Christi geworden. *„Ich möchte den Willen Gottes erfüllen ... Mich bedrückt nichts ... Meine Augen haben die Herrlichkeit des kommenden Herrn gesehen."* Diese Worte, unmittelbar vor seiner Ermordung, bleiben ein Testament der gewaltlosen Liebe aus Gott, getrost und tröstend.

Die Gewaltlosigkeit war bei ihm mehr als eine Methode, die als solche letztlich nicht mehr Verheißung hätte als andere Aktionen. Sie war Erwartung, Vertrauen auf die Kraft Gottes bei Freund und Feind, den Endsieg seiner Liebe. Befreit und befreiend für Gott!

Obschon man ihn in Peking wie in den eigenen Reihen mit heftiger, schmähender Kritik überfiel, wagte er zu sagen: *„Wenn alle Neger in den Vereinigten Staaten sich der Gewalt zuwenden, werde ich es vorziehen, die einsame Stimme zu sein, die predigt, daß dies der falsche Weg ist."*

Weit in die Ausstrahlung der maoistischen Revolution hinein vollzieht sich der brüderliche Befreiungskampf. Da sagt der asiatische Bruder zu dem weißen: *„Man wird uns wieder auseinanderreißen, und doch kann es nicht geschehen. Wir gehen zusammen im Zuge des Volkes Gottes in das verheißene Land, zur kommenden Stadt Gottes. Wir leben vom Manna, das vom Himmel fällt, vom Brot des Lebens, Jesus Christus. Laß uns beten!"* Und mitten im Streit der heillosen, auch mit maoistischen Waffen bekämpften Apartheidspolitik im Süden Afrikas streckt einer seinen schwarzen Arm aus: *„Nimm meine Hand! Nichts kann uns scheiden von der Liebe Gottes."* Hier hat Christus für Gott und für ein Miteinander in seinem Namen losgekauft. Auch das ist eine revolutionäre Wirklichkeit, ist Befreiungsaktion, neue *Schöpfungstat* des einen neuen Menschen Jesus. Johannes sagt zwar: *„Wir wissen noch nicht, was wir sein werden!"* Aber er sagt es aufgrund dessen, daß alle, die an seinen Namen glauben, durch seine Heilstat bereits Gottes Kinder sind. Denn der Satz endet mit dem Lobgesang, *„daß wir sein werden, wie er ist."*

Die Stunde kommt und ist schon jetzt. Sie umfaßt viel. Sie gilt auch dem, der aus Erbarmen mit den Menschen praktisch zum Atheisten geworden ist. Sie läßt auch den nicht aus dem Auge, der nur noch einen weltlichen Jesus kennt und empört die Botschaft vom Kampf Christi gegen die Finsternis einer unsichtbaren Dämonenwelt zurückweist.

„Es kommt die Stunde und ist schon jetzt" — nicht nur eine kleine Überlebenschance, sondern eine neue Existenz aus

Gott. Die Erde gehört nicht dem Bösen, sondern Gott. Gott hat mehr mit China vor, als die maoistische Revolution mit ihrer Größe und mit ihrem Grauen erbracht hat. Gott hat auch mehr mit der chinesischen Christengemeinde vor, als ihr anfechtungsschwerer Weg in der Revolution uns an Versuchung und Fall und an Bewahrung und Bewährung enthüllt hat. Der apostolische *„Bruder und Schicksalsgenosse an der Drangsal und am königlichen Herrschen in der standhaften Erwartung Jesu"* hat uns mehr sehen lassen. In der Gemeinschaft mit Christus ist künftige Weltherrschaft beschlossen. Selbst die Engelmächte treten zurück vor dem, was kommen soll: Die Völker sollen nicht mehr verführt werden. An den Platz der Avantgarden menschenbezwingender und -terrorisierender Revolution tritt die Gemeinde, die mit ihrem Schöpfer Jesus Christus herrscht. *„Du hast uns zu Priestern und Königen gemacht."*

Es ist das Herrschen, das im Gebet beginnt. Wer an der offenen Tür mitbeten lernte, hat Kontakt mit dem kommenden „Regime", da Gott als „alles in allem" erscheinen wird.

Das bedeutet, daß alle Not und Ungerechtigkeit, alles Leiden der Kreatur und der Gemeinde in Not und Tod des gekreuzigten, aber auch auferstandenen Herrn hineingenommen und überwunden wird. Was ist geschehen, wenn ein chinesischer Christ dem Mitchristen aus der chinafeindlichen Welt sagt: „Nun trennt uns nichts mehr! Wir können zusammen beten"?

Es kommt die Stunde und ist schon jetzt!

Dr. Sigurd Aske, verantwortlich für den christlichen Sender Addis Abeba, erzählt von einem denkwürdigen Gespräch mit Kaiser Haile Selassi: „Ich werde nie den Augenblick vergessen, als ich 1967 in einer Audienz Sr. Kaiserlichen Hoheit etwas ängstlich über den Plan berichtete, Programme in chinesischer Sprache zu senden.

‚Dr. Aske, gibt es nicht einen Psalm, in dem David sagt: Alle Völker sollen seinen Namen preisen?'

Ich spürte, daß der Kaiser meine Bibelkenntnis prüfen und gleichzeitig auf etwas hinaus wollte. Ich nickte und ließ blitzschnell alle mir bekannten Psalmstellen an meinem Gedächtnis vorüberziehen. Es schien mir, als käme gerade diese Stelle in vielen Psalmen vor. Er fuhr fort:

‚Und meinen Sie etwa, daß diese Nation mit 700 Mill. Einwohnern in dem Begriff ‚alle Völker' *nicht* enthalten sein sollte?' Der Kaiser lehnte sich zurück und wurde plötzlich ernst. ‚Es ist eine gute Sache! Solche Sendungen werden den Kontakt zwischen dem chinesischen Volk und den afrikanischen Völkern und Äthiopien herstellen. — Und das Evangelium wird einer großen Zuhörerschaft gepredigt!' "

LITERATUR-VERZEICHNIS

Abegg, Lily, Vom Reich der Mitte zu Mao Tse-tung. Luzern und Frankfurt/M. 1966

Albin, Nanny, u. Hanns Kurth, Die Jesus-Revolution. Ausgewählte Worte des Jesus Christus. Düsseldorf und Wien 1971

Aske, Sigurd, Stimme-des-Evangeliums-Sendungen in chinesischer Sprache (Als Manuskript gedruckt)

Barcata, Louis, China in der Kulturrevolution. Ein Augenzeugen-Bericht. Wien 1967

Barnabas, Christliche Verkündigung im kommunistischen China, München 1951

Bauer, Wolfgang, Chinas Vergangenheit als Trauma und Vorbild. Stuttgart u. a. 1968

Bauer, Wolfgang, China und die Hoffnung auf Glück. Paradiese, Utopien, Idealvorstellungen. München 1971

Beckmann, Joachim, Menschliche Zukunftsplanung und christliche Zukunftshoffnung. Gladbeck 1970

Bettray, Johannes, Die Epochen der Missionsgeschichte Chinas, in: Evangelische Mission, Jahrbuch 1971, S. 46 ff.

Beyerhaus, Peter, Humanität — einzige Hoffnung der Welt? Bad Salzuflen 1970

Beyerhaus, Peter, Die gegenwärtige Krise von Kirche u. Theologie in Japan; Ev. Miss. Ztschr. 1972, S. 1—16

Beyerhaus, Peter, Allen Völkern zum Zeugnis, Wuppertal 1972

Bingle, E. J., Was muß geschehen, damit China nicht von der Land-karte verschwindet? E.M.Z. 1955, S. 161 ff.

Blumer, Giovanni, Die chinesische Kulturrevolution 1965/67, Frank-furt/M. 1968

Bockmühl, Klaus, Atheismus in der Christenheit, Anfechtung und Überwindung. Wuppertal 1969

Bodard, Lucien, Chinas lächelndes Gesicht, Erfahrungen und Erleb-nisse. Frankfurt 1961

Boßhardt, R. A., Im Schatten des Allmächtigen, Erlebnisse in der Gefangenschaft der Roten. Bad Liebenzell 1937

Bourbeck, Christine, Kommunismus, Frage an die Christen. Nürn-berg 1957

Brown, Harold, Evangelium und Gewalt. Gießen und Basel 1971

Brown, Harold, Kirche im Ausverkauf. Gießen und Basel 1970

Buck, Pearl S., Ostwind — Westwind. Hamburg 1952

Bull, Geoffrey T., Am Tor der gelben Götter. Wuppertal 1959

Burgess, Alan, Eine unbegabte Frau. Stuttgart 1958

Bush, Richard C., Religion in Communist China. Nashville and New York 1970

Camara, Helder, Revolution für den Frieden. Freiburg 1969

Cheng, Marcus, Christusbotschaft eines Chinesen. Marburg 1949

Chao, Dr. T. C., „Freudentage in China", E. Miss. Ztschr. 1949, S. 16 ff.

China im Bild, Zeitschrift

Ching Feng, Quarterly Notes on Christianity and Chinese Religion and Culture. Jahrgänge 1968—72, Hongkong.

Christian Tribune, Evgl.-kirchl. Wochenblatt, Taipeh (Taiwan), 14. März 1971

Coillie van, Dries, Der begeisterte Selbstmord, im Gefängnis unter Mao Tse-tung. Donauwörth

Cronin, A. J., Der Schlüssel zum Königreich. Berlin W. 1966

Das Beste, Zeitschrift, 1950 ff

Deutsche Zeitung, Christ und Welt

Digest des Ostens, Zeitschrift 1971, Nr. 1, Wird Peking christenfreundlich?

Domes, Jürgen, Die Politik der Kuomintang in China. Berlin 1970.

Dowdy, Homer E., Tal der brennenden Sonne. Vom Werden der Kirche in den Bergen Vietnams, Wuppertal 1966

Dumartheray, Roland, Die gegenwärtige Lage der Chinesen in Indonesien. Evangelisches Missionsmagazin 1968, S. 72 ff.

Evang. Kommentare, 1969, S. 495, Langer Marsch mit kleinen Schritten.

Evangelische Missionszeitschrift, Jhgg. 1950 ff

Faber, Ernst, China in historischer Beleuchtung. Berlin 1900

Fahlbusch, Wilhelm, Die chinesischen Kirchen und der maoistische Kommunismus. Ev. Miss. Ztschr. 1959 S. 44 ff.

Feil, Ernst, u. Weth, Rudolf, Herausgeber, Diskussion zur Theologie der Revolution, München 1969

Fischle, Ernst, Sechzehn Monate in chinesischer Gefangenschaft. Stuttgart und Basel 1931

Fischle, Ernst, u. Walter, Ernst, Ein Volk ohne Sünde. Stuttgart ca. 1935

Franke, Wolfgang, Das Jahrhundert der chinesischen Revolution 1851 bis 1949. München 1958

Freies Asien, Informationen der Republik China (Zeitschrift)

Freytag, Walter, Die junge Christenheit im Umbruch des Ostens. Berlin 1938

Freytag, Walter, Reden und Aufsätze: Begegnung mit Christen in China. München 1961, S. 56 ff.

Freytag, Justus, A new Day in the Mountains. Problems of Sozial Integration and Modernisation. Tainan, Taiwan 1968 III 109.

Glaubitz, Otto, Opposition gegen Mao. Politische Dokumente. Olten und Freiburg 1969

Gleason, Gene, Die große Schwester, Annie Skaus Leben für die Kranken Chinas und Hongkongs. Basel 1966.

Glüer, Winfried, Rezension von R. C. Bush, Rel. in Communist China, in Ev. Miss. Ztschr. 1972, S. 89 ff.

Glüer, Winfried, Die Herausforderung der Christenheit in Hongkong durch die Umwelt. Berichte der Rheinischen Mission 1970, Nr. 10, S. 1—9.

Gollwitzer, Helmut, Krummes Holz — aufrechter Gang, zur Frage nach dem Sinn des Lebens. München 1971

Greene, Felix, Listen, Lügen, Lobbies. China im Zerrspiegel der öffentlichen Meinung. Darmstadt

Grimm, Tilemann, Mao Tse-tung in Selbstzeugnissen und Bilddokumenten. Hamburg 1968

Grimm, Tilemann, Neue Politik am Pazifik, Wiederbelebung der chinesischen Reichsidee. Evang. Kommentare 1971, S. 699 ff.

Grimm, Tilemann, China, Evgl. Kirchenlexikon, Bd. I, Spalte 687—698

Grimm, Tilemann, Chinas junge Kirche im Griff der Weltpolitik, Ev. Miss. Ztschr. 1954 S. 72 ff.

Grimm, Tilemann, Neues aus China. Ev. Miss. Ztschr. 1955 S. 59 f.

Gundolf, Herbert, China zwischen Kreuz und Drachen. (650 Jahre katholische Mission im Reich der Mitte). Mödling 1969

Haas, William S., Östliches und westliches Denken. Hamburg 1967

Habsburg, Otto, Der ferne Osten ist nicht verloren. Wien 1963

Han, Suyin, Das China Mao Tse-tungs. München 1967.

Han, Suyin, Interview mit Dorothee und Georges Casalis. Junge Kirche 1968, S. 632 ff.

Han, Suyin, Zwischen zwei Sonnen. München 1968.

Hannich, Gustav, Tschiang Kai-Schek, Staatsmann, Führer, Christ. Bern 1939

Hannich, Gustav, Not und Hilfe in China. Evgl. Missionsmagazin Stuttgart und Basel 1938. S. 323 ff.

Hartenstein, Karl, u. Keck, Jakob, Die Kirche Chinas unter dem Kreuz. Stuttgart 1952

Henle, Hans, Chinas Schatten über Südost-Asien. Hamburg 1964

Hoffmann, Klaus, Das Kreuz und die Revolution Gottes. Neukirchen 1971

Hueck, Otto, Als Missionsarzt in China. Barmen 1926

Hughes, Richard, Hongkong, Brückenkopf auf Abruf. Wien u. a., 1967

Informationsdienst des Rates der Evang. Allianz

International idoc, Dokumentation 9, 1970

Junge Kirche. Zeitschrift. 1968, S. 648, Gespräch mit einem Christen aus China

Kempgen, Wilhelm, Hongkong — eine Aufgabe der Christenheit. Rhein. Mission Wuppertal

Kempgen, Wilhelm, Glaubenskampf am Tigertor. Rhein. Mission, Wuppertal, 1948

King, Martin-Luther, Freiheit! ... Der Aufbruch der Neger Nordamerikas. München 1968

King, Martin-Luther, Wohin führt unser Weg? Frankfurt/M. 1968

Kirk, David, und Berrigan, Daniel, Herausgeber. Worte des Vorsitzenden Jesus. Freiburg und Stein/Nürnberg 1971

Knak, Siegfried, Die chinesischen Christen unter den gegenwärtigen Wandlungen in China. Berlin 1928

Kommoß, Friedrich, Der neue Mensch, Ideologie oder Wirklichkeit? Salzuflen 1970

Kramers, R. P., Mao Tse-tung und die Kulturrevolution. Einige Gedanken zu Robert J. Liftons Buch: „Revolutionary Immortality", Evang. Missions-Magazin 1968, S. 197 ff.

Kramers, R. P., Der vollkommene Mensch in konfuz. und christl. Sicht, Evang. Missions-Magazin 1966, S. 87 ff.

Kuntze, Peter, Der Osten ist rot. Die Kulturrevolution in China. München 1970

Lagercrantz, Olof, China-Report. Bericht einer Reise. Frankfurt/M. 1971

Lehmann, Johannes, Mao, Marx und Jesus. Ein Vergleich in Zitaten. Wuppertal 1969

Lenz, Reimar, Der neue Glaube. Bemerkungen zur Gesellschaftstheologie der jungen Linken. Wuppertal, Jugenddst. 1970

Lenzen, Ludwig, Rot färbt sich Chinas Himmel. Trier 1965

Lifton, Robert Jay, Die Unsterblichkeit des Revolutionärs, Mao und die chinesische Kulturrevolution. München 1970

Lifton, Robert Jay, Thought Reform and the Psychology of Totalism

Lin, Yu tang, Kontinente des Glaubens. Mein Weg zurück zum Christentum. Stuttgart 1961

Lin, Yu tang, Mein Land und mein Volk.

Linz, Marie, Lai Yan, Schatten und Licht in einem chinesischen Frauenleben, Wuppertal

Lorch, Johanna, Solange es Tag ist. Dr. John Sung, Wegbereiter Gottes im fernen Osten. Bad Salzuflen 1955

Lorch, Johanna, Betern öffnet sich die Tür. Jim Frazer, Missionar im chinesischen Grenzgebiet. Bad Salzuflen 1965

Lyall, Leslie T., Trotz Wind und Wetter. Die gegenwärtige Lage der Kirche in China. Gießen 1961

Lyall, Leslie T., Der Rote Himmel — China und die Christen nach der Kulturrevolution. Basel und Gießen 1969

Lyall, Leslie T., Das Unmögliche gewagt. Die China-Inland-Mission 1865—1965. Gießen 1965

Maier, Friedrich, Kirche in Südost-Asien. Basel

Maier, Hilde, Frauen im Umbruch Chinas. Stuttgart 1960

Malraux, André, Die Eroberer. Hamburg 1970

Malraux, André, Antimemoiren. Frankfurt/M. 1968

Mao Tse-tung, Worte des Vorsitzenden Mao Tse-tung. Peking 1967

Mao Tse-tung, Das Rote Buch. Worte des Vorsitzenden Mao Tse-tung. Eingeleitet und herausgegeben von Tilemann Grimm. Fischer 1967

Mao Tse-tung, Über die Revolution. Ausgewählte Schriften. Herausgegeben von Tilemann Grimm. Fischer 1971

Mao Tse-tung, Ausgewählte Werke. Band I. Peking 1968

Mao Tse-tung, Theorie des Guerillakrieges oder Strategie der Dritten Welt. (Herausgegeben und eingeleitet von Sebastian Haffner.) Hamburg 1968

Mao Tse-tung, Über den Widerspruch. Peking 1964

Mao Tse-tung, Unterstützt das Volk von Vietnam! Schlagt die US-Aggressoren! Peking 1965

Mao Tse-tung, Über die richtige Behandlung der Widersprüche im Volke. China im Bild — Beilage

Margull, Hans Jochen, China in Uppsala. Oekumenische Rundschau 1968, S. 287 ff

Margull, Hans Jochen, In China sieht man keine Christen mehr. Deutsch. Allg. Sonntags-Bl. 1972 Nr. 9, S. 9

Maus, C., Marschall Feng als Christ und Erzieher. Barmen 1928

Maus, C., Was die Chinesen anbeten. Barmen 1928

Mehnert, Klaus, Peking und Moskau. Stuttgart 1962

Mehnert, Klaus, Maos zweite Revolution. Stuttgart 1966

Mehnert, Klaus, Peking und die neue Linke. Stuttgart 1969

Mehnert, Klaus, China nach dem Sturm. Bericht und Kommentar. Stuttgart 1971

Mengersen v., Marie Luise, Unter Chinesen in China — Mauritius — Holland. Metzingen 1970

Möller, Paul-Gerhardt, Warum sie Christen wurden. Begegnungen in Ostasien. Bad Salzuflen 1962

Möller, Paul-Gerhardt, Christen im Fernen Osten. Stuttgart 1967

Moravia, Alberto, Die Kulturrevolution in China. Eine Reise durch das China von heute. München 1968

Müller-Krüger, Theodor, Der Protestantismus in Indonesien. Evang. Verlagswerk, Stuttgart 1968

Myrdal, Jan, Bericht aus einem chinesischen Dorf. München 1966

Nee, Watchman (Nee To-sheng), Das normale Christenleben. Wuppertal 1967

Nee, Watchman (Nee To-sheng), Der persönliche Auftrag des Christen. Wuppertal 1967

Ng Lee-ming, A Study of Y. T. Wu, Ching Feng. 1972, Nr. 1, S. 5—54.

Oehler, Wilhelm, China und die christliche Mission in Geschichte und Gegenwart. Stuttgart und Basel 1925

Oehler, Wilhelm, Wege Gottes in China. 1931

Oekumenische Rundschau 1968, „Theologie der Revolution"; Revolution als sozialethisches Konzept und seine theologischen Grenzen.

Pannikar, K. M., Asien unter der Herrschaft des Westens, Zürich 1955

Patterson, George N., Christianity in Communist China. Waco (Texas) und London 1969

Paulsen, Felix, Unser Weihnachtsessen, Breklum 1970

Payne, Robert, Mao Tse-tung. Hamburg 1965

Peking-Rundschau

Perkins, Sara, Gefangen in Rotchina („Red China Prisoner"). Bern 1968

Pitter, Przemysl, Die geistige Revolution im Herzen Europas. Zürich und Stuttgart 1968

Pönnighaus, Karl, Hoffnung für Hoffnungslose. Barmen 1931

Quaroni, Pietro, Russen und Chinesen. Die Krise der kommunistischen Welt. Frankfurt/M. 1968

Reynolds, Artur, Standhaft im Glauben, Zeugnisse dreier chinesischer Christen. Gießen 1969

Richter, Julius, Das Werden der christlichen Kirche in China. Gütersloh 1928

Rosenkranz, Gerhard, Der Nomos Chinas und das Evangelium. Leipzig 1936

Rosenkranz, Gerhard, Die geistige Situation des heutigen China. Evang. Missionszeitschrift 1968 S. 1 ff.

Ruf, Walter, Der Weg der Kirche in China. Mission 1970. Mappe I Beilage 6

Schickel, Joachim, Dialektik in China. Mao Tse-tung und die große Kulturrevolution, Kursbuch 9/1967 Frankfurt 1967

Schilling, Werner, Einst Konfuzius — heute Mao Tse-tung. Die Mao-Faszination und ihre Hintergründe. Weilheim/Obb. 1971

Schlomann, W., und Friedlingstein, P., Die Maoisten. Pekings Filialen in Westeuropa. Frankfurt/Main 1970

Schmitz, Helene, Im Dienste des Meisters unter Chinas Frauen. Barmen 1925

Schram, Stuart R., Die permanente Revolution in China. Dokumente und Kommentar. Frankfurt/Main 1966

Schram, Stuart R., Mao Tse-tung. Frankfurt/Main 1969

Schütz, Paul, Auferstehung. Metzingen 1966

Schütz, Paul, Was heißt Wiederkunft Christi? Freiburg/Brsg. 1972

Snow, Edgar, Gast am andern Ufer. München 1964

Solschenizyn, Alexander, Der erste Kreis der Hölle. Fischer 1968

Solschenizyn, Alexander, Oster-Fastenbrief an den Patriarchen von Moskau. 1972

Stucki, Lorenz, China — Land hinter Mauern. München–Zürich 1967

Tichy, Herbert, Hongkong. Die Laune des Drachen. München 1965

Verkuyl, J., Evangelie en Communisme in Azie en Afrika, Kampen 1966

Wang wen, Johannes, Zur Situation der Relig. Gemeinschaften im Festland-China, in „Kirche in Not" Bd. XVII, S. 105 ff.

Wang wen, Johannes, China-Mission auf neuen Wegen, Digest des Ostens, April 1971, S. 53 ff.

Wang, Mary, The Chinese Church, that will not die. London 1971

Wei, Louis, Brücke zu Mao? Interview in „La vie catholique", Paris 1970

Wiegand, Wilfried (Herausgeber), Worte des Christus Jesus und seiner neutestamentlichen Zeugen. Wuppertal 1971

Wilhelm, Richard, Ostasien. Werden und Wandel des chinesischen Kulturkreises. Potsdam und Zürich 1928

Wolf, Richard, Da umfingen goldne Tage mich. Stuttgart 1950

Wort in der Welt, Zeitschrift

Yeh, Kai, Konfuzianismus, Taoismus und chinesische Malerei (in: Zeitgenössische Malerei Chinas, Tübingen 1964)

1500—1050 v. Chr.	Shang-Dynastie; Schicksals-Befragung auf Knocheninschriften.
um 500 v. Chr.	Konfuzius (551—479): Entdeckung der Menschlichkeit des Menschen als Mitte einer sittlichen, gegliederten Welt-, Staats- und Gesellschaftsordnung.
um 450 v. Chr.	Der Reformer Moti fordert allgemeine Menschenliebe und Gleichheit aller Klassen.
400—250 v. Chr.	Entstehung des Taoismus, des magisch-mystischen Verlangens nach dem bindungslosen einfachen Leben (Laotses „Buch der Wandlungen").
um 221 v. Chr.	Der „erste göttliche Herrscher" Shi Huang-ti, radikaler Reformer, Bücherverbrenner und Gesetzgeber, erstellt zum ersten Mal ein großes, zentral regiertes Reich.
um 70 n. Chr.	Einzug des Buddhismus.
um 650 n. Chr.	Einzug des Islam.
635—845	Eine christliche (nestorianische) Missionsepoche. Offizielles Ende als Ausländer-Religion durch kaiserliches Klosterschließungs-Edikt.
1294—1369	Franziskanische Missionsperiode unter der mongolischen Fremd-Dynastie; nach deren Ende in Verfolgungen abbrechend.
1583—ca.1800	Dritte, wesentlich jesuitische Kultur-Missionsperiode. (Matteo Ricci u. a.) Nach dem sog. Ritenstreit verfolgte und verkümmernde chinesische Kirche (um 1800 etwa 200 000 Christen in ganz China).
1800—1840	Beginn des 4. christlichen Missionseinsatzes. Neben katholischen erste protestantische Missionare aus den USA und aus Europa in der chinesischen Diaspora und an den Rändern des Reichs. Dr. Morrison als Bibelübersetzer in Kanton, Karl Gützlaff u. a.
1840—1842	Der „Opium-Krieg" zwischen England und China. Einbruch der Westmächte.
1842	Friedensdiktat von Nanking, der erste der „Ungleichen Verträge". Abtretung Hongkongs. — Ermöglichung planmäßiger Mission in den geöffneten Vertragshäfen.
1842—1860	Die neue Kämpfe abschließenden Verträge von Tientsing (1858) und Peking (1860) erzwingen u. a. Duldung von Missionsreisen, Missionsniederlassungen und Übertritten von Chinesen zum Christentum. Erste Missionserfolge der „fremden Teufel".
1850—1864	Die Taiping-Revolution des „jüngeren Bruders Jesu" Hung Hsiu ch'üan.

1854	Frankreich übernimmt das Protektorat über die Katholischen Missionen in China.
1865	Gründung der China-Inland-Mission (Hudson Taylor). Planmäßige Vorstöße in alle inneren Provinzen.
ab 1870	Langsames Anwachsen chinesischer Christengemeinden und wachsende Feindschaft. Ermordung mehrer katholischer Missionsangehöriger in Tientsin.
1877	Erste allgemeine Missionskonferenz mehrerer protest. Missionsgesellschaften in Schanghai.
1886	Tschiang Kai-schek in Chilow, Provinz Tschekiang, geboren.
1890—1900	Jahrzehnt schwerster Demütigungen Chinas durch die Westmächte.
1893, 26. Dezember	Mao Tse-tung in Chao-schan, Provinz Hunan, geboren.
1894—95	Chin.-jap. Krieg. Verlust Formosas und der Oberhoheit über Korea.
1897/98	Ki'autschau unter dem Vorwand der Ermordung von 2 katholischen Missionaren von der deutschen Regierung annektiert. Rußland nimmt Port Arthur und Dalmy; England Weiheswu; Frankreich Kwangchow.
1900	Der sog. Boxer-Aufstand. Ermordung von ca. 150 Missionsleuten und 30 000 chinesischen Christen. Die Kaiserin fordert zur Ermordung aller Ausländer auf. Harte Bestrafung.
1904/05	Russisch-japanischer Krieg auf chinesischem Boden.
1907	Mao besucht die Mittelschule in Hsiang-hsiang (Hunan) und lernt erstmals westliches Schrifttum kennen. Mitschüler: Liu Schao-tschi.
1909	Beginn der Gemeinsamkeit des „christlichen" Revolutionärs Dr. Sun Yat sen und Tschiang Kai-schcks in Tokio.
1911, 10. Oktober	Durchbruch der nationalen Revolution unter Führung von Dr. Sun Yat sen. Beseitigung der Mandschu-Dynastie. Maos Eintritt in die Revolutions-Armee (Kuomintang).
1911	Tschiang Kai-schek wird persönlicher Adjutant von Sun Yat sen.
1912—1915	Ost-West-Selbststudium und philosophisch-soziale Weiterbildung Maos im Lehrerseminar Tschang-scha.
1913	Die englische Regierung verbietet den Opiumhandel.
1915—1917	Mao bildet revolutionäre Schülervereinigungen. Aufsatz über die Körperertüchtigung.
1916	Japanische Bedrohung u. Spannungen zwischen Nord und Süd. Regierungsschwäche.
1917	Chinas von der Entente erzwungener Eintritt in

	den ersten Weltkrieg, von Sun Yat sen und Tschiang Kai-schek nicht anerkannt.
1918	Y. T. Wu, später Leiter der nationalkommunistisch-kirchlichen „Dreiselbst-Bewegung", wird über der Lektüre der Bergpredigt Christ.
1918—1919	Mao studiert als Angestellter der Universitäts-Bibliothek in Peking anarchistische Schriften und nimmt Fühlung mit führenden Anarchisten und Kommunisten auf.
1919, 4. Mai	Studentische Protest-Demonstration gegen die Übergabe von Tsingtau an Japan durch die Versailler Friedenskonferenz. Sun Yat sens revolutionäre Kanton-Regierung; Anspruch auf ganz China.
1920	Bildung chinesisch-kommunistischer Jugendkorps in Frankreich unter Mitwirkung von Tschu En-lai.
1921	Heimliche Gründung der kommunistischen Partei Chinas in Schanghai; Mao und Tschu En-lai Mitbegründer; 60 Parteimitglieder.
1921—1927	Zusammenarbeit von Kuomintang und K.P.C., von Moskau befohlen, von Mao gefördert.
1922	Tschiang Kai-schek als Beauftragter Sun Yat sens in Moskau.
1922	Unter Einwirkung Moskaus wird die Zusammenarbeit der KPC mit der KMT beschlossen.
1922	Weltkonferenz des Weltbundes christlicher Studentenvereinigungen in Peking.
1924—1926	Mao wird a. o. Mitglied des Zentralen Exekutiv-Komitees der KMT. Eifriger Förderer der Zusammenarbeit.
1925	Sun Yat sen stirbt in Peking. Nachfolger Tschiang Kai-schek.
1925, 30. Mai	Die „Bewegung des 30. Mai" entsteht nach Tötung von 13 demonstrierenden chinesischen Studenten durch britische Polizisten in Schanghai. Anwachsen der kleinen KPC.
1925, 30. Mai	Höchstzahl ausld. Missionare (16 000; 8000 Prot.) u. prot. Miss.gesellsch. (140) in China.
1926—1927	Vormarsch der KMT-Truppen von Kanton aus nach Norden. Tschiang Kai-schek nötigt zugeordnete russische Berater zum Verlassen Chinas. Schwere Leiden der Bevölkerung, grausame Behandlung der Christen und Missionare im Durchzugsgebiet. Bischofsweihe in Rom.
1927 Januar	Aufstand der von Mao organisierten Bauernbünde (zwei Millionen in Hunan); grundlegender Bericht und Revolutions-Definition Maos.
1927 April	Tschiang schlägt gegen die KPC los: Überfall in Schanghai, Hinrichtungen in Peking.
1927 August	Gründung der Roten Armee in Kiangsi.

1927 September	Scheiternder „Herbsternteaufstand" der Bauern in Hunan unter Mao.
1927 Dezember	Tschiang heiratet die Christin Meiling Soong, Schwester der Gattin Sun Yat sens.
1927 Dezember	5000 Missionare zum Rückzug an die Küste genötigt. Christen sind „Hunde des Imperialismus".
1929	Einrichtung von „Sowjet-Gebieten".
1929	Entführung von Missionaren als Geisel u. a.
1930—1931	Vergebliche Vernichtungsfeldzüge Tschiangs gegen die Kommunisten. — Hinrichtung der Frau Mao Tse-tungs. Mao schlägt eine Revolte blutig nieder.
1931 September	Einmarsch japanischer Truppen in die Süd-Mandschurei.
1931 September	Tschiang Kai-schek läßt sich taufen. Er bietet seinen Rücktritt an.
1932	Die chinesische Sowjet-Republik in West-Kiansi erklärt Japan den Krieg.
1932—1934	Zeit der Entmachtung Maos in der Partei. Militärische und politische Führung zeitweise in Händen Tschu En-lais.
1933	Einkreisungsfeldzug Tschiangs gegen die kommunistischen Herrschaftsgebiete mit einer Million Soldaten.
1934 Oktober	Ausbruch der kommunistischen Armee aus Kiangsi zum „Langen Marsch".
1934/35	Der Lange Marsch: Harte Kämpfe mit der Kuomintang-Armee. Leiden und Schrecken der Bevölkerung im 10 000 km langen Durchzugsgebiet; Zellenbildung der späteren Gesellschafts- und Wirtschaftsordnung.
1935	Mao wird durch die Konferenz der Parteiführer zum Parteichef bestimmt.
1935 Oktober	Die Restarmee (20 000 von 100 000) rückt in Nord-Schensi ein.
1935/1936	Mao beginnt, Bücher zu schreiben. Ein Gedicht u. a. über seine erste Frau.
1936	Mao läßt sich taufen (?)
1936 Dezember	Zwischenfall von Sian; zeitweilige Gefangensetzung Tschiangs durch einen mandschurischen General. T. wird zur Einheitsfront mit den Kommunisten gegen die Japaner genötigt. Tschu En-lai vermittelt. Mao unterstellt sich Tschiang. Pause im Bürgerkrieg.
1936 Dezember	Tschiang liest während der Gefangenschaft die Bibel.
1937 Juli	Ausbruch des chinesisch-japanischen Krieges.
1937 Juli	Mao schreibt über die Praxis, über den Widerspruch u. a.
1937—1945	Grausame Kriegführung der Japaner. Fluchtwanderungen von 40—50 Millionen.

	Christen helfen. Ihre scharfe Verfolgung durch die Japaner.
1938—1941	Vordringen kommunistischer Partisanen in große Gebiete Nord- und Mittelchinas.
1945 August	Kapitulation Japans.
1945 August	Schnelle Ausweitung des kommunistischen Herrschaftsgebietes. Neuer Bürgerkrieg droht. Mao erklärt in den „befreiten Gebieten" Religionsfreiheit.
1945—1949	Rückflut von englischen und amerikanischen Missionaren nach China.
1946	General Marshall vermittelt vorübergehende Einigung von Mao und Tschiang.
1946	Aufleben der Christengemeinden; Studentenerweckungen u. a. – Erster chines. Kardinal.
1947—1949	Erneuter schwerer Bürgerkrieg. Flucht Tschiangs mit einer Million Anhänger nach Taiwan (Formosa).
1949 Januar	Dr. T. C. Chao, noch Präsident im Weltrat der Kirchen, begrüßt Chinas Befreiung durch die Kommunisten. Damals ca. 5 Millionen Christen in China.
1949 30. Juni	Maos Regierungsprogramm: Rede über die „demokratische Diktatur des Volkes".
1949 1. Oktober	Ausrufung der chinesischen Volksrepublik.
1950 Februar	Mao in Moskau; Gespräch mit Stalin.
1950 Mai	Tschu En-lai, Ministerpräsident, stellt Forderungen an führende protestantische und katholische Christen.
1950	Versprechen der „Religionsfreiheit" d. h. der Freiheit des religiösen Glaubens und der Freiheit zum religiösen Nicht-Glauben.
1950 30. Juni	„Das christliche Manifest" fordert die Selbstbefreiung der Kirche von den imperialistischen Missionaren und Auslandskirchen.
1950	Gründung eines kath. „Reform-Komitees".
1950 ff.	Konsolidierung der kommunistischen Herrschaft. — Volksgerichtshöfe; zahllose Hinrichtungen von Klassenfeinden u. a. Beginnende Sozialisierung (Bodenverteilung u. a.).
1951 April	Bildung der „Patriotischen Drei-Selbst-Bewegung der Anti-Amerika-Korea-Hilfe"; erster Präsident Y. T. Wu. Wu und Markus Sheng werden Mitglieder der beratenden Volksversammlung.
1951 April	Erste kirchliche Anklagekampagne. 1600 Verhaftungen an einem Tage in Schanghai.
1951 Mai	Erscheinen des Artikels „Wie eine erfolgreiche (christliche) Anklageversammlung durchzuführen ist".
1951 10. Juni	Anklageversammlung der Drei-Selbst-Bewegung gegen die imperialistische Mission im Canidrome-Stadion Schanghai.

1951	Auszug der meisten Missionare aus China.
1951	Einsetzen maoistisch „bekehrter" und „wiedergeborener" Verkündigung.
1952	Verhaftung einzelner gebliebener evangelischer und vieler katholischer Missionare.
1952	Verurteilung Watchman Nees (Nee To-sheng).
1953	Unterdrückung der romtreuen Katholiken.
1953	Papst Pius XII. verurteilt in seiner Enzyklika „Ad Sinarum gentes" die „angemaßte Autonomie" der „Drei-Selbst".
1953	Die Verurteilung des Pfarrers Wang Ming-tau in Peking wird durch die Mehrheit einer Anklageversammlung nicht gebilligt.
1953 Juli/August	„Nationale christliche Konferenz" mit 232 Delegierten in Peking; Rechenschaftsbericht über die vier ersten Jahre der Drei-Selbst-Bewegung.
1955 August	Verhaftung von Wang Ming-tau. Verhaftung des Bischofs von Schanghai u. vieler kath. Priester.
1956 März	Nochmalige national-christliche Konferenz in Peking mit 250 Vertretern aus 70 Denominationen; Teilnahme des tschechischen Theologie-Professors Hromadka. Mitarbeit der Christen am Aufbau „der mit dem christlichen Glauben im Einklang stehenden sozialistischen Ordnung". Bildung von theologischen „Unionsseminaren"; noch wachsende Gemeinden.
1956 September	Entlassung von Wang Ming-tau nach Gehirnwäsche, öffentliches „Schuldbekenntnis"; Widerruf und baldige Rückkehr in die Haft.
1956	Angriff auf die einheimischen evangelikalen Gruppen und Gemeinden (die „kleine Herde", die „Jesusfamilie" u. a.).
1956	Weitergehendes christliches Zeugnis, auch unter Studenten Bibel- und Schriftenverbreitung, evangelistische Versammlungen im kleineren Rahmen.
1957	Maos „Laßt-hundert-Blumen-blühen"-Kampagne, Aufforderung zu offener Kritik. Maos Schrift: „Über die richtige Behandlung der Widersprüche im Volk".
1957	Markus Sheng klagt in der „politischen Konferenz des Volkes" die Partei wegen ihrer Verleumdung und Bekämpfung der christl. Kirche an. Kein „antagonistischer Widerspruch"! Walter Freytag (Vors. d. Deutschen evgl. Missionsrates) besucht die chinesischen Christen. Gegenschlag der Partei gegen die „Rechtsler".
1958	Die orthodoxe Kirche in China (200 000 Glieder und 150 Pfarreien) noch unbehelligt; Zielsetzung geistiger Annäherung zwischen Moskau und Peking.

1958/59	Maos „Großer Sprung nach vorn"; Volkskommunen.
1958	Der große Sprung der Drei-Selbst-Bewegung: Die Erzwingung der Einheitskirche; „gereinigtes" Gesangbuch u. a. Die Drei-Selbst handelt als Werkzeug des Amtes für religiöse Angelegenheiten. Schließung einer großen Zahl von Kirchen (in Peking 76 von 80, in Schanghai 180 von 200). — Kirche unter dem Kreuz.
1964	Verstärkte Unterdrückung aller Religionen wegen nicht gelungener voller „Patriotisierung der Kirchen".
1965—1968	Die große Kulturrevolution; Wandzeitungen, Ausschaltung des Staatspräsidenten Liu Schaotschi als Verräter der Massen u. a. Zerschlagung der Kirche, Verdrängung aus der Öffentlichkeit.
1966	Ausgabe der Mao-Bibel und Überschwemmung des Volkes und der Welt mit Mao-Schrifttum.
1969	9. Parteitag; voller Sieg Maos; Lin Piao zum Nachfolger Maos bestimmt. Die „Rote Fahne" kritisiert aus Anlaß der „Weltkonferenz der Religionen" in Sagorsk bei Moskau.
1969—1971	Intensive weltrevolutionäre Aktivität Mao-Chinas.
1970	Papst Paul VI. in Hongkong. Entlassung des kath. Missionsbischofs Walsh aus 12jähriger Haft.
1971	Papst Paul VI. in Hongkong.
1971 Frühjahr	Eröffnung der Freundschaftspolitik (Ping Pong). Tschu En-lai übernimmt die Führung.
1971 Oktober	Lin Piao verschwindet spurlos.
1971 Oktober	Aufnahme in die UNO; die national-chinesische „Republik China" verliert ihren Platz in der UNO.
1972 Februar	Besuch Nixons in Peking; Anfang amerikanisch-chinesischer Verträge.
1972	Afro-asiatische und westliche christliche Besucher erleben in Peking und anderen Orten christliche Gottesdienste.
1972 Juli	Besuch Gerh. Schröders in Peking, zwecks Anbahnung „normalisierter" Beziehungen zur Bundesrepublik Deutschland.
1972 August	Verhandlungen mit dem Generalsekretär der UNO, Waldheim. Einladung des japanischen Regierungsführers unter demütigenden Bedingungen. Öffentliche Erklärung über den Tod Lin Piaos als Mao-Attentäter im Herbst 1971. Verschwinden des „Roten Buches" (Lin Piaos Werk!) aus der Öffentlichkeit. Erleichterung des täglichen Lebens. Neues ideologisches Verständnis der permanenten Weltrevolution?